国家出版基金项目
NATIONAL PUBLICATION FOUNDATION

中国石墨烯产业研究报告

“十三五”国家重点
出版物出版规划项目

主编：周　静
副主编：赵秀婷　班建伟
组织编写：中关村石墨烯产业联盟

战略前沿新材料
——石墨烯出版工程
丛书总主编　刘忠范

Research Report on
Chinese Graphene Industry

GRAPHENE
21

華東理工大學出版社
EAST CHINA UNIVERSITY OF SCIENCE AND TECHNOLOGY PRESS
·上海·

上海高校服务国家重大战略出版工程资助项目

图书在版编目(CIP)数据

中国石墨烯产业研究报告／周静主编. —上海：华东理工大学出版社，2021.4

战略前沿新材料——石墨烯出版工程／刘忠范总主编

ISBN 978-7-5628-6401-1

Ⅰ. ①中… Ⅱ. ①周… Ⅲ. ①石墨—纳米材料—高技术产业—研究报告—中国 Ⅳ. ①F426.75

中国版本图书馆 CIP 数据核字(2020)第 242496 号

内容提要

本书共分 10 章，首先概述了石墨烯的基本性质及其制备工艺，然后对我国石墨烯产业的发展脉络进行了详细梳理。文中详细分析了国家及地方出台的石墨烯相关政策以及各个石墨烯产业集聚区的特点、发展现状及重点企业情况，同时对国内重点石墨烯产业园和石墨烯相关上市公司的发展情况进行了详细介绍。石墨烯专利申请及标准制定情况也是反映产业发展的重要线索，本书对这一部分也进行了详细分析，同时书中对当前石墨烯主要应用领域的最新研究进展进行了归纳总结，并在此基础上对我国石墨烯产业当前存在的问题进行了深入分析和探讨，提出了意见和建议，以期为国家和地方石墨烯产业发展与宏观决策提供参考依据。

本书可供高等院校化学、材料等专业高年级本科生、研究生以及研究院所科研人员参考和阅读。

项目统筹／周永斌　马夫娇
责任编辑／李甜禄
装帧设计／周伟伟
出版发行／华东理工大学出版社有限公司
地址：上海市梅陇路 130 号，200237
电话：021-64250306
网址：www.ecustpress.cn
邮箱：zongbianban@ecustpress.cn
印　　刷／上海雅昌艺术印刷有限公司
开　　本／710 mm×1000 mm　1/16
印　　张／17.75
字　　数／291 千字
版　　次／2021 年 4 月第 1 版
印　　次／2021 年 4 月第 1 次
定　　价／238.00 元

《中国石墨烯产业研究报告》

编委会

主　编 周　静　中关村石墨烯产业联盟

副主编 赵秀婷　中关村石墨烯产业联盟

班建伟　中关村石墨烯产业联盟

参编人员（按姓氏拼音排序）

崔银芳　北京市科学技术情报研究所

李　哲　北京国知专利预警咨询有限公司

刘　宇　北京市科学技术情报研究所

陆文杰　夹江县盛世东方陶瓷有限公司

孟艳芳　北京石墨烯研究院

彭海琳　北京大学

宋怀河　北京化工大学

童　伟　南京吉仓纳米科技有限公司

王　敏　北京绿能嘉业新能源有限公司

毋　伟　北京化工大学

杨　坤　国家知识产权局专利局专利审查协作北京中心

姚　希　国家知识产权局专利局专利审查协作北京中心

于立彪　国家知识产权运营公共服务平台

总序　一

2004 年，英国曼彻斯特大学物理学家安德烈・海姆(Andre Geim)和康斯坦丁・诺沃肖洛夫(Konstantin Novoselov)用透明胶带剥离法成功地从石墨中剥离出石墨烯，并表征了它的性质。仅过了六年，这两位师徒科学家就因“研究二维材料石墨烯的开创性实验”荣摘 2010 年诺贝尔物理学奖，这在诺贝尔授奖史上是比较迅速的。他们向世界展示了量子物理学的奇妙，他们的研究成果不仅引发了一场电子材料革命，而且还将极大地促进汽车、飞机和航天工业等的发展。

从零维的富勒烯、一维的碳纳米管，到二维的石墨烯及三维的石墨和金刚石，石墨烯的发现使碳材料家族变得更趋完整。作为一种新型二维纳米碳材料，石墨烯自诞生之日起就备受瞩目，并迅速吸引了世界范围内的广泛关注，激发了广大科研人员的研究兴趣。被誉为“新材料之王”的石墨烯，是目前已知最薄、最坚硬、导电性和导热性最好的材料，其优异性能一方面激发人们的研究热情，另一方面也掀起了应用开发和产业化的浪潮。石墨烯在复合材料、储能、导电油墨、智能涂料、可穿戴设备、新能源汽车、橡胶和大健康产业等方面有着广泛的应用前景。在当前新一轮产业升级和科技革命大背景下，新材料产业必将成为未来高新技术产业发展的基石和先导，从而对全球经济、科技、环境等各个领域的发展产生深刻影响。中国是石墨资源大国，也是石墨烯研究和应用开发最活跃的国家，已成为全球石墨烯行业发展最强有力的推动力量，在全球石墨烯市场上占据主导地位。

作为21世纪的战略性前沿新材料，石墨烯在中国经过十余年的发展，无论在科学研究还是产业化方面都取得了可喜的成绩，但与此同时也面临一些瓶颈和挑战。如何实现石墨烯的可控、宏量制备，如何开发石墨烯的功能和拓展其应用领域，是我国石墨烯产业发展面临的共性问题和关键科学问题。在这一形势背景下，为了推动我国石墨烯新材料的理论基础研究和产业应用水平提升到一个新的高度，完善石墨烯产业发展体系及在多领域实现规模化应用，促进我国石墨烯科学技术领域研究体系建设、学科发展及专业人才队伍建设和人才培养，一套大部头的精品力作诞生了。北京石墨烯研究院院长、北京大学教授刘忠范院士领衔策划了这套“战略前沿新材料——石墨烯出版工程”，共22分册，从石墨烯的基本性质与表征技术、石墨烯的制备技术和计量标准、石墨烯的分类应用、石墨烯的发展现状报告和石墨烯科普知识等五大部分系统梳理石墨烯全产业链知识。丛书内容设置点面结合、布局合理，编写思路清晰、重点明确，以期探索石墨烯基础研究新高地、追踪石墨烯行业发展、反映石墨烯领域重大创新、展现石墨烯领域自主知识产权成果，为我国战略前沿新材料重大规划提供决策参考。

参与这套丛书策划及编写工作的专家、学者来自国内二十余所高校、科研院所及相关企业，他们站在国家高度和学术前沿，以严谨的治学精神对石墨烯研究成果进行整理、归纳、总结，以出版时代精品作为目标。丛书展示给读者完善的科学理论、精准的文献数据、丰富的实验案例，对石墨烯基础理论研究和产业技术升级具有重要指导意义，并引导广大科技工作者进一步探索、研究，突破更多石墨烯专业技术难题。相信，这套丛书必将成为石墨烯出版领域的标杆。

尤其让我感到欣慰和感激的是，这套丛书被列入“十三五”国家重点出版物出版规划，并得到了国家出版基金的大力支持，我要向参与丛书编写工作的所有同仁和华东理工大学出版社表示感谢，正是有了你们在各自专业领域中的倾情奉献和互相配合，才使得这套高水准的学术专著能够顺利出版问世。

最后，作为这套丛书的编委会顾问成员，我在此积极向广大读者推荐这套丛书。

中国科学院院士

刘云圻

2020 年 4 月于中国科学院化学研究所

总序 二

“战略前沿新材料——石墨烯出版工程”：一套集石墨烯之大成的丛书

2010 年 10 月 5 日，我在宝岛台湾参加海峡两岸新型碳材料研讨会并作了“石墨烯的制备与应用探索”的大会邀请报告，数小时之后就收到了对每一位从事石墨烯研究与开发的工作者来说都十分激动的消息：2010 年度的诺贝尔物理学奖授予英国曼彻斯特大学的 Andre Geim 和 Konstantin Novoselov 教授，以表彰他们在石墨烯领域的开创性实验研究。

碳元素应该是人类已知的最神奇的元素了，我们每个人时时刻刻都离不开它：我们用的燃料全是含碳的物质，吃的多为碳水化合物，呼出的是二氧化碳。不仅如此，在自然界中纯碳主要以两种形式存在：石墨和金刚石，石墨成就了中国书法，而金刚石则是美好爱情与幸福婚姻的象征。自 20 世纪 80 年代初以来，碳一次又一次给人类带来惊喜：80 年代伊始，科学家们采用化学气相沉积方法在温和的条件下生长出金刚石单晶与薄膜；1985 年，英国萨塞克斯大学的 Kroto 与美国莱斯大学的 Smalley 和 Curl 合作，发现了具有完美结构的富勒烯，并于 1996 年获得了诺贝尔化学奖；1991 年，日本 NEC 公司的 Iijima 观察到由碳组成的管状纳米结构并正式提出了碳纳米管的概念，大大推动了纳米科技的发展，并于 2008 年获得了卡弗里纳米科学奖；2004 年，Geim 与当时他的博士研究生 Novoselov 等人采用粘胶带剥离石墨的方法获得了石墨烯材料，迅速激发了科学界的研究热情。事实上，人类对石墨烯结构并不陌生，石墨烯是由单层碳原子构成的二维蜂窝状结构，是构成其他维数形式碳材料的基本单元，因此关于石墨烯结构的工作可追溯到20世纪40年代的理论研究。1947年，Wallace首次计算了石墨烯的电子结构，并且发现其具有奇特的线性色散关系。自此，石墨烯作为理论模型，被广泛用于描述碳材料的结构与性能，但人们尚未把石墨烯本身也作为一种材料来进行研究与开发。

石墨烯材料甫一出现即备受各领域人士关注，迅速成为新材料、凝聚态物理等领域的“高富帅”，并超过了碳家族里已很活跃的两个明星材料——富勒烯和碳纳米管，这主要归因于以下三大理由。一是石墨烯的制备方法相对而言非常简单。Geim等人采用了一种简单、有效的机械剥离方法，用粘胶带撕裂即可从石墨晶体中分离出高质量的多层甚至单层石墨烯。随后科学家们采用类似原理发明了“自上而下”的剥离方法制备石墨烯及其衍生物，如氧化石墨烯；或采用类似制备碳纳米管的化学气相沉积方法“自下而上”生长出单层及多层石墨烯。二是石墨烯具有许多独特、优异的物理、化学性质，如无质量的狄拉克费米子、量子霍尔效应、双极性电场效应、极高的载流子浓度和迁移率、亚微米尺度的弹道输运特性，以及超大比表面积，极高的热导率、透光率、弹性模量和强度。最后，特别是由于石墨烯具有上述众多优异的性质，使它有潜力在信息、能源、航空、航天、可穿戴电子、智慧健康等许多领域获得重要应用，包括但不限于用于新型动力电池、高效散热膜、透明触摸屏、超灵敏传感器、智能玻璃、低损耗光纤、高频晶体管、防弹衣、轻质高强航空航天材料、可穿戴设备，等等。

因其最为简单和完美的二维晶体、无质量的费米子特性、优异的性能和广阔的应用前景，石墨烯给学术界和工业界带来了极大的想象空间，有可能催生许多技术领域的突破。世界主要国家均高度重视发展石墨烯，众多高校、科研机构和公司致力于石墨烯的基础研究及应用开发，期待取得重大的科学突破和市场价值。中国更是不甘人后，是世界上石墨烯研究和应用开发最为活跃的国家，拥有一支非常庞大的石墨烯研究与开发队伍，位居世界第一，没有之一。有关统计数据显示，无论是正式发表的石墨烯相关学术论文的数量、中国申请和授权的石墨烯相关专利的数量，还是中国拥有的从事石墨烯相关的企业数量以及石墨烯产品的规模与种类，都远远超过其他任何一个国家。然而，尽管石墨烯的研究与开发已十六载，我们仍然面临着一系列重要挑战，特别是高质量石墨烯的可控规模制备与不可替代应用的开拓。

十六年来，全世界许多国家在石墨烯领域投入了巨大的人力、物力、财力进行研究、开发和产业化，在制备技术、物性调控、结构构建、应用开拓、分析检测、标准制定等诸多方面都取得了长足的进步，形成了丰富的知识宝库。虽有一些有关石墨烯的中文书籍陆续问世，但尚无人对这一知识宝库进行全面、系统的总结、分析并结集出版，以指导我国石墨烯研究与应用的可持续发展。为此，我国石墨烯研究领域的主要开拓者及我国石墨烯发展的重要推动者、北京大学教授、北京石墨烯研究院创院院长刘忠范院士亲自策划并担任总主编，主持编撰“战略前沿新材料——石墨烯出版工程”这套丛书，实为幸事。该丛书由石墨烯的基本性质与表征技术、石墨烯的制备技术和计量标准、石墨烯的分类应用、石墨烯的发展现状报告、石墨烯科普知识等五大部分共22分册构成，由刘忠范院士、张锦院士等一批在石墨烯研究、应用开发、检测与标准、平台建设、产业发展等方面的知名专家执笔撰写，对石墨烯进行了360°的全面检视，不仅很好地总结了石墨烯领域的国内外最新研究进展，包括作者们多年辛勤耕耘的研究积累与心得，系统介绍了石墨烯这一新材料的产业化现状与发展前景，而且还包括了全球石墨烯产业报告和中国石墨烯产业报告。特别是为了更好地让公众对石墨烯有正确的认识和理解，刘忠范院士还率先垂范，亲自撰写了《有问必答：石墨烯的魅力》这一科普分册，可谓匠心独具、运思良苦，成为该丛书的一大特色。我对他们在百忙之中能够完成这一巨制甚为敬佩，并相信他们的贡献必将对中国乃至世界石墨烯领域的发展起到重要推动作用。

刘忠范院士一直强调“制备决定石墨烯的未来”，我在此也呼应一下：“石墨烯的未来源于应用”。我衷心期望这套丛书能帮助我们发明、发展出高质量石墨烯的制备技术，帮助我们开拓出石墨烯的“杀手锏”应用领域，经过政产学研用的通力合作，使石墨烯这一结构最为简单但性能最为优异的碳家族的最新成员成为支撑人类发展的神奇材料。

中国科学院院士

成会明，2020 年 4 月于深圳

清华大学，清华－伯克利深圳学院，深圳

中国科学院金属研究所，沈阳材料科学国家研究中心，沈阳

丛书前言

石墨烯是碳的同素异形体大家族的又一个传奇，也是当今横跨学术界和产业界的超级明星，几乎到了家喻户晓、妇孺皆知的程度。当然，石墨烯是当之无愧的。作为由单层碳原子构成的蜂窝状二维原子晶体材料，石墨烯拥有无与伦比的特性。理论上讲，它是导电性和导热性最好的材料，也是理想的轻质高强材料。正因如此，一经问世便吸引了全球范围的关注。石墨烯有可能创造一个全新的产业，石墨烯产业将成为未来全球高科技产业竞争的高地，这一点已经成为国内外学术界和产业界的共识。

石墨烯的历史并不长。从 2004 年 10 月 22 日，安德烈·海姆和他的弟子康斯坦丁·诺沃肖洛夫在美国 *Science* 期刊上发表第一篇石墨烯热点文章至今，只有十六个年头。需要指出的是，关于石墨烯的前期研究积淀很多，时间跨度近六十年。因此不能简单地讲，石墨烯是 2004 年发现的、发现者是安德烈·海姆和康斯坦丁·诺沃肖洛夫。但是，两位科学家对"石墨烯热"的开创性贡献是毋庸置疑的，他们首次成功地研究了真正的"石墨烯材料"的独特性质，而且用的是简单的透明胶带剥离法。这种获取石墨烯的实验方法使得更多的科学家有机会开展相关研究，从而引发了持续至今的石墨烯研究热潮。2010 年 10 月 5 日，两位拓荒者荣获诺贝尔物理学奖，距离其发表的第一篇石墨烯论文仅仅六年时间。

“构成地球上所有已知生命基础的碳元素，又一次惊动了世界”，瑞典皇家科学院当年发表的诺贝尔奖新闻稿如是说。

从科学家手中的实验样品，到走进百姓生活的石墨烯商品，石墨烯新材料产业的前进步伐无疑是史上最快的。欧洲是石墨烯新材料的发祥地，欧洲人也希望成为石墨烯新材料产业的领跑者。一个重要的举措是启动“欧盟石墨烯旗舰计划”，从 2013 年起，每年投资一亿欧元，连续十年，通过科学家、工程师和企业家的接力合作，加速石墨烯新材料的产业化进程。英国曼彻斯特大学是石墨烯新材料呱呱坠地的场所，也是世界上最早成立石墨烯专门研究机构的地方。2015 年 3 月，英国国家石墨烯研究院(NGI)在曼彻斯特大学启航；2018 年 12 月，曼彻斯特大学又成立了石墨烯工程创新中心(GEIC)。动作频频，基础与应用并举，矢志充当石墨烯产业的领头羊角色。当然，石墨烯新材料产业的竞争是激烈的，美国和日本不甘其后，韩国和新加坡也是志在必得。据不完全统计，全世界已有 179 个国家或地区加入了石墨烯研究和产业竞争之列。

中国的石墨烯研究起步很早，基本上与世界同步。全国拥有理工科院系的高等院校，绝大多数都或多或少地开展着石墨烯研究。作为科技创新的国家队，中国科学院所辖遍及全国的科研院所也是如此。凭借着全球最大规模的石墨烯研究队伍及其旺盛的创新活力，从 2011 年起，中国学者贡献的石墨烯相关学术论文总数就高居全球榜首，且呈遥遥领先之势。截至 2020 年 3 月，来自中国大陆的石墨烯论文总数为 101 913 篇，全球占比达到 33.2%。需要强调的是，这种领先不仅仅体现在统计数字上，其中不乏创新性和引领性的成果，超洁净石墨烯、超级石墨烯玻璃、烯碳光纤就是典型的例子。

中国对石墨烯产业的关注完全与世界同步，行动上甚至更为迅速。统计数据显示，早在 2010 年，正式工商注册的开展石墨烯相关业务的企业就高达 1 778 家。截至 2020 年 2 月，这个数字跃升到 12 090 家。对石墨烯高新技术产业来说，知识产权的争夺自然是十分激烈的。进入 21 世纪以来，知识产权问题受到国人前所未有的重视，这一点在石墨烯新材料领域得到了充分的体现。截至

2018 年底，全球石墨烯相关的专利申请总数为 69 315 件，其中来自中国大陆的专利高达 47 397 件，占比 68.4%，可谓是独占鳌头。因此，从统计数据上看，中国的石墨烯研究与产业化进程无疑是引领世界的。当然，不可否认的是，统计数字只能反映一部分现实，也会掩盖一些重要的“真实”，当然这一点不仅仅限于石墨烯新材料领域。

中国的“石墨烯热”已经持续了近十年，甚至到了狂热的程度，这是全球其他国家和地区少见的。尤其在前几年的“石墨烯淘金热”巅峰时期，全国各地争相建设“石墨烯产业园”“石墨烯小镇”“石墨烯产业创新中心”，甚至在乡镇上都建起了石墨烯研究院，可谓是“烯流滚滚”，真有点像当年的“大炼钢铁运动”。客观地讲，中国的石墨烯产业推进速度是全球最快的，既有的产业大军规模也是全球最大的，甚至吸引了包括两位石墨烯诺贝尔奖得主在内的众多来自海外的“淘金者”。同样不可否认的是，中国的石墨烯产业发展也存在着一些不健康的因素，一哄而上，遍地开花，导致大量的简单重复建设和低水平竞争。以石墨烯材料生产为例，2018 年粉体材料年产能达到 5 100 吨，CVD 薄膜年产能达到 650 万平方米，比其他国家和地区的总和还多，实际上已经出现了产能过剩问题。2017 年 1 月 30 日，笔者接受澎湃新闻采访时，明确表达了对中国石墨烯产业发展现状的担忧，随后很快得到习近平总书记的高度关注和批示。有关部门根据习总书记的指示，做了全国范围的石墨烯产业发展现状普查。三年后的现在，应该说情况有所改变，随着人们对石墨烯新材料的认识不断深入，以及从实验室到市场的产业化实践，中国的“石墨烯热”有所降温，人们也渐趋冷静下来。

这套大部头的石墨烯丛书就是在这样一个背景下诞生的。从 2004 年至今，已经有了近十六年的历史沉淀。无论是石墨烯的基础研究，还是石墨烯材料的产业化实践，人们都有了更多的一手材料，更有可能对石墨烯材料有一个全方位的、科学的、理性的认识。总结历史，是为了更好地走向未来。对于新兴的石墨烯产业来说，这套丛书出版的意义也是不言而喻的。事实上，国内外已经出版了数十部石墨烯相关书籍，其中不乏经典性著作。本丛书的定位有所不同，希望能够全面总结石墨烯相关的知识积累，反映石墨烯领域的国内外最新研究进展，展示石墨烯新材料的产业化现状与发展前景，尤其希望能够充分体现国人对石墨烯领域的贡献。本丛书从策划到完成前后花了近五年时间，堪称马拉松工程，如果没有华东理工大学出版社项目团队的创意、执着和巨大的耐心，这套丛书的问世是不可想象的。他们的不达目的决不罢休的坚持感动了笔者，让笔者承担起了这项光荣而艰巨的任务。而这种执着的精神也贯穿整个丛书编写的始终，融入每位作者的写作行动中，把好质量关，做出精品，留下精品。

本丛书共包括22分册，执笔作者20余位，都是石墨烯领域的权威人物、一线专家或从事石墨烯标准计量工作和产业分析的专家。因此，可以从源头上保障丛书的专业性和权威性。丛书分五大部分，囊括了从石墨烯的基本性质和表征技术，到石墨烯材料的制备方法及其在不同领域的应用，以及石墨烯产品的计量检测标准等全方位的知识总结。同时，两份最新的产业研究报告详细阐述了世界各国的石墨烯产业发展现状和未来发展趋势。除此之外，丛书还为广大石墨烯迷们提供了一份科普读物《有问必答：石墨烯的魅力》，针对广泛征集到的石墨烯相关问题答疑解惑，去伪求真。各分册具体内容和执笔分工如下：01分册，石墨烯的结构与基本性质（刘开辉）；02分册，石墨烯的结构与物性表征（张锦）；03分册，石墨烯基材料的拉曼光谱研究（谭平恒）；04分册，石墨烯制备技术（彭海琳）；05分册，石墨烯的化学气相沉积生长方法（刘忠范）；06分册，粉体石墨烯材料的制备方法（李永峰）；07分册，石墨烯材料质量技术基础：计量（任玲玲）；08分册，石墨烯电化学储能技术（杨全红）；09分册，石墨烯超级电容器（阮殿波）；10分册，石墨烯微电子与光电子器件（陈弘达）；11分册，石墨烯薄膜与柔性光电器件（史浩飞）；12分册，石墨烯膜材料与环保应用（朱宏伟）；13分册，石墨烯基传感器件（孙立涛）；14分册，石墨烯宏观材料及应用（高超）；15分册，石墨烯复合材料（杨程）；16分册，石墨烯生物技术（段小洁）；17分册，石墨烯化学与组装技术（曲良体）；18分册，功能化石墨烯材料及应用（智林杰）；19分册，石墨烯粉体材料：从基础研究到工业应用（侯士峰）；20分册，全球石墨烯产业研究报告（李义春）；21 分册，中国石墨烯产业研究报告（周静）；22 分册，有问必答：石墨烯的魅力（刘忠范）。

本丛书的内容涵盖石墨烯新材料的方方面面，每个分册也相对独立，具有很强的系统性、知识性、专业性和即时性，凝聚着各位作者的研究心得、智慧和心血，供不同需求的广大读者参考使用。希望丛书的出版对中国的石墨烯研究和中国石墨烯产业的健康发展有所助益。借此丛书成稿付梓之际，对各位作者的辛勤付出表示真诚的感谢。同时，对华东理工大学出版社自始至终的全力投入表示崇高的敬意和诚挚的谢意。由于时间、水平等因素所限，丛书难免存在诸多不足，恳请广大读者批评指正。

刘忠范

2020 年 3 月于墨园

前 言

石墨烯是由单层碳原子构成的蜂窝状二维晶体材料。独特的结构赋予了石墨烯良好的电学、热学、力学、光学特性，这些优异的特性使得石墨烯在电子信息、储能、热管理、生物医学、节能环保、航空航天等领域具有广阔的应用前景。2004年英国曼彻斯特大学安德烈·海姆和康斯坦丁·诺沃肖洛夫从石墨中剥离出石墨烯，并因此获得2010年诺贝尔物理学奖，继而引发了全球范围的“石墨烯热”。

石墨烯被认为是引领新一轮全球高科技竞争和产业变革的前沿新材料。作为继碳纤维之后的新一代碳材料，不但有望替代碳纤维的角色，在重要领域发挥关键作用，更有望对传统产业转型升级和新兴产业培育形成重大的创新推动，进而衍生出万亿规模的石墨烯产业。欧盟、美国、日本、韩国等国家和地区均对石墨烯予以高度重视。

与其他国家相比，中国已成为全球石墨烯研究和应用开发最为活跃的国家之一，我国石墨烯的论文发表量和专利申请量均居世界前列，截至2019年年底，中国的石墨烯论文总数超过10万篇，位居全球第一；2019年，全球石墨烯专利申请总量已高达9万余件，中国石墨烯专利申请总量已占据全球申请总量的70%。除科研外，中国石墨烯产业化同样飞速发展，目前，各省、自治区、直辖市已成立石墨烯产业园、石墨烯产业创新中心和石墨烯研究院40多家，实际开展石墨烯业务的企业有3 100多家，其中从事研发、销售和应用的单位数量在石墨烯产业链中占七成。中国石墨烯产业初步呈现出集群化的分布特征，初步形成了以长三角、珠三角和京津冀鲁为聚合区，多地分布式发展的空间格局。石墨烯已经逐步走出实验室，石墨烯锂离子电池导电剂、石墨烯改性重防腐涂料、石墨烯超级电容器等应用产品不断涌现。中国石墨烯行业市场规模（按产值统计）由2015年的5.8亿元快速增长至

2019年的160.2亿元，石墨烯作为新材料产业的先导，在带动传统制造业转型升级，培育新兴产业增长点，推动大众创新、万众创业中的作用越来越显著。

当前，我国石墨烯产业也面临诸多困难和问题，一是关键技术仍有待突破，如高质量石墨烯材料低成本、绿色制备和提纯技术尚不成熟；二是缺乏龙头企业带动，国内从事石墨烯生产和应用研发的多为小微企业，缺乏大型企业；三是同质化竞争严重，国内多地都在大力发展石墨烯产业，但特色不够鲜明，有重复建设问题存在；四是产业生态体系尚不成熟、标准和产业配套不完善。为了准确把脉我国的石墨烯研发和产业化现状，协助国家做出相关战略决策，推动我国石墨烯新兴产业发展，中关村石墨烯产业联盟联合北京石墨烯研究院、北京科学技术情报研究所、北京国知专利预警咨询有限公司等单位对石墨烯的性质、应用领域、专利情况及国内石墨烯产业发展情况进行了系统的分析和梳理。

本书共分为10章，第1章由刘宇、童伟和毋伟撰写，概述了石墨烯的基本性质及其制备工艺等；第2章由周静撰写，总结了我国石墨烯产业整体发展情况；第3章由陆文杰和王敏撰写，对我国石墨烯产业政策进行了详细梳理和分析；第4章由赵秀婷撰写，对我国石墨烯产业区域发展态势进行了分析；第5章由杨坤、姚希、于立彪和李哲撰写，对我国石墨烯产业相关专利、标准和检测发展态势进行了详细的分析；第6章由赵秀婷撰写，对我国重点石墨烯产业园区发展现状进行了分析；第7章由班建伟撰写，对我国主要石墨烯上市企业动态进行了分析；第8章由周静、彭海琳和孟艳芳撰写，跟踪总结了我国重点石墨烯研究院与实验室发展动态；第9章由宋怀河和赵秀婷撰写，对当前石墨烯主要应用领域的最新研究进展进行了归纳总结；第10章由班建伟和崔银芳撰写，对我国石墨烯产业当前存在的问题进行了深入分析和探讨，提出了意见和建议，以期为国家和地方石墨烯产业的发展与宏观决策提供参考依据。

《中国石墨烯产业研究报告》由中关村石墨烯产业联盟组织专业人员编撰，力求素材新颖翔实、内容创新精炼、更具科学性、指导性和实践性，在本书编撰过程中，得到了30多位石墨烯行业专家教授、企业家的大力支持和帮助，在此表示衷心的感谢！我国石墨烯产业发展十分迅速，书中难免有疏漏之处，恳请专家和读者批评指正！

目 录

第 1 章

石墨烯概述

1.1 石墨烯简介

1.1.1 石墨烯的定义与分类

石墨烯(Graphene)是由碳原子构成的周期六方点阵蜂窝状二维晶体。其中每个碳原子与其他三个碳原子通过一个 σ 键相连接,剩余的一个 p 电子轨道垂直于石墨烯平面,每个碳原子贡献一个未成键的 π 电子,与周围的原子形成 π 共轭网络结构,其结构中碳碳键长约为 0.142 nm,单层石墨烯厚度约为 0.335 nm。石墨烯作为一种新兴的二维纳米材料,具有完美的晶体结构和诸多优异的物理化学性能。石墨烯独特的电学、光学、热学和力学性能,使其在电子器件、场发射材料、复合材料、气体传感器、能量储存以及环境科学等领域具有广阔的应用前景。其潜在的价值和广泛的应用前景,使石墨烯材料成为当前最受关注的研究领域之一。

为规范和统一石墨烯材料相关术语,2018 年 12 月 28 日,第一项石墨烯国家标准 GB/T 30544.13—2018《纳米科技　术语　第 13 部分:石墨烯及相关二维材料》发布,该标准对石墨烯相关术语进行了定义。

1. 按层数分类

(1) 单层石墨烯(Single-layer graphene; monolayer graphene):由一个碳原子与周围三个近邻碳原子结合形成蜂窝状结构的碳原子单层。

(2) 双层石墨烯(Bilayer graphene; 2LG):由两个完整的石墨烯层堆垛构成的二维材料。

(3) 三层石墨烯(Trilayer graphene; 3LG):由三个完整的石墨烯层堆垛构成的二维材料。

(4) 少层石墨烯(Few-layer graphene; FLG):由 3～10 个完整的石墨烯层堆垛构成的二维材料。

(5) 石墨烯纳米片(Graphene nanoplate；graphene nanoplatelet；GNP)：由石墨烯层构成的纳米片(GNP 的常见厚度为 1～3 nm，横向尺寸范围为100 nm～100 μm)。

2. 按修饰官能团的形式分类

(1) 石墨烷(Graphane)：由碳、氢原子以$(CH)_n$作为重复单元组成的二维薄片所构成的单层材料。

(2) 氟化石墨烷(Perfluorographane)：以碳、氟原子一一成键并以$(CF)_n$作为重复单元组成的二维薄片所构成的单层材料。

(3) 外延石墨烯(Epitaxial graphene)：石墨烯碳化硅基底上生长形成的石墨烯层。

(4) 氧化石墨烯(Graphene oxide；GO)：对石墨进行氧化及剥离后所得到的化学改性石墨烯，其基平面已被强氧化改性。

(5) 还原氧化石墨烯(Reduced graphene oxide；rGO)：氧含量被降低后的氧化石墨烯。

1.1.2　石墨烯的发现

石墨烯在实验室中被成功剥离之前，关于石墨烯的理论研究就已经相当充分。但是，从理论上对石墨烯及其特性的预言到最终石墨烯被发现，中间足足经历了近 60 年的时间，其间众多科学家为制备单层石墨烯不懈奋斗着。

2004 年，英国曼彻斯特大学的两位科学家 Andre Geim 和 Konstantin Novoselov 在 *Science* 发表文章，重点介绍了石墨烯的获取方法及其场效应特性的检测结果，这一标志性成果引起了科学家巨大的兴趣和广泛的关注。他们最初获得石墨烯的方法十分简便：通过外力将用于剥离的胶带紧紧黏附在一片高定向热解石墨表面，然后撕下胶带使二者分开，这样就会有一部分的石墨片层克服层间作用力而留在胶带上；再将粘有石墨片的胶带与新胶带的黏性面通过按压贴合在一起，轻轻地撕开两片胶带，这样使得一片石墨片分成两片更薄的片层；通过重复剥离，便可以使所得石墨片的厚度不断减小，此时可观察到石墨烯的颜色逐渐变淡。将这些胶带粘在硅片表面，由于范德瓦耳斯力和毛细张力的作用，剥离所得石墨烯片便附着在硅片上，最后再将样品放入丙酮溶液中去除残胶，最终获得了石墨烯片层，发现石墨烯的装置如图 1－1 所示。石墨烯的发现打破了二维晶格体系不稳定的定论。

图 1－1 发现石墨烯的装置

1.1.3 石墨烯的结构

严格地讲，石墨烯就是单层的石墨片，是富勒烯、碳纳米管和石墨等碳材料的基本构成单元。如图 1－2 所示，以石墨烯为基本单元可形成零维的富勒烯、一维的碳纳米管和三维的块体石墨。

石墨烯属于二维晶体材料，理想状态下应为完美的平面结构（图 1－3）。然而，在石墨烯发现的几年后，Geim 课题组又通过透射电子显微镜（TEM）研究了在空气中或真空中附着于微型金属支架上的石墨烯结构。结果表明，石墨烯片层只有一个碳原子层的厚度（约为 0.335 nm），而且表面并非完全的平整，局部出现了微观尺寸的起伏和褶皱（图 1－4）。Fasolino 等通过原子模拟发现，石墨烯的波纹起伏结构是由于在室温条件下，碳原子化学键键合的多重性引起的。随

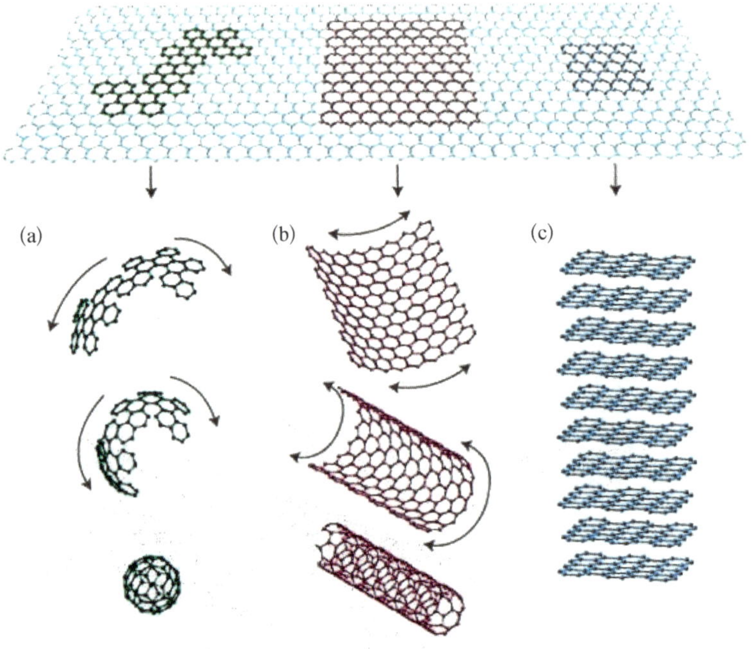

（a）零维的富勒烯；（b）一维的碳纳米管；（c）三维的块体石墨

图 1-2　以二维的石墨烯作为基本单元构建其他维度的碳材料

图 1-3　石墨烯理想状态下完美的平面结构

后，Meyer 等研究了单层石墨烯和双层石墨烯表面的褶皱程度，结果表明，由于单层石墨烯片层表面能较高，双层石墨烯表面能较低，导致单层石墨烯表面褶皱明显大于双层石墨烯，并且随着石墨烯层数的增加褶皱程度越来越小，表面结构越来越趋于平滑。因此，Meyer 等推测石墨烯表面的褶皱是二维石墨烯片层存

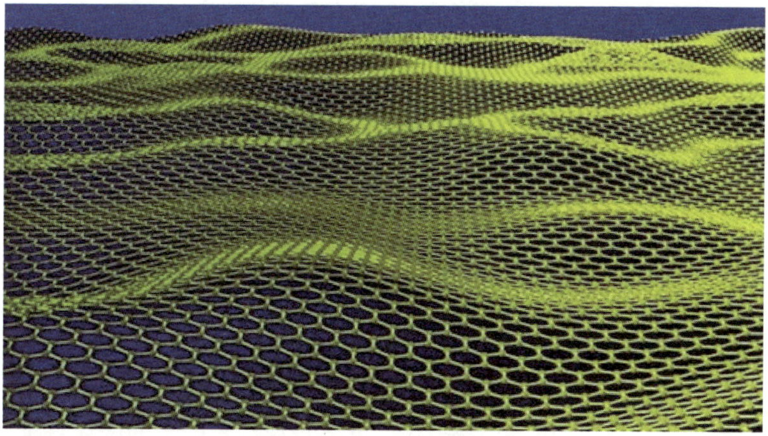

图 1-4 室温下表面褶皱的二维石墨烯

在的必要条件。

1.1.4 石墨烯的主要特性

石墨烯作为一种能够在室温条件下稳定存在的二维结构的新型碳质晶体材料，受到诸多研究者的关注和重视。研究发现，石墨烯具有许多不同于其他碳材料的独特物理化学性质，这些优异性质使其具有重要的研究价值，并蕴含着巨大的应用前景。接下来简单介绍一下石墨烯的主要特性。

1. 电学特性

石墨烯完美的晶体结构，使其具有良好的导电性能。在石墨烯的电子结构中，位于导电带的 π^* 轨道电子与位于价带的 π 轨道电子相交于费米能级的 K 和 K′点，因此，石墨烯为零带隙的半导体。首先，在石墨烯狄拉克点附近，电子的静止有效质量为零，为典型的狄拉克费米子特征，其费米速度高达 10^6 m/s，是光速的 1/300，远远超过电子在锑化铟、硅等一般半导体中的运动速度，表现出相对论效应。悬浮石墨烯的载流子密度高达 1×10^{13} cm^{-2}，迁移率高达 2×10^5 $cm^2/(V\cdot s)$[理论值为 1×10^6 $cm^2/(V\cdot s)$]，而且其迁移率几乎与温度无关，石墨烯中电子迁移率约为硅中电子迁移率的 100 倍(图 1-5)。同时，由于石墨烯具有独特的电子结构，因而使其具有不规则的量子霍尔效应，而且单层石墨

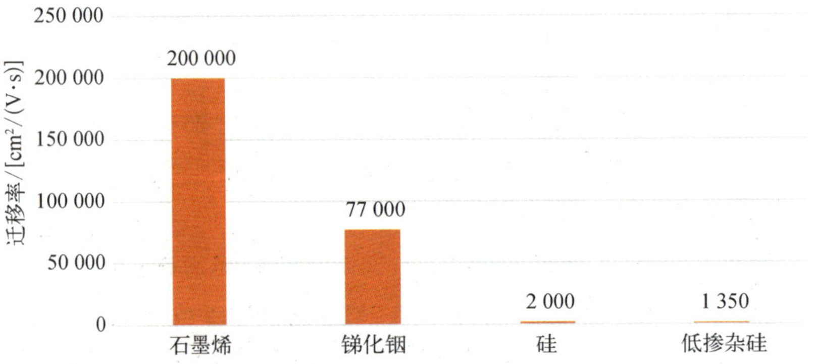

图 1-5 常见半导体载流子迁移率对比

烯具有双极性电场效应，在石墨烯中还可以清楚观察到电子的两极自旋信号，并且自旋弛豫长度不依赖于电流密度。

石墨烯优异的电学性能和特殊的电子结构，使其有望替代当下热门的硅材料，成为新的电子器件材料。例如：石墨烯可以大大提高传统晶体管的截止频率，制备迄今为止频率最高的射频石墨烯晶体管等。

2. 力学特性

石墨烯中层内碳原子 sp^2 杂化后形成牢固的碳碳 σ 键，因此赋予了石墨烯极高的力学性能。同时石墨烯的结构特点也决定了其力学性能的各向异性。研究表明，石墨烯的平均断裂强度为 55 N/m，石墨烯厚度为 0.335 nm，石墨烯的杨氏模量可达(1.0 ± 0.1) TPa，单层石墨烯的理想强度为(130 ± 10) GPa。碳原子间的强大作用力使其成为目前已知力学强度最高的材料，比世界上最好的钢铁的力学强度还要强 100 倍，可作为增强材料广泛应用于各类高强度复合材料中，提升复合材料的相关力学性能。

3. 热学特性

稳定的晶格结构和离域性大 π 键，赋予石墨烯优异的导热性能。Balandin 等测得单层石墨烯的热导率高达 5 300 $W \cdot m^{-1} \cdot K^{-1}$，明显高于金刚石(1 000～2 200 $W \cdot m^{-1} \cdot K^{-1}$)等碳材料，室温下是铜的热导率(401 $W \cdot m^{-1} \cdot K^{-1}$)的 10 倍(图 1-6)。Ghosh 等研究了石墨烯热导率随层数变化的情况。石墨烯从单层

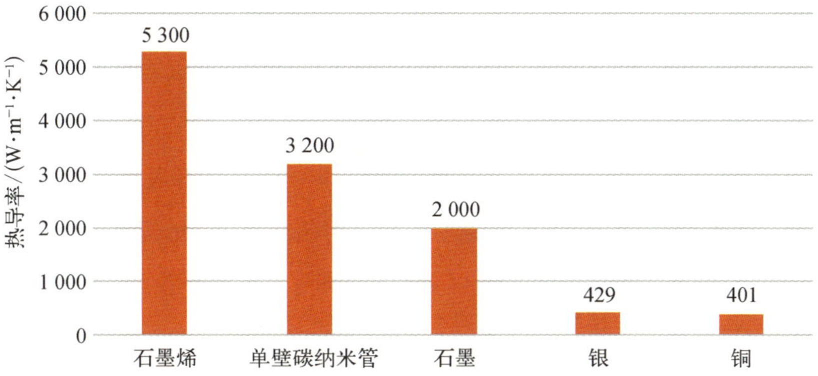

图 1-6 常见散热材料的热导率

增加到四层时，热导率迅速降低，四层石墨烯的热导率与高质量石墨的热导率相当。

4. 光学特性

石墨烯是透明的，由单层到数层碳原子组成，因此大面积的石墨烯薄膜具有优异的透光性能，可广泛应用于具有导电性的透明薄膜光电子器件。理想状态下的单层石墨烯，在 400～800 nm 的波段下，透光率大约为 97.7%，吸光率大约为 2.3%，并与入射光波的波长无关，与片层的堆叠顺序和方向有关。单层石墨烯的吸光光谱在 300～2 500 nm较平坦，在波长约为 270 nm 处的紫外区域，出现一个吸收峰。因此，石墨烯的光学特性和电学特性相结合，可应用于透明电极和柔性显示屏等领域。

1.2 石墨烯的制备

1.2.1 国内外石墨烯制备技术研发进程

1990—2004 年，在使用机械剥离法制备超薄石墨膜方面，研究者做出了很多尝试，但少于 50 层的石墨膜却一直未被制备出来。

直到 2004 年，Andre Geim 和 Konstantin Novoselov 通过人工机械剥离法获得了单层石墨烯片。

2005 年,Geim 等利用相似的原理提出了摩擦剥离制备石墨烯的方法,即将一块石墨的干净面在二氧化硅/硅基底表面摩擦,这样就可以在基底表面留下部分石墨片,从中便可找到极少量单层的石墨烯。

2008 年,Novoselov 等提出了一种通过超声液相剥离石墨获得石墨烯的方法。将石墨放入 *N*,*N*-二甲基甲酰胺(DMF)中超声处理 3 h,得到含有石墨烯的稳定分散液,接着将得到的溶液以 13 000 r/min 的速度离心分离 10 min,使得厚层石墨和石墨烯分离。

2008 年,Li 等利用溶液中离子的静电稳定作用获得了在水溶液中稳定存在的氧化石墨烯。首先采用改进的 Hummers 法制备氧化石墨烯,然后通过超声、离心获得均一的片层(由于静电斥力的作用,可以获得稳定的氧化石墨烯胶体),最后利用水合肼将氧化石墨烯还原为石墨烯。

2009 年,Lotya 等首先报道了一种表面活性剂辅助的液相剥离制备石墨烯的方法。剥离过程如下:将石墨分散于浓度为 510 mg/mL 的十二烷基苯磺酸钠(SDBS)水溶液中,低功率超声 30 min,将所得分散液静置 24 h,然后在500 r/min 的离心速率下处理 90 min,除去未剥离的厚层石墨,得到石墨烯。

2010 年,Chen 等则使用了一种机械研磨石墨的方法制备石墨烯。首先将较厚的石墨分散在 DMF 中,然后使用球磨机对其进行研磨,这样便可获得少层的石墨片,经过离心分离和反复清洗之后除去未被剥离的厚层石墨和溶剂,得到了少层和单层的石墨烯。

2010 年,发现石墨烯的科学家获得诺贝尔物理学奖,使得石墨烯被广泛关注,此后,国内外研究者对于石墨烯的制备进行了深入的研究和探索,许多制备方法随之产生,加快了石墨烯的产业化进程。

1.2.2 石墨烯制备方法分类

石墨烯优良的性能和广阔的应用前景吸引了世界各国研究者的关注,众多石墨烯的制备方法被开发出来。目前,石墨烯的制备方法可分为两大类:一类是通过某种手段破坏石墨的层间范德瓦耳斯力,对石墨片层进行剥离,获得石墨烯的物理制备方法；另一类是通过形成碳碳共价键来合成石墨烯的化学制备方法。

1. 物理制备方法

石墨烯的物理制备方法主要是采用低成本的石墨为原材料，通过微机械剥离、液相或气相直接剥离、印章转移法、超薄切片等方法来制备石墨烯。该方法的优点是制备的石墨烯纯度比较高，缺陷相对较少，且原料容易获得，操作较为简单；缺点是产量较低，耗时较长，不适用于大规模生产。

2. 化学制备方法

化学制备方法是实验室制备石墨烯的主要方法，此法初期是以苯环或其他芳香环为基础，采用多步偶联，将苯环上的 6 个氢原子替换，多次循环，使苯环向外不断扩展，构成具有一定尺寸的二维结构的石墨烯片层，也叫化学合成法。Stankovich 等首次采用氧化还原的方法制备石墨烯，即将氧化石墨上的含氧基团去除，还原后得到单层石墨，此法是目前使用最为广泛的石墨烯合成方法。此外，化学制备方法还包括化学气相沉积法、晶体外延生长法(SiC 高温退火)等。

1.2.3 石墨烯的主要制备方法

1.2.3.1 微机械剥离法

2004 年，Andre Geim 和 Konstantin Novoselov 最初获得石墨烯的方法就是微机械剥离法。

微机械剥离法是原始制备石墨烯的方法之一。微机械剥离法操作简单、制作样本质量高，但此方法所得石墨烯存在尺寸过小，层数难以控制，产量低以及无法实现大量生产的缺点，从而限制了该方法的实际应用。

1.2.3.2 氧化还原法

氧化还原法是指先将石墨氧化，含氧基团和水分子使得石墨片层的作用力变小，层间距扩张，之后将氧化石墨剥离得到氧化石墨烯（GO），再运用不同的还原方法将氧化石墨烯的缺陷修复，获得石墨烯的一种方法。该方法主要包括片层石墨氧化处理、机械剥离、氧化石墨烯还原三个步骤。石墨的氧化处理方法有 Brodie 法、Staudenmaier 法和 Hummers 法，其中 Hummers 法是应用较多的。氧化石墨的剥离包括超声剥离和高速搅拌剥离等多种技术。氧化石墨烯的还原方法包括化学还原法、焙烧还原法和水热还原法等，其中化学还原法易进行、方法简单、实验条件要求较低，因此较为常用，常用的还原剂有对苯二酚、氢氧化钠、硼氢化钠、葡萄糖等。

虽然氧化还原法是实现石墨烯量产的较好选择，但是利用该法制得的石墨烯，仍含有少量含氧基团，同时含有较多缺陷，使得其力学性能和电学性能有所降低，从而制约了其广泛使用。

1.2.3.3 化学气相沉积法

化学气相沉积法（CVD 法）是一种大规模工业化制备半导体薄膜材料的方法，也可用于生产石墨烯。该方法首先将反应物质转化成气态，然后在此状态条件下发生化学反应，生成的固态物质沉积在固态基体的表面，从而得到目的产物。

化学气相沉积法生长石墨烯是以过渡金属单晶或金属薄膜为衬底，甲烷等含碳化合物作为碳源，通过碳源在金属基体表面的高温分解而生长出石墨烯。该方法制备石墨烯从生长机理上可分为两种。（1）渗碳析碳机制。对于镍等具有较高溶碳量的金属基体，碳源裂解产生的碳原子在高温时将渗入金属机体内，再于降温时从其内部析出成核，生成石墨烯。（2）表面生长机制。对于铜等具有较低容量的金属基体，高温下气态碳源裂解生成的碳原子将吸附在金属表面，从而成核并逐渐生长得到连续的石墨烯薄膜。

化学气相沉积法能够批量生产石墨烯产品，并且生产所得产品的纯度较高，结构较完整，缺陷较少，是制备石墨烯半导体器件的理想方法，但该方法对设备及实验条件的要求较高。

1.2.3.4 SiC 表面外延生长法

SiC 表面外延生长法是在超高真空条件下，通过电子轰击、加热经过氧气刻蚀处理的6H-SiC单晶，以除去氧化物，在确定氧化物被完全除去后，将体系温度升高到1 250～1 450 ℃，使6H-SiC表面的Si升华，从而在(001)晶面上得到石墨烯片层。

SiC表面外延生长法已经是一种成熟技术，采用该方法可以获得大面积的单层石墨。其生产的后处理无须多余转移操作，产品直接供给使用。并且这种制备方法可以进一步结合纳米光刻技术，制备出图案化的石墨烯结构。

SiC表面外延生长法由于单晶碳化硅的成本较高，生长条件要求严格，且所得石墨烯与基底分离难度大，因而，该方法不能大量制造石墨烯，其产品主要用于科学研究。

1.2.3.5 液相剥离法

液相剥离法，以石墨或膨胀石墨为原料，将原料置于水或有机溶剂中，形成浓度较低的分散液，在外力作用下，破坏石墨片层之间的范德瓦耳斯力，允许溶剂分子进入石墨片层之间，制取一定浓度的单层或多层石墨烯悬浮液。这种方法是在不破坏石墨烯结构的基础上，制备出高质量的石墨烯，溶剂热法剥离石墨烯过程如图1-7所示。

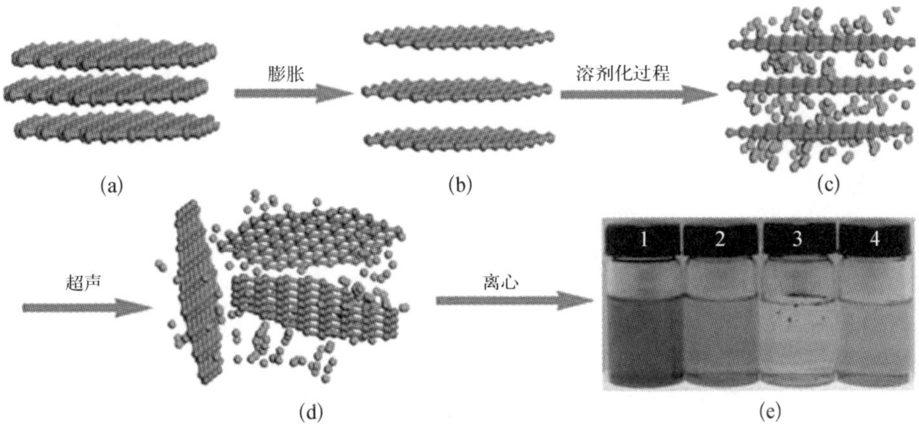

图1-7 溶剂热法剥离石墨烯过程示意图

液相剥离方法近几年来得到了快速发展，其优点是成本低、易操作，且在对石墨进行剥离的过程中，没有对石墨烯片层的结构造成破坏，没有在石墨烯表面引入缺陷，所以制备出来的石墨烯质量很高；但缺点也十分明显，得到的石墨烯单层率较低，并常与未得到完全剥离甚至未剥离的多层产物或石墨混合在一起，导致产品质量难以控制，制约下游产业的使用。

1.2.3.6 其他制备方法

1. 碳纳米管剖开法

以碳纳米管作为原材料合成石墨烯的方法可不使用任何基体直接制备石墨烯。2009年，Cano-Marquez团队提出用锂和液氨将碳纳米管沿轴向切开，然后用盐酸在骤热条件下剥离制备石墨烯；Jiao团队借助等离子刻蚀技术剖开碳纳米管制备条带状石墨烯；Veca团队采用多步化学处理，逐步剖开碳纳米管，最后在 NH_4OH 和 $N_2H_4 \cdot H_2O$ 混合溶液中还原得到石墨烯。

2. 电化学方法

将两根纯度较高的石墨棒插入离子液体中，在两根石墨棒上接入电压，作为阳极的石墨棒逐渐被剥离，直接生成功能化石墨烯片层，不需要进一步还原。在这个过程中，离子液体的种类和浓度会直接影响石墨烯的性能。此法缺点是很难制备单层石墨烯。

到目前为止，石墨烯的制备一直在继续，且在将来很长一段时间内将会聚焦于低成本、大规模制备单原子层石墨烯。实现石墨烯层数可控的量化生产，将给电子及半导体等多个行业带来革命性的变化。

1.3 石墨烯的应用领域

自2004年石墨烯成功剥离并被观察到以来，无数科研工作者的不断探索表明石墨烯是目前已发现的最轻，最薄，强度最大，导电性和导热性能最好的材料。石墨烯这些优异的性能，一方面激发了人们的研究热情，另一方面掀起了应用开发石墨烯和将其产业化的热潮。现阶段，石墨烯材料在国内市场可大致分为两大类：一类是石墨烯薄膜，由单层或多层石墨烯构成；另一类是石墨烯纳米片，由多层石墨烯(10层以下)堆叠而成。

石墨烯薄膜可细分为单晶薄膜和多晶薄膜,石墨烯单晶薄膜的规整结构使其可用于制造集成电路,但是石墨烯单晶薄膜的制备非常困难,很难获得合适的工业合成方法,距离产业化还有很长的路要走。相比单晶薄膜,石墨烯多晶薄膜的产业化应用有望在近几年内实现,它可以替代氧化铟锡(ITO)玻璃用于制造柔性电子触摸屏、太阳能电池和其他高导电透明材料领域。

石墨烯纳米片也可以被细分为纯石墨烯纳米片和功能化石墨烯纳米片,这两种纳米片具有不同的应用领域和应用背景。纯石墨烯纳米片具有优异的电导率和热导率,可用于导电、导热和储能等多个领域。而功能化石墨烯纳米片不仅具备纯石墨烯纳米片的特性,还具备更多的功能特点,可以用于生物医药、检验检测和催化剂等特殊领域。表1-1为石墨烯薄膜与石墨烯纳米片的对比。

表1-1 石墨烯薄膜与石墨烯纳米片的对比

对比内容	石墨烯薄膜	石墨烯纳米片
结构特点	均匀的单层石墨烯薄膜	1～10层石墨烯片
基本性质	透明性、导体、半导体	导电、导热、机械强度
应用领域	晶体管、TCFs	油墨、树脂添加剂、能量储存
单位价格	10～1 000美元/平方米	25～100美元/千克
商业应用时间	5～10年	2～3年

由于石墨烯具有良好的导热性、高强度、高透明度以及超大的比表面积等优异性能,使其在纳米电子器件、复合材料、催化剂和生物传感器等方面具有广阔的应用前景。

1.3.1 在纳米电子器件方面

石墨烯独特的电子结构和良好的电学性能,使其有望代替硅材料而成为新兴的电子纳米器件材料。石墨烯具有超薄的片层网络结构、超高的热导率和较高的载流子迁移率,以上性能使石墨烯可用于制备小体积的纳米电子器件。2007年,Liang课题组通过实验制备出了石墨烯晶体管,其开关速度比常规半导体晶体管快10倍。

1.3.2 在复合材料方面

在复合材料方面，石墨烯基无机复合材料是将片层石墨烯与金属或半导体纳米级别的无机材料运用球磨等方法分散混合得到，所得到的复合材料兼具石墨烯和无机材料的优良性能，在生活、生产过程中具有广泛应用。例如，在制备过程中，石墨烯表面因氧化作用，会添加如羟基(—OH)、羧基(—COOH)等含氧基团，这些含氧基团与特定的官能团能够发生有机反应，从而使石墨烯表面添加一些特定物质，构成复合材料，实现其功能化。

1.3.3 在催化剂方面

石墨烯结构中含有大量的π键共轭体系，使石墨烯结构中碳原子的电子云平均化，进而致使石墨烯形成零能带结构，在石墨烯结构中，电子十分容易从价带跃迁到导带，因此其在催化方面具有巨大的研究价值。例如，将贵金属负载于石墨烯表面，石墨烯π轨道电子与贵金属相互作用，阻止贵金属的聚集和迁移，同时石墨烯具有良好的导电性和导热性，有利于电子的转移，从而提高电池的利用效率，增加经济效益。2009年，Seger等将石墨烯与铂(Pt)复合制备的材料应用在氢氧燃料电池中的电催化活性和电稳定性均高于纯贵金属材料铂(Pt)。

1.3.4 在生物传感器方面

石墨烯具有优良的电子传输性能和较强的π共轭作用，使其成为制备电化学生物传感器的最佳材料。石墨烯独特的成键方式和完美的晶体结构，致使石墨烯结构中形成离域π键，含有芳香环的物质可以通过π-π共轭作用与石墨烯结合，联合相关生物酶或肿瘤标志物，制备电化学生物传感器，用于医疗等领域。例如，2015年，He等将芘糖苷通过π-π共轭作用与石墨烯结合，联合蒽醌等物质，修饰电极用于动态检测活细胞表达的致病受体；Wang 等在 1 -(3 -二甲氨基丙基)- 3 -乙基碳二亚胺盐酸盐(EDC)和链霉亲和素作用下，将特异性抗原抗体修饰的芘羧酸与石墨烯复合，使用该复合材料检测循环肿瘤细胞，预测相关疾病的产生。

1.3.5 在其他方面

正如上文所述，石墨烯具有的优良性能，除了在纳米电子器件、复合材料、催化剂和生物传感器等方面具有巨大的应用潜能外，还可以应用于能量储存、基因测序、环境科学、柔性触摸屏和纳米晶体管等领域，同时在量子物理学研究方向中有待进一步突破。

第2章

我国石墨烯产业发展概况

2.1 我国石墨烯产业发展简史

我国石墨烯产业初步发展于 2010 年。2010 年前，我国仅有北京大学等少数科研院所和研究机构开展与石墨烯相关的基础研究。随着发现石墨烯这一新型材料的两位科学家被授予了 2010 年度诺贝尔物理学奖，石墨烯这一神奇的二维材料引起越来越多科研人员的关注，同时也掀起了全球石墨烯研究的热潮。

2011 年，我国石墨烯产业快速发展，国内以北京大学、清华大学、浙江大学、国家纳米科学中心、中国科学院(简称“中科院”)金属研究所、中科院山西煤炭化学研究所、中科院宁波材料技术与工程研究所等为代表的高校、科研单位开展了大量的基础研究和应用研发，并相继涌现出一批以科研院所技术骨干为企业技术带头人的中小企业。随后，我国石墨烯产业在国家政策的引导、社会资本的支持、传统企业转型需求的推动下迅速发展，2013 年石墨烯产业化发展浪潮席卷全国。

我国石墨烯基础研究和产业化应用一直走在世界前列，石墨烯专利申请数量和论文发表数量都遥遥领先。在国家专项支持方面，国家自然科学基金委在前期资助了大批石墨烯相关的研究项目，其中大部分项目为基础研究项目。另外，科技部主导的国家科技重大专项、国家“973”计划等也支持了一大批重大石墨烯项目。地方政府对石墨烯材料也非常关注，截至 2018 年年底，全国已经有超过 28 个省、自治区、直辖市涉足石墨烯产业，已经初步形成了“政府引导 + 科研机构参与 + 企业产业化应用”三方协同一体的新模式。

2.2 我国石墨烯产业发展特点

2.2.1 政府关注，政策倾斜

在 2012 年 1 月，工业和信息化部(简称“工信部”)发布的《新材料产业“十二五"发展规划》中，石墨烯产业发展首次得到支持；2015 年 5 月《中国制造 2025》发布，将石墨烯列入重点布局行列；2015 年 10 月习近平总书记参观了曼彻斯特大学石墨烯研究院；2015 年 11 月《关于加快石墨烯产业创新发展的若干意见》发布；2016 年 3 月"十三五"规划将石墨烯列入 165 项重大工程等。在短短的几年中，一系列的国家引导政策密集发布。江苏、山东、北京、深圳等地方政府提前布局，出台产业促进政策，搭建产业平台，组建产业联盟。我国石墨烯产业在国家政策、企业与社会资本的共同推动下进入快车道。

2.2.2 资本市场关注，上市公司布局，产业基金发力

战略新兴产业的发展离不开资金的支持，我国石墨烯产业的发展资金主要来源于各地方政府的科技经费和社会资本。其中，以东旭光电科技股份有限公司（以下简称"东旭光电"）、华丽家族股份有限公司、宝泰隆新材料股份有限公司、中国宝安集团股份有限公司、银基烯碳新材料集团股份有限公司等为代表的上市公司以及中国石油天然气集团有限公司，华为、京东方为代表的行业巨头纷纷提前布局石墨烯产业。目前涉及石墨烯业务的上市公司有 40 多家，资本力量的参与、上市公司的加码加速了石墨烯行业的扩张，成为推动石墨烯产业发展的另一股重要原动力。

在石墨烯产业快速发展的同时，各类石墨烯产业基金纷纷成立，我国成立的部分石墨烯产业基金如表 2－1 所示。除了政府资本，一些活跃的社会资本也纷纷参与石墨烯的产业，而且成为支撑行业发展的重要力量（部分社会资本投资案例如表 2－2 所示）。产业基金的设立、社会资本的参与对石墨烯应用研发及产业化发展起到了重要的推动作用，这在一定程度上缓解了石墨烯企业起始资金缺乏的问题，在企业培育、产业孵化等方面具有深远意义。

表 2－1 我国成立的部分石墨烯产业基金

地 区	基金名称	规 模	合作方式
江苏省	新材料产业创业投资基金	5 亿元	政府主导
	格瑞石墨烯创投基金	8 500 万元	
	常州市先进碳材料天使投资引导基金和风险补偿金	1 500 万元 /年	

续表

地区	基金名称	规模	合作方式
江苏省	常州市武进区新兴产业发展基金	80亿元	国有资本和金融资本构成
	东旭—泰州石墨烯产业发展基金	1亿元	泰州市新能源产业园管委会与东旭光电合作
四川省	石墨烯产业基金	2亿元	德阳市旌阳区政府与东旭光电合作
重庆市	战略性新兴产业股权投资基金	800亿元	重庆市政府产业引导股权投资基金和市属国有企业共同出资设立
福建省	石墨烯产业发展基金	10亿元	政府主导

表2-2 部分社会资本投资案例

投资公司	投资案例
同创互联控股有限公司	北京绿能嘉业新能源有限公司
深圳力合天使股权投资基金合伙企业	常州二维碳素科技股份有限公司、常州第六元素材料科技股份有限公司、常州市碳索新材料科技有限公司等
深圳君安汇投资管理有限公司	北京吉泰亿阳科技有限公司
深圳科沃高新产业发展有限公司	江苏江南烯元石墨烯科技有限公司、深圳市协进石墨烯产业科技发展有限公司、深圳石墨烯创新中心有限公司

随着国家政策的支持和大量资本的涌入，我国石墨烯产业发展迅猛，行业规模急速膨胀，但石墨烯材料相关标准制定工作进展缓慢，产业链的各个环节都缺乏相应支撑的标准，一些不良商家对石墨烯概念进行炒作，打着石墨烯的旗号去融资圈钱，致使石墨烯行业资本炒作现象显现，造成行业秩序混乱，为产业健康发展埋下隐患。

2.2.3　地方政府积极组建产业园

目前我国大部分省份都在发展石墨烯产业，且相对集中在江苏、浙江、山东、重庆、四川、福建、北京等经济发达、科研力量雄厚的地方。各地方为促进区域石墨烯产业在本地的集聚，纷纷规划和组建石墨烯产业园，我国成立的部分石墨烯产业园见表2-3。据不完全统计，截至2018年6月，我国各地成立了20多家石墨烯产业园（创新中心/生产基地），北京、江苏、山东、浙江、黑龙江、重庆等多个省、自治区、直辖市均有分布，其中江苏省涉及的石墨烯产业园最多（有5个石墨烯产业园，分别为常州产业园、无锡产业园、南京产业园、苏州产业园和江阴祝塘石墨烯小镇），其中部分产业园已形成较完整的产业链。

表 2-3 我国成立的部分石墨烯产业园

产业园名称	成立时间
常州石墨烯科技产业园	2011 年
重庆石墨烯产业园	2013 年
无锡石墨烯产业发展示范区	2013 年
无锡石墨烯科技产业园	2013 年
青岛国家石墨烯产业创新示范基地	2013 年
江西共青城石墨烯产业园	2015 年
长沙石墨烯产业集群基地	2015 年
南京石墨烯创新中心暨产业园	2016 年
哈尔滨石墨烯产业集群	2016 年
遂宁石墨烯产业园	2017 年
自贡石墨烯产业园	2017 年
宝鸡石墨烯产业基地	2017 年
永安市石墨与石墨烯产业园	2017 年
厦门火炬高新区石墨烯产业园	2018 年
凌源石墨烯产业园	2018 年
高碑店市石墨烯产业园	2018 年
大同石墨烯科技产业园	2018 年
金华石墨烯应用研究产业园	2018 年

由表 2-3 可以看出，常州石墨烯科技产业园是我国成立的第一个石墨烯产业园，成立于 2011 年。目前常州、青岛、重庆、无锡、北京、宁波、南京、厦门、哈尔滨等地均已建有或正在筹建石墨烯产业园。

2.2.4 多方参与构建产业平台，组建产业联盟

“十二五”期间，石墨烯等新材料产业已被作为重要的战略新兴产业。我国陆续对石墨烯相关项目给予政策、资金扶持，并通过产业联盟等组织（截至 2018 年年底，我国各地组建的产业联盟详见表 2-4），助力石墨烯在技术路线、标准战

略、专利布局、国际合作等方面加速发展，“十三五”规划中更是加大对于石墨烯等新材料的政策偏移与投入，各地方政府根据国家总体规划纷纷出台各地配套政策与措施，推进石墨烯科技研究与产业化进程。

表 2-4 我国各地组建的产业联盟（截至 2018 年年底）

联盟名称	成立时间	成员单位	主要活动
中国石墨烯产业技术创新战略联盟	2013.7	目前已发展到 128 家，其中高校 28 家，科研院所 12 家，企业 87 家，政府 1 家	主办中国国际石墨烯创新大会，组织会员单位参加欧洲石墨烯大会等
江苏省石墨烯产业技术创新战略联盟	2013.8	由江南石墨烯研究院、常州二维碳素科技有限公司等石墨烯骨干企业，南京大学、常州大学等院校联合发起	旨在集成江苏石墨烯研发机构、高等院校、石墨烯产业链相关企业的产学研合作资源，加强江苏石墨烯产业技术创新，促进石墨烯产业关键设备国产化
山东省石墨烯产业技术创新战略联盟	2013.12	由济宁利特纳米技术有限责任公司等单位发起，哈尔滨工业大学（威海）、青岛大学、山东省鲁南工程技术研究院等 20 多家高校院所、企业联合组建	在山东省范围内形成从石墨烯原材料生产到下游示范应用的完整产业链，构建升级石墨烯新材料产业集群
京津冀石墨烯产业发展联盟	2015.12	中科院纳米中心、清华大学、北京大学、东旭集团、唐山建华实业集团等 100 余家石墨烯研发、产业化机构联合成立	将统筹协调京津冀三地资源打造石墨烯产业的“一个基地，两个平台”：唐山产业基地和北京技术创新平台、天津技术创新与工程平台
中关村华清石墨烯产业技术创新联盟	2015.12	由北京现代华清材料科技发展中心、北京科技大学等单位联合发起成立	以新材料开发和科技创新为导向，以推进低成本石墨烯及装备的技术进步和产业化为目标，建立质量检测体系，提升石墨烯材料的国际竞争力，推动石墨烯技术和产业发展
国家石墨烯材料产业技术创新战略联盟	2016.7	四川聚能仁和新材料有限公司、四川大学、西南交通大学、青岛蓝鲸新材料产业园发展有限公司等 17 家产学研单位	整合协调产业资源，建立上下游、产学研信息、知识产权等资源共享机制，提升石墨烯产业链的整体创新水平和竞争力
中国国际石墨烯资源产业联盟	2016.9	成员由高校、科研院所及石墨烯企业、金融投资机构、协会等组成	组织国内及国际行业会议、搭建石墨及石墨烯产品电商平台等
中关村石墨烯产业联盟	2016.11	中关村丰台园、中关村发展集团、北京大学、烯碳新材等单位联合发起，现有会员单位 100 余家	以构建产业生态、推动行业内“产、学、研、资”紧密结合为宗旨，积极推动核心技术成果向生产企业的转化，通过信息服务、团标制定、产业链对接、人才培养等为产业提供生态服务促进产业发展
福建省石墨烯产业技术创新战略联盟	2016.12	永安市石墨与石墨烯产业园管委会、厦门市火炬高新区管委会、中船重工 725 所厦门材料研究院发起，首届理事单位包括厦门信达股份有限公司等 19 家企事业单位、高校、科研院所	优势互补、整合协调石墨烯技术和产业资源，建立上下游、产学研信息、知识产权等资源共享机制，推动标准、评价、质量检测体系的建立，共同推进福建省石墨烯产业的发展

续　表

联盟名称	成立时间	成员单位	主要活动
中国北方石墨（烯）新材料产学研用创新联盟	2017.1	由清华大学深圳研究生院牵头组建，内蒙古石墨（烯）新材料产业基金由同方股份牵头设立	围绕产业技术创新链，通过信息共享、技术创新、应用示范、产业合作、市场拓展等机制集聚创新资源，实现企业、高校和科研机构等在战略层面的有效结合
中国石墨烯改性纤维及应用开发产业发展联盟	2017.10	由民营企业圣泉集团发起，成员单位有80多家	推进石墨烯改性纤维创新发展、扩大石墨烯材料应用为目标，采取“一条龙”模式，构建产业链、完善创新链，强化上下游互动，协同突破制约应用和推广的瓶颈，做大、做优、做强石墨烯改性纤维及应用开发

2.2.5　资源整合，地方积极组建产业创新中心

2016年8月30日，工信部印发《关于完善制造业创新体系，推进制造业创新中心建设的指导意见》，指导意见提出将围绕重点行业转型升级和新一代信息技术、智能制造、增材制造、新材料、生物医药等领域创新发展的重大共性需求，建设一批制造业创新中心。通过突破重点领域共性关键技术，加速科技成果商业化和产业化，优化制造业创新生态环境，形成以国家制造业创新中心和省级制造业创新中心为核心节点的多层次、网络化制造业创新体系，显著提升国家制造业创新能力。

石墨烯作为前沿新材料，也是这次创新中心支持的重点领域之一，截至2019年上半年，北京、江苏、广东和浙江纷纷组建石墨烯制造业创新中心（各创新中心详情见表2-5），为积极申报国家制造业创新中心做准备。

表2-5　我国组建的部分石墨烯创新中心

创新中心名称	成立时间	注册资本	依托主体	组成单位（仅显示持股>5%）	定　位
北京石墨烯产业创新中心	2017.4	10亿元	北京石墨烯技术研究院有限公司	北京石墨烯技术研究院有限公司、北京石墨烯研究院和石墨烯产业联盟等	北京创新主核心、京津冀大平台、全国大网络的石墨烯产业创新发展体系，使北京成为全球石墨烯创新网络的关键枢纽，全国石墨烯产业创新发展的协同中心，石墨烯军民融合的示范区，国家石墨烯高端产业的主引擎和主力军

续 表

创新中心名称	成立时间	注册资本	依托主体	组成单位（仅显示持股> 5%）	定　位
江苏省石墨烯创新中心	2019.3	3 000万元	江苏江南烯元石墨烯科技有限公司	常州第六元素材料科技股份有限公司、常州江南石墨烯科技有限公司、江南石墨烯研究院、二维碳素科技有限公司、常州国成新材料科技有限公司、江苏中海互联网科技有限公司、江苏洛基木业有限公司等	以新一代信息技术、航空航天装备、海洋工程和高技术船舶、节能环保、新能源等国家重点领域的发展需求和石墨烯行业的重要创新需求为导向，引领石墨烯技术创新突破、成果转移转化和应用产业化
广东省石墨烯创新中心	2019.4	20 000万元	深圳石墨烯创新中心有限公司	深圳市光明区建设集团发展有限公司、北京荷塘投资管理有限公司等	混合所有制新型创新平台，按照国家级创新中心的要求采取“公司＋联盟”的形式，打造“政产学研用资”紧密合作的创新生态，推动产业链、创新链、资金链和政策链深度融合
浙江省石墨烯制造业创新中心	2017.12	10 000万元	宁波石墨烯创新中心有限公司	由中科院宁波材料所牵头，联合国内石墨烯行业骨干企业、产业链上下游企业、投资基金、产业资本等 10 多家股东单位共同出资成立的	着力建设服务于石墨烯产业技术创新的研发设计中心、测试评价中心、中试开发基地、行业服务基地，打造完善的石墨烯技术创新链、产业链系统和跨界协同创新生态系统

2.2.6 组建国家级石墨烯质监中心，完善配套产业

2016 年，国家质量监督检验检疫总局分别正式批准同意江苏省特种设备安全监督检验研究院和广州特种承压设备检测研究院筹建“国家石墨烯产品质量监督检验中心（江苏）”和“国家石墨烯产品质量监督检验中心（广东）”。两个国检中心的建立，有利于有针对性地研发石墨烯产品检验检测新技术，有利于以技术创新来推动国家及行业标准的建立，有利于推进成果转化和实际应用，为全国石墨烯产业的发展与转型升级方面发挥技术支撑和引领作用。

2.2.7 初级产业链形成，相关产品相继面市

2014 年，随着以常州第六元素、重庆墨希科技有限公司、宝泰隆和北京北方国能科技有限公司等为代表的石墨烯制备企业规模化生产线的投产，我国在低

成本、规模化制备石墨烯材料的技术和工艺上逐渐走在了国际的前列。同时以石墨烯导电剂、石墨烯电热膜、石墨烯涂料、石墨烯电热膜和石墨烯润滑油等为代表的终端产品也逐步走进人们的生活当中，我国石墨烯产业初级产业链雏形显现，部分走进人们生活中的石墨烯应用产品如表 2-6 所示。

表 2-6 部分走进人们生活中的石墨烯应用产品

产　品	企　业
石墨烯防腐涂料	常州第六元素材料科技股份有限公司、深圳市本征方程石墨烯技术股份有限公司、济宁利特纳米防腐材料有限公司等
石墨烯电加热墙暖、地暖	北京绿能嘉业有限公司、北京吉泰亿阳科技有限公司、广东暖丰电热科技有限公司等
石墨烯服饰、理疗产品等	深圳烯旺新材料科技股份有限公司、济南圣泉集团股份有限公司等
石墨烯功能纤维、面料	南通强生石墨烯科技有限公司、常州恒利宝纳米新材料科技有限公司、上海烯望材料科技有限公司等
石墨烯导电添加剂	青岛昊鑫新能源科技有限公司、鸿纳(东莞)新材料科技有限公司、厦门凯纳石墨烯技术股份有限公司等
石墨烯概念电池/充电宝/电容	东旭光电科技有限公司、超威集团、中国中车株洲电力机车有限公司等

第3章

我国石墨烯产业政策现状及其对产业发展的影响分析

3.1 石墨烯行业产业促进政策

我国石墨烯产业快速发展离不开国家产业政策的支持，其中科研基金支持在开始起步阶段起到了重要的助推作用。中国科学院、科技部、国家自然科学基金委等国家主导的相关基金最早从2009年起陆续支持了一系列石墨烯研究项目（“973”计划、“863”计划及一系列的自然科学基金项目），对石墨烯材料制备、性质和应用研究均有涉及。国家对这些课题的支持，有力地促进了我国石墨烯产业的科技进步。与石墨烯相关的国家政策的制定，对后续产业的发展起到了重要的引导作用。

3.1.1 石墨烯行业发展进程中政府发布的引导性政策概览

2012年，工信部制定了《新材料产业“十二五”发展规划》，报告中强调要加大纳米技术的研究力度，其中纳米材料、纳米材料制品的制备与应用等关键技术亟待突破。对于一维纳米粉体，二维纳米碳管、石墨烯，三维富勒烯等先进纳米材料要加大开发力度，推进纳米材料在各领域的广泛应用，其中新能源、节能减排、环境治理、绿色印刷、功能涂层、电子信息和生物医用等领域是研究的重点。

2014年，国家发改委、财政部、工信部会同科技部、国家知识产权局、中国“两院”（中国科学院和中国工程院）等部门和单位联合制定了《关键材料升级换代工程实施方案》。方案中明确提到了“到2016年要实现20种左右的重点新材料批量生产和应用”。

2015年2月13日，工信部制定了《2015年原材料工业转型发展工作要点》，提出了贯彻创新驱动发展战略，大力支持新材料产业，使新材料战略部署得到长足有效发展。报告还提出计划开展石墨烯等专项项目，部署好、把控好从研发到产业化，再到应用推广等一系列关键创新环节，努力突破新材料创新中的瓶颈问题，如重复、分散等问题。充分调动起包括产业联盟在内的各方创新力量，建立起包括石墨烯等新材料在内的高精尖产业创新联盟，其中的重中之重是突破包括技术、装备等在内的各种制约。大力推进军用、民用新材料的有机衔接，使军民共用新材料在产业化、规模化等方面得到长足发展。

2016 年 5 月，中共中央、国务院正式印发《中国制造 2025》，提出对于那些颠覆性新材料要给予大力关注，尤其应注重其对传统材料的影响，对于前沿材料如超导材料、石墨烯、生物材料等要具备战略敏感性，尽早部署、尽早研发，使基础材料的更新速度加快。

2015 年 12 月 1 日，发改委、工信部和科技部联合印发了《关于加快石墨烯产业创新发展的若干意见》，其中提到“引导石墨烯产业创新发展、助推传统产业改造提升、支撑新兴产业培育壮大、带动材料产业升级换代”。

2016 年 5 月 19 日，国务院印发了《国家创新驱动发展战略纲要》，其中提出要发挥纳米、石墨烯等技术对新材料产业发展的引领作用。

2016 年 8 月 8 日，国务院正式印发《“十三五”国家科技创新规划》，提到要发挥纳米技术、智能技术、石墨烯等对新材料产业发展的引领作用。

2016 年 11 月 29 日，国务院发布了《“十三五”国家战略性新兴产业发展规划》，对石墨烯进行了前瞻布局，提出突破石墨烯产业化应用技术、做好石墨烯材料标准布局、推动电子器件变革性升级换代，加强石墨烯存储等新原理组件的研发。

2016 年 12 月 30 日，工信部、发改委、科技部和财政部联合印发了《新材料产业发展指南》。明确提出在“十三五”期间，要突破石墨烯材料规模化制备和微纳结构测量表征等共性关键技术，开发大型石墨烯薄膜制备设备及石墨烯材料专用计量、检测仪器，实现对石墨烯层数、尺寸等关键参数的有效控制。

2017 年 4 月 14 日，科技部印发《“十三五”材料领域科技创新专项规划》，其中提出，要发展单层薄层石墨烯粉体、高品质大面积石墨烯薄膜工业制备技术，柔性电子器件大面积制备技术，石墨烯粉体高效分散、复合与应用技术，高催化活性纳米碳基材料与应用技术。

3.1.2 重点省市石墨烯产业政策

1. 北京市石墨烯相关产业政策

北京市在石墨烯产业发展方面具有其独特的优势，作为全国科技创新中心，北京拥有丰富的科技资源，清华、北大、中科院等高校院所研究人员数量及成果数量在全国范围内占比非常大。深厚的科技实力是北京发展石墨烯的先天优势及强大基础。

北京在石墨烯产业颁布的引导性政策(北京市政府颁布的部分石墨烯产业促进政策详见表 3-1)。

表 3-1 北京市政府颁布的部分石墨烯产业促进政策

时 间	颁布部门	政 策 名 称
2017.1	北京市政府	政府工作报告
2016.8	北京市科委	《北京市石墨烯科技创新专项(2016 年—2025 年)》
2016.5	北京市经信委	《北京市鼓励发展的高精尖产品目录(2016 年版)》
2015.12	北京市政府	《〈中国制造 2025〉北京行动纲要》

从“十二五”初期北京市科委就开始在石墨烯领域布局，支持方向包括石墨烯制备以及石墨烯相关电子器件的研发等，累计投入科研经费数千万。

2015 年 12 月 5 日，为深入贯彻《中国制造 2025》，全面落实《京津冀协同发展规划纲要》，北京市人民政府(简称“北京市政府”)印发了《〈中国制造 2025〉北京行动纲要》。明确提出重点布局领域包括超导材料、纳米材料、石墨烯、生物基材料等新材料产品。

2016 年 5 月 23 日，为认真贯彻落实制造强国战略，深入实施《〈中国制造 2025〉北京行动纲要》，北京市经信委印发了《北京市鼓励发展的高精尖产品目录(2016 年版)》，将石墨烯、碳纳米管等纳米材料纳入其中。

2016 年 8 月 2 日，北京市科委牵头组织成立了北京市石墨烯科技创新专项专家委员会，并组织石墨烯领域专家编制了《北京市石墨烯科技创新专项(2016

年—2025年)》。

2016年11月8日,中关村石墨烯产业联盟成立。中关村石墨烯产业联盟由中关村发展集团、中关村丰台园、北京大学等单位联合发起,在中关村管委会指导下,经北京市民政局审批成立。联盟以构建产业生态、推动行业内“产、学、研、资”紧密结合为宗旨,积极推动大学与科研机构研发的领域核心技术成果向生产企业的转化,积极推动国内石墨烯产业健康发展。与当时正在筹建的北京石墨烯研究院(简称“BGI”)、北京石墨烯技术研究院有限公司(简称“BGIT”)共同组成了北京市石墨烯产业“一体两翼”的格局雏形。

2017年1月14日,在北京市第十四届人民代表大会第五次会议上,时任北京市代市长的蔡奇,代表北京市人民政府向大会做政府工作报告。他在工作报告中提出,北京作为全国科技创新中心建设战略的组成部分,要布局脑科学、人工智能、生物技术、石墨烯和第三代半导体等基础前沿研究。

2. 江苏省石墨烯相关产业政策

在石墨烯发现者被授予诺贝尔奖的第二年,即2011年,常州就在全国率先开启了石墨烯产业化之路。这一年,常州市,武进区两级政府出资5 000万元,成立了江南石墨烯研究院。江苏省常州市、无锡市、南京市等地石墨烯产业的发展在国内占据着重要地位,为我国石墨烯产业的发展做出了巨大的贡献。在江苏省石墨烯产业促进政策的带动下,江南石墨烯研究院、无锡石墨烯产业示范区、常州石墨烯科技产业园、南京石墨烯创新中心暨产业园、国家石墨烯产品质量监督检验中心(江苏)和一批石墨烯优秀企业代表相继出现并形成了较完整的石墨烯产业链。

(1) 江苏省石墨烯相关产业政策概览

2011年,江苏省成立了江南石墨烯研究院,同期启动了建设集“研究院—众创空间—孵化器—加速器—科技园”多位一体的创业载体,成为全国唯一的国家石墨烯新材料高新技术产业化基地。

2016年3月,江苏省发布《江苏省国民经济和社会发展第十三个五年规划》,提出支持石墨烯领域超前部署基础前沿技术研究,着力在战略性新兴领域加快形成一批技术含量高、比较优势明显的创新成果。

2016 年 8 月 19 日，江苏省人民政府印发了《江苏省贯彻国家创新驱动发展战略纲要实施方案》，提到要培育形成纳米科技、石墨烯、高性能碳纤维等一批全球有影响、附加值高的产业创新集群。

2016 年 9 月 22 日，英国 BGTM 公司与南京经济技术开发区签约共建石墨烯创新中心暨产业园。南京石墨烯创新中心初期总投资 4 亿元，将组建石墨烯产业创新科研团体及 4 个研发中心，推动石墨烯新材料的应用研发和产业化。石墨烯产业园主要立足于承接创新中心及英国 BGTM 公司的技术成果转化和产业化，首个产业化项目——石墨烯射频天线及标签项目，将从事高可靠射频天线及标签制造。

（2）常州市石墨烯相关产业政策概览

常州石墨烯产业起步较早，在我国当前石墨烯产业发展中占据重要的位置。其中常州石墨烯科技产业园是常州西太湖科技产业园管委会建设的国家级石墨烯产业创新应用示范基地，目前，园区已经集聚 130 多家石墨烯相关企业，培育了常州第六元素材料科技股份有限公司、二维碳素等一批行业领军企业，建成了初具规模的石墨烯新材料产业化基地。

2014 年，常州市武进区制定了《加快先进碳材料产业发展的若干政策》，加大对碳产业的扶持、培育力度。根据相关政策，武进区将设立每年 6 000 万元、3 年不低于 2 亿元的“碳材料产业科技创新专项资金”，总规模不少于 20 亿元的创业投资基金，以及大小共 20 项政策支持注册在西太湖科技产业园、实施先进碳材料产业链内项目的企业，其中优先支持实施石墨烯产业链内项目的企业。

2016 年，常州发布了《常州石墨烯产业“双创”方案（2016—2020 年）》，详细规划了未来五年常州石墨烯产业的发展目标、思路与举措。提出将用五年的时间，把常州打造成为引领中国石墨烯原创性新兴产业发展的集聚示范区、具有全球竞争力的石墨烯新材料高新技术产业化高地，打响常州“东方碳谷”的城市品牌。计划在 2016—2020 年，常州将每年引进 20 个石墨烯领域人才团队，30 个石墨烯相关应用产业化项目；到 2020 年年底，集聚石墨烯相关企业 300 家以上，石墨烯人才团队100个以上，石墨烯相关产业产值达到300亿元以上。

2017年4月，常州市委、市政府出台《常州市关于加快石墨烯产业创新发展的实施意见》。明确提出：组建石墨烯产业发展专项资金，总规模每年5亿元，重点支持石墨烯相关产业应用示范、石墨烯相关龙头骨干企业发展、石墨烯材料规模化和应用化制备和产业化应用关键技术研发、终端产品应用示范推广项目等。

2017年7月，武进区政府发布《关于进一步加快先进碳材料产业创新发展的若干意见》，提出2017—2020年，在重大平台载体建设、项目引进和人才集聚、企业创新发展并做大做强、科技金融创新、产业品牌影响力提升五个方面提供34条支持措施。武进区将设立25亿元“碳专项资金”，其中20亿元先进碳材料产业发展基金、5亿元产业扶持基金，加快先进碳材料产业创新发展，进一步巩固武进区在国内石墨烯产业政策高地的地位；到2020年，力争全区规模以上石墨烯产业产值在300亿元以上，集聚石墨烯相关企业300家以上，推动石墨烯产业做大做强，创成国家级石墨烯创新中心。

(3) 无锡市石墨烯相关产业政策概览

无锡一直十分重视石墨烯产业的发展。2013年，无锡市政府印发了《无锡市石墨烯产业发展规划纲要(2013—2020年)》。主要目标为加强规划引导，完善产业发展环境，发挥相关核心企业的影响力和带动力，推动石墨烯产业成为无锡经济发展的战略先导产业和特色产业，将无锡建设成为石墨烯技术创新引领市、应用示范先导市。经过5～7年的大力发展后，努力在无锡建立起石墨烯产业技术研发和应用示范基地，并努力使其具备“科研集中、产业集聚、技术创新、带动辐射”等功能，达到省内领先、国内一流，国际具有一定影响力的目标。

2014年，无锡市政府印发《关于促进无锡石墨烯产业发展的政策意见》，明确提出加大石墨烯产业扶持力度，全力推动石墨烯产业健康快速发展，加大财政资金扶持力度，支持石墨烯研发应用平台建设，支持科研院所和企业建立研发机构，支持石墨烯关键、共性技术攻关，鼓励企业拥有自主知识产权，鼓励石墨烯企业发展和市场应用，加快人才引进和培育，支持重点项目建设，加大金融扶持力度等一系列相关优惠政策。

3. 山东省石墨烯相关产业政策

（1）山东省石墨烯相关产业政策概览

2011 年，济宁利特纳米技术有限责任公司在山东省济宁市政府、市科技局和山东省鲁南工程技术研究院等相关部门的支持下成立，是国内率先从事石墨烯及相关材料产业化的企业。

2013 年 12 月，在山东省科技厅的大力支持下，一批山东省内的石墨烯相关企业联合了部分国内知名高校院所共同发起成立了“山东省石墨烯产业技术创新战略联盟”。山东省石墨烯产业技术创新战略联盟旨在构建以石墨烯为原材料，以研发、制备、应用为主体的产业链，从而打造以国内著名高校、科研院所为支撑，省内石墨烯制备、应用企业为主体，科技中介机构服务为依托的石墨烯及产品关键技术研发和产业化的创新链。

2014 年 10 月，青岛国际石墨烯创新中心正式挂牌，是青岛高新区发展石墨烯产业的重要载体，为来自海内外的石墨烯创新技术团队提供从苗圃阶段到孵化器再到加速器的全链条孵化场所和服务。

2015 年 2 月，山东省石墨烯产业知识产权保护战略联盟成立，以加强知识产权保护工作为宗旨，通过构建石墨烯产业知识产权联合保护机制、搭建知识产权保护服务平台、营造有利于石墨烯产业技术创新的知识产权保护环境，形成石墨烯产业的技术创新合力，提高行业整体知识产权保护水平，提升石墨烯产业核心竞争力，促进山东省石墨烯产业快速健康发展。

2015 年 3 月，山东省经济和信息化委员会颁布了《山东省新材料产业转型升级实施方案》，提出根据山东省新材料产业发展状况，优先发展稀土新材料、石墨烯、新型半导体材料等新兴领域。

2015 年 4 月，山东省人民政府办公厅印发《山东省推进工业转型升级行动计划》，提出了重点发展石墨烯等前沿材料，培植新兴产业，大力促进工业转型升级。

2016 年 12 月，山东省人民政府颁布了《山东省“十三五”科技创新规划》，报告对新材料的产业化进行了战略性部署，重点强调加强基础材料、高性能材料、特种新材料和前沿新材料的研发，研究石墨烯、富勒烯等纳米材料的低成本制备及其在重点领域的应用技术；鼓励以青岛市为试验点进行科技综合改革，整合集中石墨烯创新资源，发挥其产业优势，不断优化创新科技发展空间。

(2) 青岛市石墨烯相关产业政策概览

2014 年 5 月，青岛市政府印发《青岛市关于加快推进科技改革发展的若干意见》，提出积极抢占高端新兴产业制高点。紧跟科技前沿，开展技术预见和产业技术路线图研究，加强顶层设计。围绕产业链部署创新链，组织实施自主创新重大专项，加大战略高技术研发支持力度，力争在智能机器人、石墨烯、清洁能源等领域拥有更多核心技术、标准规范和市场份额。

2014 年，青岛市发布《青岛市十大新兴产业发展总体规划》提出突破高性能高纯碳化硅、激光晶体材料，以石墨烯为代表的碳材料、硅晶片等关键技术，大力开发先进储能材料等清洁能源新材料，大力开发半导体材料、显示材料等节能低碳新材料以及精密陶瓷材料等。

2015 年 4 月，《青岛高新区石墨烯及先进碳材料产业规划》提出以青岛国际石墨烯科技创新园为载体，大力推进石墨烯及先进碳材料科研及产业规模化、集群化、园区化发展；将技术创新与成果转化相结合，产业优化与空间布局相结合，园区建设与生态环保相结合，开放合作与内生发展相结合；着力促进重点企业创新能力提升，着力推进科技成果转化和科技企业孵化，着力建设资源集聚的创新载体，着力攀登科技发展制高点，着力培育和引进科技创新人才队伍，着力提升对外合作交流水平；突出海洋特色，把石墨烯及先进碳材料产业发展成为引领蓝色经济发展的支柱产业，为建设全国蓝色经济领军城市做出贡献。

2016 年 4 月，青岛市人民政府发布《青岛市“十三五”人才发展规划》，人才质量稳步提升。紧紧围绕经济社会发展和产业结构转型升级，不断优化人才结构。建立了 1 268 个高水平研究平台和 5 500 条高端人才信息目录，大力实施靶向引进，在较短时间内快速集聚以从事海洋研究、石墨烯、智能机器人和财富管理等产业为代表的“高精尖缺”人才。2016 年 10 月 28 日，青岛市发布《“十三五”青岛市科技创新规划》，明确提出培育新兴产业资源，围绕新一代信息技术、高端装备制造、海洋、新材料、生物技术、新能源、数字创意等领域，全系统部署石墨烯等一批重点专项，构建贯通基础研究、重大共性关键技术到应用示范的纵向创新链与横向协作的产业链，孵化和培育一批新兴产业；提升新材料支撑引领能力，围绕石墨烯等新材料开展全产业链的创新与应用，实现石墨烯材料在下游应用领域的技术创新与市场化应用，促进科技成果转化、建设国际石墨烯创新中心。

2017 年 1 月，青岛市科技局发布信息，青岛市获得石墨烯产业发展批准，并迅速筹建第一批石墨烯科技创新中心。青岛市石墨烯科技创新中心与高新区、莱西、平度等石墨烯科技创新资源携手，筹划准备成立石墨烯技术研发区、创新孵化区、产业发展区，将石墨烯防腐涂料、石墨烯海水淡化、石墨烯储能材料等七大技术领域研发作为重点方向，实施重点企业促进工程、关键技术攻关工程、创新能力提升工程、中小企业培育工程、创新体系建设工程等五大工程，搭建公共检测、公共研发、协同创新、金融服务、应用推广展示等五大平台，加强石墨烯创新资源集聚，优化创新环境。

4. 浙江省石墨烯相关产业政策

(1) 浙江省石墨烯相关产业政策概览

2015 年 2 月 3 日，浙江省发展和改革委员会和浙江省经济和信息化委员会联合印发了《浙江省高端装备制造业发展规划(2014—2020 年)》，提出快速发展电动汽车整车与零部件产业；对于电池、电机、电控等重要部件，要加大研发与产业化进程，争取在关键领域更进一步、取得重大科技进展，应用石墨烯隔膜材料的电池能量密度达到 300 W·h/kg，电池和电驱动系统成本明显下降。

2015 年 12 月 31 日，浙江省人民政府颁布了《中国制造 2025 浙江行动纲要》，纲要指出要加强开发高性能玻璃纤维、碳纤维、石墨烯等先进无机非金属材料，努力建设高性能纤维及复合材料产业基地，使其成为国内首屈一指的先进材料发展基地，推动石墨烯产业化应用。

2016 年 9 月 2 日，浙江省人民政府印发了《浙江省人才发展“十三五”规划》提出了重点建设一批在石墨烯与碳纤维等新材料的应用领域的优秀科技创新团队。

（2）宁波市石墨烯相关产业政策概览

2013年，宁波发改委发布《宁波市新材料产业三年行动计划（2013—2015年）》，明确提出打造石墨烯产业链。争取在全球范围把握住石墨烯产业化及其应用的关键时机，打开石墨烯的广泛应用局面，特别是在动力电池领域，重点谋划"热管理材料—新能源汽车、石墨烯原料—石墨烯复合材料—动力锂电池、高性能微电子器件"产业链。进一步促进打破关键核心技术瓶颈，尤其是规模化制备及应用方面，进一步巩固提升宁波新材料产业的核心竞争力。以宁波墨西、信远炭材料等企业为骨干，重点发展石墨烯、碳材料规模化量产及应用推广。

2014年，宁波市科技局、发改委和经信委三部门联合编制发布《宁波市石墨烯技术创新和产业发展中长期规划（2014—2023年）》，明确提出抓住全球石墨烯产业快速发展及宁波建设新材料科技城的战略机遇，遵循"以应用为牵引、以研发为支撑、以制备为核心"的发展思路，着力在石墨烯基础制备技术取得突破，加快石墨烯上下游应用技术研发与应用产品示范推广，促进石墨烯全产业链规模化、高端化发展，将宁波打造成为全球重要的石墨烯产品研究开发与产业化应用的重要基地和示范区，示范引领战略新兴产业创新发展，为宁波率先实现创新驱动发展格局，建设工业强市提供强大支撑。

2017年3月，宁波市发布《石墨烯产业三年攻坚行动计划（2017—2019年）》，明确提出以应用需求为牵引，以关键技术为支撑，以产业体系建设为目标，加快石墨烯材料上下游应用技术研发、促进商业化应用与新产品示范推广，将宁波打造成全国石墨烯技术研发与产业化应用的重要基地和创新示范区。

如今，宁波在石墨烯制备和应用技术上走在全国前列，拥有产能较大的石墨烯粉体企业——宁波墨西科技有限公司，浙江省石墨烯制造业创新中心正式获批挂牌。

3.2 石墨烯行业发展进程中政府发布的引导性政策分析

随着经济全球化和信息化进程的加快，世界各国都把发展战略性新兴产业作为促进产业技术创新和结构调整、完善经济发展模式、实现国家经济可持续发展的战略。战略性新兴产业代表着国家科技和未来产业的发展方向，是社会经济发展的重要推动力，发展战略性新兴产业对提升我国在国际市场的核心竞争力、提高产业整体水平、形成新的经济增长点具有重要的推动作用。但是新兴产业的发展和兴起离不开国家政策的支持、引导和培育，在我国，创新驱动体制机制环境，不断优化和完善石墨烯产业技术、政策、资本、人才等关键要素的配置对产业的持续优化和升级至关重要。

3.2.1 国家政策以引导为主

与国外相比，我国的国家石墨烯产业政策出台时间较晚且以引导性政策为主，资金和人才鼓励政策涉及较少。在产业萌芽期（2010—2012 年），我国石墨烯产业促进政策较少且均为引导性政策，没有财政补贴支持。到 2012 年，工信部发布的《新材料产业“十二五”发展规划》第一次明确提出支持石墨烯新材料发展，开启了我国石墨烯产业的政策窗口。石墨烯产业快速成长期（2013—2017 年），我国密集发布了一系列石墨烯产业促进政策，既包括引导性政策又有相关经费支持。其中，2015—2016 年，我国政府密集出台相关政策，2015 年发布的《关于加快石墨烯产业创新发展的若干意见》，是我国第一个国家层面出台的石墨烯纲领性文件，该文件指出要一步步实现将石墨烯材料应用到部分领域的目标，这些产品包括工业产品和民生消费品，使石墨烯产业变成领先产业，到 2020 年，要建成一个完整、系统的石墨烯产业链。

3.2.2 地方政策更加具体，产业规划明确

与国家引导性政策相比，我国地方出台的石墨烯政策更具体，在产业规划目标、资金支持、人才引进和平台搭建上更加明确。目前我国很多地方政府和产业园积极发展石墨烯项目和产业，地方更是出台了诸多针对石墨烯的专项政策，体现了这些地方政府长远的眼光和敢为天下先的勇气。随着地方政府的积极介

入，石墨烯产业已经初步形成政府、科研机构、研发和应用企业协同创新的“政—产—学—研—用”的合作对接机制，这一合作机制有助于石墨烯企业充分享受地方政策、税收优惠以及资金支持。

1. 热点省市产业规划明确

部分省市直接在规划中提出了石墨烯产业未来发展的具体目标，例如《无锡石墨烯产业发展规划纲要（2013—2020 年）》提出，到 2020 年，石墨烯及相关产业规模达到 300 亿元，其中，上游石墨烯材料达 60 亿元，下游石墨烯相关应用产品达 240 亿元；宁波提出，到 2023 年，建成具有国际竞争力的石墨烯产业集群，石墨烯生产制造产量达到万吨级，关联产业发展产值实现千亿元，等等。

2. 资金政策支持逐年上升

在石墨烯项目的招商上，部分地方政府不遗余力，从前期的企业入驻资金扶持到后期企业落地后研发、生产设备、生产厂房和办公地址的提供，再到企业投产后对企业税金的减免，地方政府都给予了石墨烯相关企业很多支持。

例如，常州设立 25 亿元“碳材料专项资金”，并对引进的符合条件的创新创业领军人才，给予一次性资助 20 万～100 万元的项目启动费和 50 万元的安家补贴；青岛制定了与石墨烯产业密切相关的税收优惠政策，其中企业所得税优惠 23 项，个人所得税优惠 8 项，房产税和城镇土地使用税优惠 11 项，其他税种优惠 18 项；深圳将石墨烯高导热材料应用研究工程实验室列入深圳市新能源产业发展专项资金 2015 年第一批扶持计划；重庆市、高新区两级政府每年将会从财政中拿出不少于 3 000 万元的资金对入驻园区的石墨烯相关企业给予补贴。

3. 注重人才引进

随着经济社会的发展，科学技术是第一生产力、人才资源是第一资源已经是社会的普遍共识。合理的人才资源结构是经济发展的决定因素，经济结构的优化一方面由本地的自然资源决定，另一方面由该地区的人才资源决定。如果没有合理的人才资源结构，经济结构的优化必将受到约束，经济发展也会受到束缚。增强人才的凝聚力和创新力，加快产业成果转化和产业升级，推进中国石墨烯产业的研究和产业可持续的蓬勃发展，助力中国人才高地建设。

在石墨烯产业人才引进方面，地方政府积极颁布人才引进政策，吸引石墨烯产业创新、创业领军人才，重点学科带头人，专业技术骨干和海外高层次人才，推进地方石墨烯产业人才聚集地建设。

第 4 章

我国石墨烯产业区域发展态势分析

我国是对石墨烯新材料进行产业研究和应用开发最活跃的国家之一。与此同时，我国各级地方政府也对石墨烯材料表现出极大的关注，目前全国超过28个省、自治区、直辖市都涉足石墨烯产业，各地区已经初步形成了政府支持、科研机构研发和企业生产应用协同创新的"政—学—研—产"合作对接机制。各地结合当地产业、资源、人才等各方面的优势，着力打造各有特色的石墨烯产业格局。我国石墨烯产业初步形成了东部沿海地区集聚、多地分布式发展的格局。

我国石墨烯产业主要集聚在东部沿海地区，江苏、山东、广东、浙江、北京、上海、深圳是发展的核心地区，这些地区拥有知名石墨烯科研院所、技术企业、高端科技人才以及巨大优惠政策支撑等良好的新材料产业发展基础，形成了比较完善的发展体系和完整的产业结构，且产业规模仍在不断扩大。

4.1 华东地区——我国石墨烯产业高度集聚区

4.1.1 江苏省——石墨烯产业最活跃地区

江苏省是国内最早进行石墨烯产业化应用的省份，近年来一直保持产业领先的势头，已经形成相对完整的石墨烯产业链，产业化进程全国领先。江苏省石墨烯产业的发展是最具代表性的，该地区石墨烯产业已形成创新格局，围绕江南石墨烯研究院，依托江苏省石墨烯产业技术创新战略联盟，以常州石墨烯科技产业园和无锡石墨烯产业园为创新载体，国家石墨烯产品质量监督检验中心（江苏）为检验检测服务平台。南京、无锡、常州、泰州四市形成石墨烯产业纵横相连的产业创新布局，并先后发布了《加快先进碳材料产业发展的若干政策》《关于促进无锡石墨烯产业发展的政策意见》以及《无锡市石墨烯产业发展规划》等产业促进政策，引导产业发展。

2011年10月，江苏省常州市成立了全球首个以石墨烯为主要概念的集研发与产业化于一体的研究院——江南石墨烯研究院，明确了其产业发展为“研究院—众创空间—孵化器—加速器—科技园”多位一体定位，成为全国第一个石墨烯题材的高新技术产业化基地。

2011年，常州石墨烯科技产业园正式投资建设。常州石墨烯科技产业园是一个以石墨烯为重点的碳材料产业专题园区，总投资25亿元，园区规划总用地面积487.8亩①，总建筑面积89万平方米，重点发展碳纳米材料，主要包括石墨烯、碳纳米管、富勒烯、碳纤维及其复合材料等先进碳材料。

2013年12月，无锡石墨烯产业发展示范区成立，落户无锡市惠山经济开发区，重点发展石墨烯产业。随后无锡确定了“一区二中心”的石墨烯产业化发展架构。2015年8月，国家火炬无锡惠山石墨烯新材料特色产业基地落户无锡石墨烯产业发展示范区。

2016年3月，经国家质量监督检验检疫总局批复筹建国家石墨烯产品质量监督检验中心（江苏），该中心是国内首个获得行政许可建设，可提供第三方材料类检验检测服务的国家级技术服务平台。该中心已通过了资质认定（CMA）和实验室认可（CNAS），并积极开展多项国家与地方石墨烯标准的制定工作。

2017年5月3日，经江苏省委、省政府批准，常州石墨烯小镇成功入选江苏省首批25家省级特色小镇创建名单。常州石墨烯小镇以2011年成立江南石墨烯研究院为契机，在全国率先发展石墨烯产业，至目前已建成集“研究院—众创空间—孵化器—加速器—科技园”于一体的完善的石墨烯产业生态体系。

2019年3月23日，江苏省石墨烯创新中心在南京正式揭牌。2018年年底，江苏省石墨烯创新中心正式获批试点建设，江苏省工信厅同意依托由江南石墨烯研究院、常州第六元素材料科技股份有限公司、常州二维碳素科技有限公司等18家股东共同出资组建的江苏江南烯元石墨烯科技有限公司作为石墨烯创新中心试点建设载体。该公司股权较均衡，能体现行业的共同需要，并在管理架构上

---

① 1亩≈666.67平方米。

采用“公司+联盟”的新模式，凝聚中国电子科技集团第五十五所、中科院苏州纳米技术与纳米仿生研究所（简称“纳米所”）、常州大学等知名高校、院所和上下游企业共同参与创新中心建设，资源共享、优势互补。

从总体来看，江苏省石墨烯产业起步较早，产业基础建设完善、产业政策倾斜有着良好的产业发展氛围，是石墨烯企业聚集程度最高的省份。其中江苏省常州市、无锡市、南京市等地石墨烯产业的发展在国内占据着重要地位，有较高的影响力，培育了包括常州第六元素材料科技股份有限公司、常州二维碳素科技股份有限公司等在内的国内最早一批石墨烯龙头企业，并率先完成石墨烯材料制备、设备制备、检验检测、应用全产业链布局，为我国石墨烯产业的发展做出了巨大的贡献。

4.1.2 山东省——已形成较完整的产业链雏形

山东是我国三大石墨资源产地之一，也是我国石墨烯产业化较早的地区。2018 年山东省出台《山东省新旧动能转换重大工程实施规划》，明确提出推进石墨烯特色资源高质化利用，加强专用工艺和技术研发，打造济南、青岛、潍坊、济宁、威海、菏泽等石墨烯研发生产基地。其中青岛高新区是山东省发展石墨烯产业较具代表性的区域之一，该区域以国家火炬青岛石墨烯及先进碳材料特色产业基地为依托，以青岛市石墨烯科技创新中心为平台，完善上下游产业链，建设研发、检测及孵化载体，提供公共配套服务，集聚了一部分以石墨烯为代表的碳材料创新创业团队和优质项目。截至 2018 年年底，青岛高新区已累计引进石墨烯相关企业 52 家，其中资本市场挂牌企业 3 家，外商投资企业 3 家，青岛市“千帆计划”企业 10 余家。在产业平台搭建上，青岛高新区先后成立了“国家火炬石墨烯及先进碳材料特色产业基地”“青岛市石墨烯科技创新中心”和“青岛石墨烯制造业创新中心”。

青岛和济宁两地是山东省石墨烯产业较具代表性的主要发展地区，已初步形成石墨烯产业链雏形。涌现出一批以济宁利特纳米、华高墨烯为代表的石墨烯制备企业，以赛瑞达、迈可威为代表的设备企业，以济南圣泉、青岛瑞利特为代表的应用企业。

4.1.3 浙江省——凸显石墨烯新能源领域优势

浙江省也是国内最早一批开展石墨烯研究和产业化的地区之一。浙江省在石墨烯原材料制备技术、生产设备技术、产业化等方面均处于全国乃至全世界前列。浙江省的石墨烯产业布局主要集中在宁波，该地区拥有中国科学院宁波材料技术与工程研究所、北方材料科学与工程研究院（第五十二所、第五十三所）等国家级重点科研机构，以及宁波大学分离膜材料及应用技术研究实验室、宁波工程学院材料工程研究所、宁波大学新型功能材料及其制备科学实验室等一批重点科研机构，以及宁波墨西、中车新能源等骨干企业。早在2013年，宁波市就启动了石墨烯材料产业化应用与研发的重大科技专项，设立了三年共9 000万元的财政资金专项支持，并发布《宁波市新材料产业三年行动计划》《宁波市石墨烯技术创新和产业发展中长期规划》等产业促进政策。2017年12月，成立浙江省石墨烯制造业创新中心，该中心在整合全国乃至全世界石墨烯领域优势资源后，进一步探索了石墨烯产业发展的前沿技术及当前面临的关键技术，旨在顺利走完石墨烯产业化及其应用的“最后一公里”。

4.1.4 上海市——科研实力强劲与苏浙形成优势互补协同发展

上海市依托人才、资金、技术等方面的优势，相关高校院所在石墨烯基础研究领域的研究成果一直保持国内领先。上海市以上海石墨烯产业技术功能性平台为核心，联合上海交通大学、华东理工大学、中科院上海微系统所等高校科研院所，以及正泰集团、上海新池能源科技有限公司、上海超碳石墨烯产业技术有限公司、上海安固强能源科技发展有限公司、上海悦达墨特新材料科技有限公司、上海烯望材料科技有限公司等企业，重点加强石墨烯上下游的合作，加速石墨烯的产业化进程。

2015年5月，上海市科委和宝山区政府联合成立带有上海特色的上海石墨烯产业化技术功能性平台，该平台是连接基础研究、应用研究和成果转移转化的枢纽，以石墨烯材料的实际应用需求为牵引，着力构建石墨烯材料生产技术创新、应用技术革新及石墨烯产业化的良好发展体系，通过“基地＋基金＋人才”模式，集聚并合理配置人才、技术、资本市场等社会资源，促进实验室成果的产业化转变，解决石墨烯产业面临的突出技术问题。

2016 年 12 月 26 日，上海石墨烯产业化技术功能性平台与宁波市石墨烯创新中心及江南石墨烯研究院三方共同签署《长三角石墨烯产业协同发展合作备忘录》，将共同建设石墨烯国际合作交流平台、石墨烯大型科学仪器设备共享服务平台、石墨烯应用创新平台、石墨烯产品信息共享平台等。

在长三角地区，上海市由于其高校及院所的聚集优势，在石墨烯相关领域的专利申请数量仅次于江苏，位居前列。但是在产业化方面，上海与江苏、浙江等地仍然存在一定的差距。上海市雄厚的科研实力，与江苏、浙江形成了良好的优势互补，协同促进石墨烯产业发展。

4.1.5 福建省——“两核三区”协同发展，涌现出一批代表性企业

2016 年 10 月，福建省委、省政府提出举全省之力发展石墨烯产业，并对福建省石墨烯产业发展提出了“七个一”的全面部署。自此拉开了福建省石墨烯产业发展的序幕。

福建省石墨烯产业推动工作由省发改委牵头，建立了石墨烯技术研发和产业发展联席会议制度等协调机制，组建了省石墨烯产业技术创新促进会，打造了厦门大学能源与石墨烯产业研究院、永安市永清石墨烯研究院、晋江海峡石墨烯研究院等一批创新平台，出台了全国第一部以省级政府名义发布的产业发展规划，并配套出台《加快石墨烯产业发展六条措施》，设立了首期 5 亿元的福建省石墨烯产业基金，建设了永安石墨和石墨烯产业孵化中心、厦门火炬高新区石墨烯孵化器等一批孵化基地，落实了永安石墨烯产业优惠电价政策等要素保障，积极打造以福州和厦门为创新核心区，以厦门火炬高新区、泉州晋江和三明永安为产业集聚区的“两核三区”产业发展格局，形成以“市场应用”为导向、产学研结合的

产业发展体系，人才、项目集聚效应初步显现。

福建省石墨烯产业主要集中在福州、厦门、泉州等地，是我国石墨烯产业极具发展潜力的地区之一。依托其下游的纺织鞋服、涂料、LED散热、锂电、复合材料等产业，在高性能防腐涂料、复合材料、储能、电子信息等下游应用领域具有较强的发展潜力。经过几年的培育，先后涌现出以厦门烯成新材料科技有限公司、恒力盛泰（厦门）石墨烯科技有限公司和厦门凯纳石墨烯技术股份有限公司为代表的优秀企业，其中厦门凯纳已于2016年年初在新三板上市。

4.2 华北地区——依托北京雄厚科研实力，带动周边协同发展

4.2.1 北京市——打造京津冀协同发展新高地

京津冀石墨烯产业发展以北京为核心，依托北京人才和科技资源方面的优势协同发展。北京作为全国科技创新中心，拥有北京大学、清华大学、中科院各大院所、北京石墨烯研究院、中国航发北京航空材料研究院等世界一流高校和国际知名研究所，集聚20多支高水平研究团队，是我国石墨烯产业的智力核心。

2015年12月，京津冀石墨烯产业发展联盟在北京成立，联盟的成立对促进京津冀石墨烯产业协同发展具有战略意义。

2016年11月，中关村石墨烯产业联盟在中关村管委会指导下成立，该联盟将构建石墨烯产业生态平衡，以推动石墨烯材料行业内“产—学—研—资”有机结合为宗旨，大力推动科研高校与科研机构将石墨烯领域核心技术成果转化成为相关企业的生产技术，积极推动全国乃至全世界石墨烯新材料产业健康平稳发展。

2017年4月，北京石墨烯产业创新中心成立，该中心形成了北京石墨烯产业“一体两翼”的组织基本格局，包括北京石墨烯研究院、北京石墨烯技术研究院有限公司和产业联盟三部分。聚集了最先进的资源优势，构建了多层次人才激励

机制，建立了“众智”型研发模式，建立了共享型产业公地。

2016 年 10 月，北京石墨烯研究院成立，该研究院是在北京市政府支持下，由北京市科委推动成立的新型研发机构。首任院长由国际知名石墨烯专家、北京大学刘忠范院士担任。

在石墨烯产业化过程中，北京市涌现出一批代表性企业，包括北京北方国能科技有限公司、北京绿能嘉业科技有限公司、北京碳世纪科技有限公司、北京旭碳新材科技有限公司、北京创新爱尚家科技股份有限公司等，这些企业主要应用产品集中在石墨烯粉体、石墨烯散热材料、锂离子电池负极材料等领域。其中北京明朔科技石墨烯新型散热材料已在通州区示范应用，北京碳世纪科技有限公司发布了全球首款石墨烯锂离子五号充电电池。

4.2.2 内蒙古——处于产业发展前期，以初创企业为主

内蒙古自治区的石墨烯产业虽然起步较晚，但该地区是国内石墨资源存储量最为丰富的地区之一，具有发展石墨烯产业的独特资源优势。内蒙古以石墨烯制备企业为主，主要集中在呼和浩特、乌兰察布、包头等地。但整体看来，内蒙古地区的石墨烯产业发展速度相比东部沿海地区较慢，绝大多数企业尚处于初创阶段。自治区内的内蒙古矿业集团、内蒙古电力集团、杉杉集团、兴和瑞盛新能源有限公司、包头金宝利格投资公司等骨干企业纷纷涉足石墨烯新型材料产业，主要在石墨烯材料生产制备、石墨烯基复合硅负极电池材料、石墨烯导热材料、石墨烯超级电容器等领域开展应用研发。重点依托丰富的石墨资源优势和矿业集团产业优势，开发在负极材料、超级电容器、导热材料等领域的应用。

2013 年 6 月，内蒙古石墨烯材料研究院成立，研究院主要从事石墨烯材料的新品种、新工艺、新装备、新技术的研究开发、产品标准制定及质量监督检测。研究院拥有雄厚的技术力量和完善的研究检测设备，下设 1 个石墨烯分析测试中心和 11 个研究所，为内蒙古“打造世界级石墨深加工基地”提供强有力的技术保障。

2017 年 4 月，中国北方石墨（烯）新材料产学研用创新联盟第一次理事会及

石墨(烯)新材料产业基金签字仪式在深圳举行。联盟以提升石墨烯产业技术创新能力为目标,通过应用示范、产业合作、市场拓展等机制推动内蒙古自治区石墨(烯)新材料产业的技术进步和产业化发展。

4.3 华南地区——产业发展迅速,下游应用企业集中

4.3.1 广东省——创新基础良好,产业链配套完善

广东省是我国石墨烯产业发展极为活跃的地区,创新基础良好,应用市场广阔,产业链配套居于全国领先地位。发展重点主要集中在锂离子电池、医疗保健功能用品等石墨烯下游应用产品。同时,广州和深圳具有石墨烯材料下游应用广阔的终端市场。在石墨烯产业化进程中,涌现了一批以鸿纳(东莞)新材料科技有限公司、深圳六碳科技有限公司、深圳市国创珈伟石墨烯科技有限公司、广州奥翼电子科技有限公司、深圳市本征方程石墨烯技术股份有限公司、深圳烯旺科技公司为代表的石墨烯制备和应用企业。截至 2018 年,深圳市已培育和引进了 20 多个有影响力的石墨烯研发团队,建设了 10 多家石墨烯相关科研创新载体。

2015 年 4 月,深圳市先进石墨烯应用技术研究院成立,研究院由深圳市高校院所、重点应用企业和协会共同组织构建,对推动深圳石墨烯产业发展具有重要意义。

2016 年 12 月,国家质量监督检验检疫总局正式批建"国家石墨烯产品质量监督检验中心(广东)",这是华南地区首个国家级石墨烯检测中心。

2017 年 4 月,深圳市石墨烯制造业创新中心在深圳市政府及光明区政府的支持和指导下,由清华大学牵头,联合各高校、企业及科研机构共同成立。2018 年 9 月获得"广东省石墨烯创新中心"称号,2018 年 12 月,注册成立深圳石墨烯创新中心有限公司。

2019 年 4 月 22 日,广东省石墨烯创新中心成立大会在深圳举行。广东省石

墨烯创新中心将充分利用粤港澳大湾区区域优势、政策优势、人才优势，汇集大湾区各高校、科研院所及石墨烯行业骨干企业等力量，着力建设服务于石墨烯产业技术创新的研发设计中心、测试评价中心和行业服务基地，立足深圳，打造粤港澳大湾区石墨烯行业发展新高地，成为粤港澳大湾区科技走廊上的一颗璀璨明珠。

4.3.2 广西——打造世界级石墨烯粉体材料制备基地

广西也是国内最早一批布局石墨烯产业发展的地区之一。2016 年 8 月，在当地政府的推动支持下，广西大学成立了广西石墨烯研究院与广西北部湾石墨烯产业技术开发有限公司。

2017 年 2 月 9 日，成立了广西石墨烯众创空间。此空间以广西众创空间石墨烯产业有限公司作为运营主体。

2018 年 10 月，广西壮族自治区政府颁布了《广西石墨烯产业发展工作方案》（简称《工作方案》），《工作方案》提出了“六大重点任务”：(1) 引进培育石墨烯产业骨干企业；(2) 建设石墨烯科技创新基地；(3) 开展石墨烯产业关键技术攻关；(4) 搭建产业发展服务平台；(5) 支持组建广西石墨烯产业技术创新战略联盟；(6) 加强宣传推广力度。

4.4 西南地区——石墨烯产业发展多元化

4.4.1 四川省——产业起步较早，石墨烯产业发展多元化

四川省石墨烯研发起步较早，但多数以高等院校和科研院所为主，拥有四川大学高分子材料工程国家重点实验室和电子科技大学电子薄膜与集成器件国家重点实验室两个国家级重点实验室。产业化企业主要分布在攀枝花、德阳、巴中等地。为加快石墨烯产业发展，四川省经信委出台了《四川省石墨烯等先进碳材

料产业发展指南(2017—2025年)》,其中提出要立足石墨烯等先进碳材料的独特性能,紧密结合四川省高端成长型产业及战略性新兴产业发展需求,鼓励上下游协同研制功能齐备、可靠性好、性价比优的各类新型石墨烯等先进碳材料应用产品。开发基于石墨烯薄膜、石墨烯橡胶材料及轮胎、石墨烯功能化材料、石墨烯功能纤维穿戴产品等。实现石墨烯等先进碳材料产品在大飞机、汽车、安全防护、医疗卫生、防腐、核能、环境治理、电子信息、冶金建材、航天航空、石油化工等领域的创新应用。

4.4.2 重庆市——石墨烯在电子信息领域应用走在前列

重庆市是国内率先拥有石墨烯单层薄膜材料量产工艺的省份,产业布局主要集中在高新区。依托重庆石墨烯产业园,逐步形成了从石墨烯原材料研发到元器件批量化制备再到终端应用的产业链布局。依托其在汽车、电子信息等方面的产业优势,应用领域主要集中在智能终端项目、显示触控屏、锂电池电极材料、晶体管等方面。拥有重庆墨希科技有限公司等多家石墨烯研发及应用企业,以及中科院重庆绿色智能技术研究院、重庆大学、西南大学等多家高等院校、科研院所。发展重点将围绕石墨烯电子芯片散热器件、石墨烯显示触控屏、石墨烯晶体管、石墨烯锂离子电极材料等方向开展产业化应用。

2013年12月,重庆石墨烯产业园成立,产业布局为基础薄膜材料和平板应用产业链项目,落户企业包括显示触控、锂电池、墨烯合金铝等20多家公司。同时,园区内由上海南江集团与中科院重庆研究院投资5亿元建设的年产1 000万片大面积单层石墨烯薄膜生产线一期项目正式量产。重庆石墨烯产业园围绕石墨烯显示触控屏、石墨烯电子芯片散热器件、石墨烯锂电池电极材料、石墨烯晶体管等产业方向,通过石墨烯上游应用技术研发与应用产品示范推广,构筑以应用企业为主体,产学研相结合的产业链集群。

2015年,重庆墨希科技联合深圳嘉乐派科技公司推出了全球首批量产石墨烯概念手机。

2016年6月,重庆石墨烯研究院有限公司成立,该公司由中国科学院重庆绿色智能技术研究院、重庆市科委下属重庆科技金融集团有限公司和重庆高新区下属重庆金凤电子信息产业有限公司共同投资成立。

4.5 其他地区

黑龙江省是中国晶质石墨矿最主要的蕴藏区和鳞片石墨主要产区之一，依托石墨资源优势发展石墨烯产业。但黑龙江石墨烯产业起步相对较晚，主要依托资源优势发展石墨烯产业。目前拥有宝泰隆新材料股份有限公司、万鑫石墨谷科技有限公司、黑龙江华升石墨有限公司等为代表的石墨烯产业化企业。2016 年 6 月，黑龙江省颁布了由省科技厅和省工信委联合制定的《黑龙江省石墨烯产业三年专项行动计划(2016—2018 年)》。

2017 年 1 月，宝泰隆新材料股份有限公司国内首套自动化、连续式 100 吨级工业化制备石墨烯生产线正式投产，2018 年 10 月，宝泰隆新材料股份有限公司参股北京石墨烯研究院有限公司，与北京石墨烯研究院建立了战略合作。

第 5 章

我国石墨烯产业相关专利、标准和检测发展态势分析

石墨烯材料是具有优异的电、热、光以及强度等性能的新型纳米材料，在能源装备、交通运输、航空航天等领域已呈现良好的应用前景。包括美国、英国、欧盟、韩国等发达国家和地区都在国家战略层面高度重视，投入巨资推动石墨烯创新应用。在国家"十三五"发展规划和《中国制造 2025》战略思想的指引下，科研工作者积极响应国家发展以石墨烯为代表的先进功能材料抢占材料前沿制高点的号召，开展相关工作。在当前新一轮产业升级和科技革命的大背景下，石墨烯产业必将成为未来高新技术产业发展的基石和先导，对全球经济、科技、环境等各个领域发展产生深刻影响。

5.1 石墨烯产业相关专利发展态势分析

分析专利申请的总体态势有助于了解行业发展的整体技术状况，把握目前专利技术所处的发展阶段，明确创新主体的技术实力分布情况和发展趋势，为国家产业政策制定、行业发展规划以及企业技术研发和创新方向的确定提供数据支持。

本节对中国石墨烯专利的总体情况进行分析，包括中国石墨烯专利总体态势，申请人情况，各省、自治区、直辖市的情况等。

5.1.1 中国专利总体态势分析

一种技术的生命周期通常由技术萌芽、技术发展、技术成熟、技术衰退几个阶段构成(表 5-1)。通过分析一种技术的专利申请数量及专利申请人数量的年度变化趋势，可以分析该技术处于生命周期的何种阶段，进而为研发、生产、投资等提供决策参考。

表 5-1 技术生命周期主要阶段简介

阶　　段	阶段名称	代　　表　　意　　义
第一阶段	技术萌芽	社会投入意愿低，专利申请数量与专利权人数量都很少
第二阶段	技术发展	产业技术有了一定突破或厂商对于市场价值有了认知，竞相投入发展，专利申请数量与专利权人数量呈现快速上升
第三阶段	技术成熟	厂商投资于研发的资源不再扩张，且其他厂商进入此市场的意愿低，专利申请数量与专利权人数量逐渐减缓或趋于平稳
第四阶段	技术衰退	相关产业已过于成熟，或产业技术研发遇到瓶颈难以有新的突破，专利申请数量与专利权人数量呈现负增长

从 2001 年中国出现第一件石墨烯相关专利以来，石墨烯技术研究经历了 18 年的发展历程，由图 5-1 中国石墨烯专利申请数量变化趋势我们可以看到，其历程大致可分为两个发展阶段。(1) 技术萌芽期。2000—2008 年年底，这一时期，石墨烯相关专利的申请数量较少。随后慢慢增多，但申请数量维持在较低的水平，且专利申请年增量最大值仅仅为 17 件，直到 2009 年专利申请量才达到 177 件。(2) 技术发展期。2009 年以后，石墨烯专利申请数量出现迅猛增长，这标志着石墨烯技术进入快速发展期。石墨烯技术不仅在涉及材料本身的理论研究上受到极大关注，并且由于其特殊的纳米结构以及优异的物理化学性能，其在电子学、光学、磁学、生物医学等诸多领域展现出巨大的应用

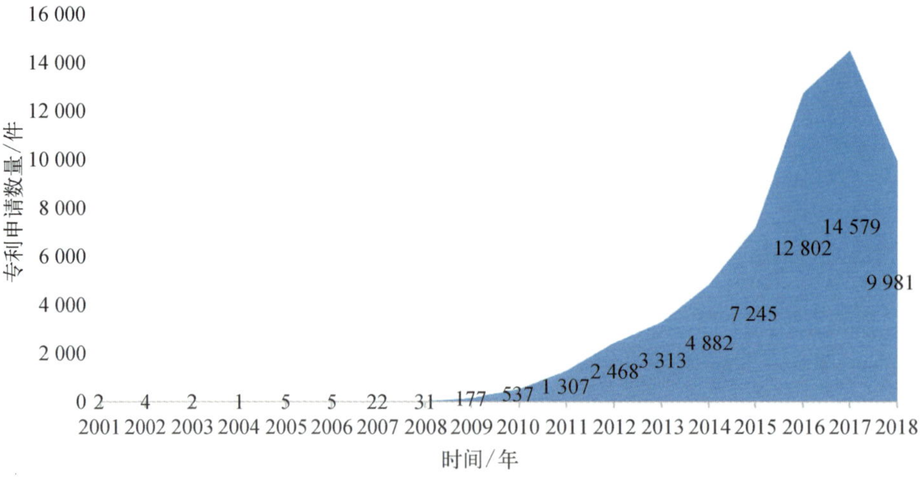

图 5-1 中国石墨烯专利申请数量变化趋势

潜能，引起了科学界和产业界的高度关注。世界各国纷纷将石墨烯及其应用技术作为长期战略发展方向，以期在由石墨烯引发的新一轮产业革命中占据主动和先机。

2010年的石墨烯专利申请数量比上年增长了360件，总量达到537件，随后2011年的申请数量比上年增长了770件，此后，增长幅度进一步加快。可见，中国石墨烯专利申请数量开始急剧增长，并且呈快速上升趋势，石墨烯相关专利技术进入快速发展的活跃期，后续将会出现更多的专利申请。

中国石墨烯专利申请人数量的变化趋势整体趋同于申请数量的变化趋势，但其总体增速略缓于申请数量的增速。在起始年份，单位年产出率(同年专利申请数量/同年专利申请人数量)接近1∶1，即在发展初期，石墨烯技术对于中国申请人来说属于新兴概念，还停留在科技创新的星火阶段，尚未形成燎原之势，专利布局也并未得到足够的重视。随着科技的发展和国家政策的支持，单位产出率逐年递增。

5.1.2 中国专利申请人和发明人分析

从图5-2中国石墨烯专利申请人类型分布来看，企业申请人占据半壁江山(50.9%)，大专院校和科研单位也占据较大比例，依次为31.6%和7.8%。从9.0%的个人申请可见，散户手中也掌握着大量的石墨烯专利技术。

从图5-3中国石墨烯专利主要申请人排名情况和图5-4中国石墨烯专利

图5-2 中国石墨烯专利申请人类型分布

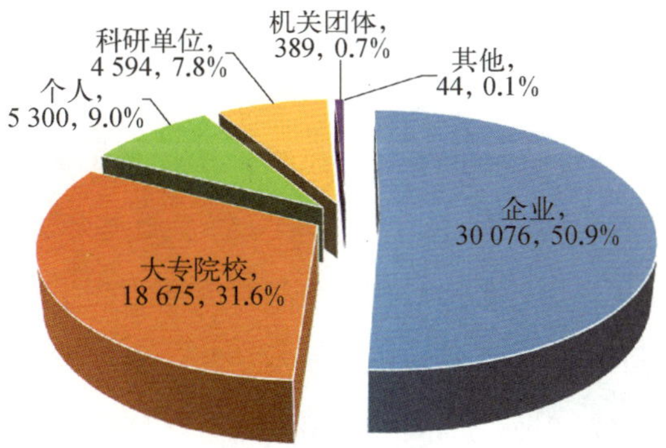

主要申请人变化趋势可以看出，高校院所占据七成。其中，浙江大学的申请始于2008年，且总量遥遥领先(522件)，目前申请量趋于平稳。浙江大学多个学院都涉足石墨烯的研究，其中尤以高超教授的研究小组为代表，其对石墨烯纤维的研究居于世界领先地位，相关成果发表在 *Nature Communication*。清华大学位列第二，申请量达到443件，在产业化方面走在国内前列，其联合国内从事石墨烯研发和产业化的多项机构，建立了中国石墨烯产业技术创新战略联盟，对国内石墨烯产业发展有极大的催化作用。哈尔滨工业大学的专利申请排名为第六位，其申请以材料领域和能源领域的应用为主。

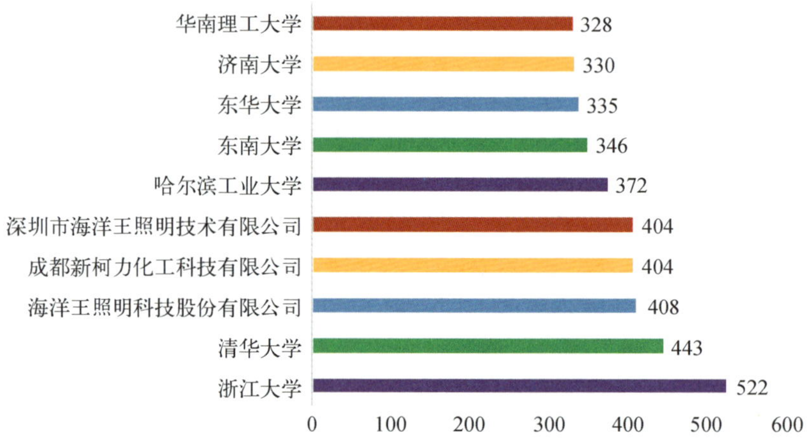

图5-3 中国石墨烯专利主要申请人排名情况

第三到第五位的均为企业，依次为海洋王照明科技股份有限公司、成都新柯力化工科技有限公司、深圳市海洋王照明技术有限公司，其申请量相差不大。海洋王照明科技股份有限公司和深圳市海洋王照明技术有限公司申请的延续性较差，主要集中在2010—2013年这4年，而成都新柯力化工科技有限公司的申请则集中在2014—2018年。

上述主要申请人的排名表明，我国石墨烯研究的主力军仍然是科研机构，企业尚未形成规模，海洋王的前期申请量虽然较大，但近些年并无申请，技术更新和连续性不强，有逐步退出的态势。在一个相对成熟的行业或技术领域中，企业应当具有大量的专利储备，上述科研机构基本垄断的状态表明，石墨烯在我国仍是一个新兴的技术领域，企业仍需要加大研发的力度和资金的投入，并且和具有

图 5-4 中国石墨烯专利主要申请人变化趋势

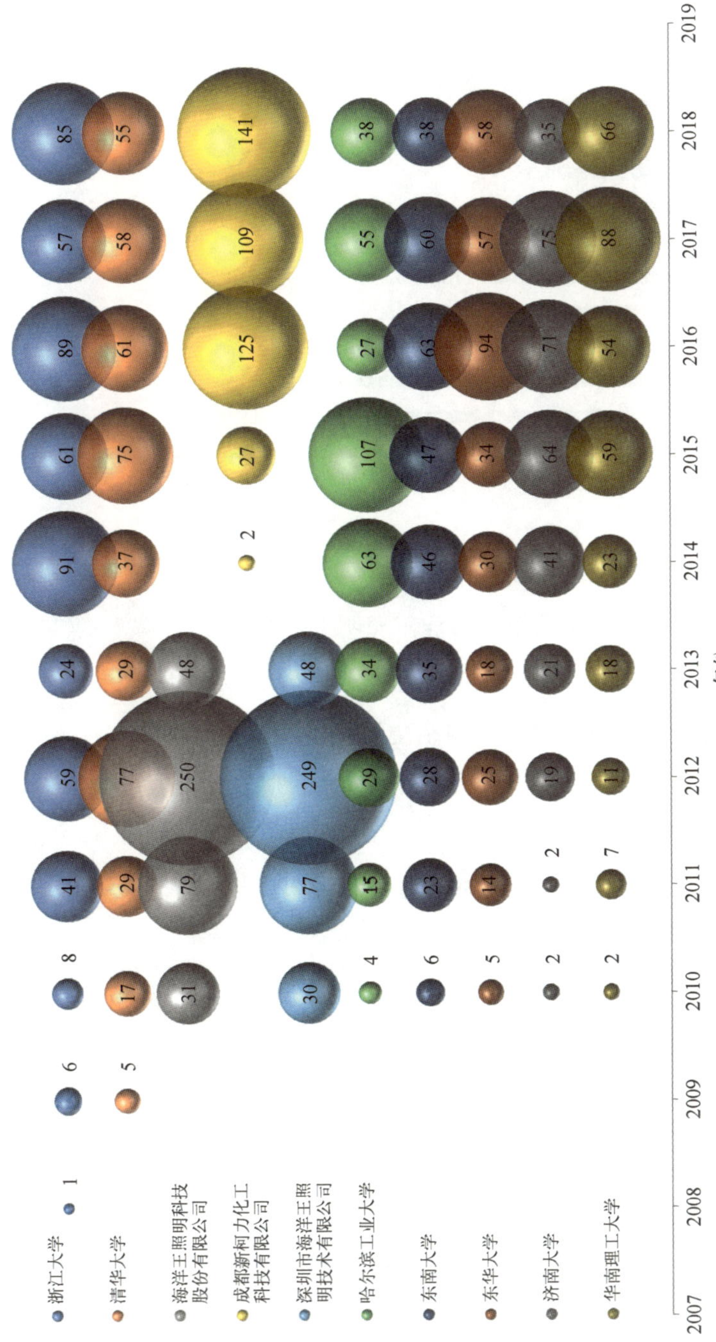

实力的科研机构建立良好的对接关系。

从图5-5中国石墨烯专利主要发明人排名来看，选择不公告发明人的专利申请高达568件。紧随其后的发明人依次为周明杰、陈庆、王要兵等。

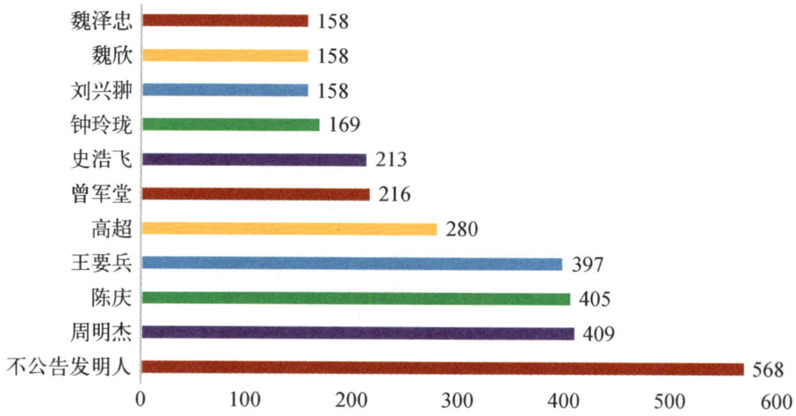

图5-5 中国石墨烯专利主要发明人排名

以周明杰为发明人的专利申请主要源于海洋王照明科技股份有限公司、深圳市海洋王照明技术有限公司、深圳市海洋王照明工程有限公司、海洋王(东莞)照明科技有限公司；以陈庆为发明人的专利申请主要源于成都新柯力化工科技有限公司；而以王要兵为发明人的专利申请主要源于海洋王照明科技股份有限公司、深圳市海洋王照明技术有限公司、深圳市海洋王照明工程有限公司。

5.1.3 各省、自治区、直辖市专利申请比较

由图5-6主要省、自治区、直辖市石墨烯申请变化趋势，可以看出，各省、自治区、直辖市的申请数量呈逐年上升趋势，整体呈积极的发展态势。不过，由图5-7主要省、自治区、直辖市石墨烯专利申请排名来看，排名首位的江苏和排名第十位的湖南，申请数量竟相差5.8倍。

虽然浙江、山东等地的发展势头较好，但由图5-8各省、自治区、直辖市单位产出率分布、图5-9各省、自治区、直辖市单位GDP产出率分布和图5-10各省、自治区、直辖市单位人口产出率分布来看，其单位产出率、单位GDP产出率以

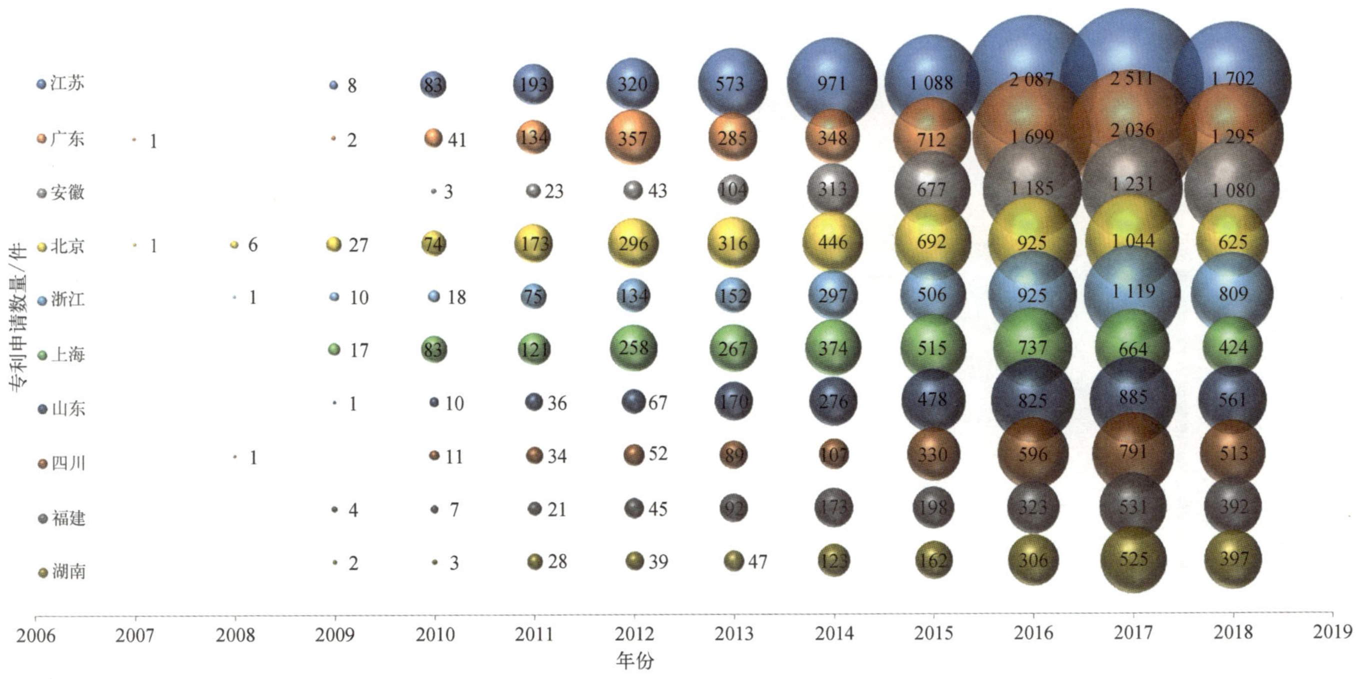

图 5-6 主要省、自治区、直辖市石墨烯申请变化趋势

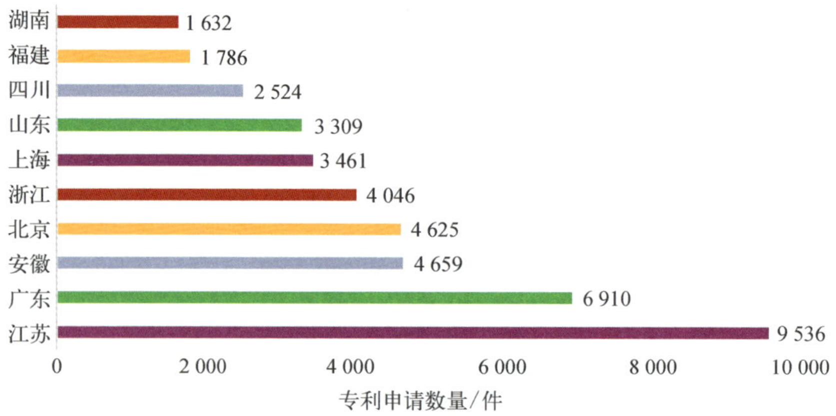

图 5-7　主要省、自治区、直辖市石墨烯专利申请排名

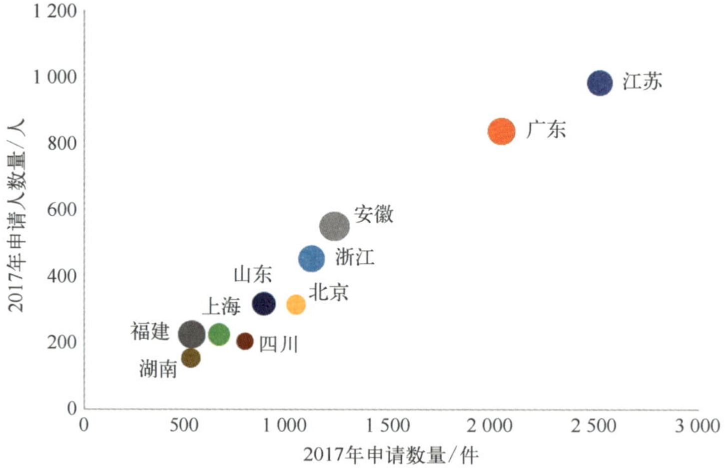

图 5-8　各省、自治区、直辖市单位产出率分布

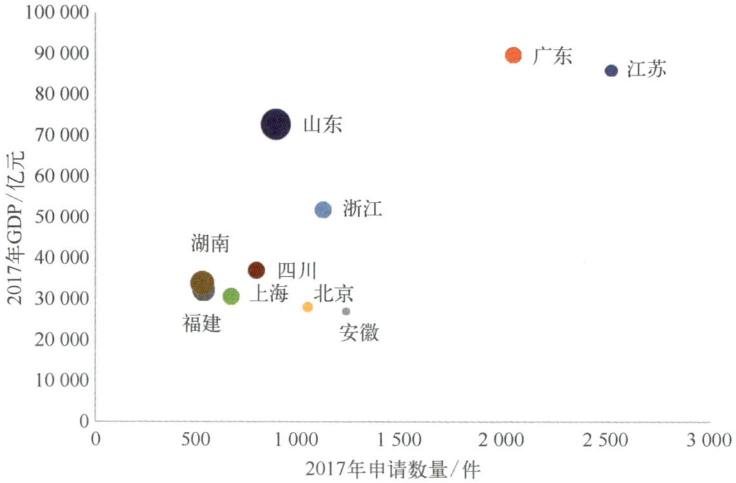

图 5-9　各省、自治区、直辖市单位GDP 产出率分布

图 5－10 各省、自治区、直辖市单位人口产出率分布

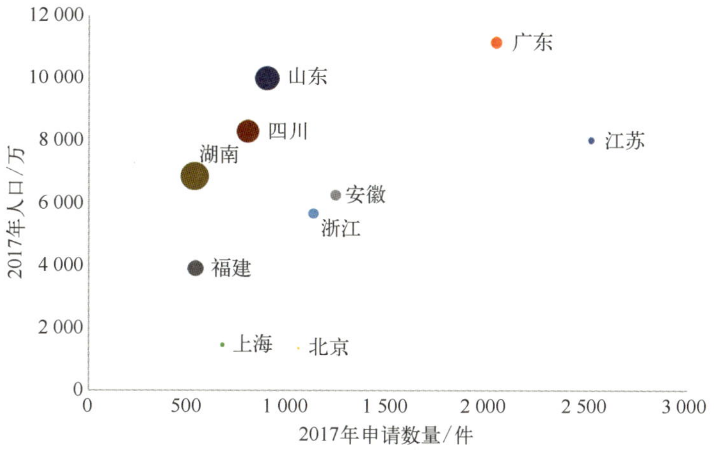

及单位人口产出率依然不高，落后于北京。可见，浙江、山东等地在石墨烯领域的技术创新能力弱于北京，且数量也未占优势，所以其应充分发挥联盟作用，扬长避短，整合资源，优势互补，推进一体化发展，并积极从北京等地引入先进的技术、人才资源，并利用资本市场实现价值增值、效益增长，走出一条量增质优的发展路线。

5.1.4　中国石墨烯专利技术分类情况

中国石墨烯专利技术在制备方面，除石墨烯制备方法外，还包括制备装置、石墨烯材料、后处理等紧密相关的技术分支。研究者一方面积极改进石墨烯的各类制备方法，力求在制备工艺上有所突破，另一方面也期望通过改进与各制备方法相对应设备的结构来获得更高质量、更大面积的石墨烯产品，或是致力于将石墨烯进一步进行分散、掺杂、刻蚀等后处理，以期通过工艺改进实现石墨烯的特定用途。中国石墨烯专利技术在应用方面，主要分布于电子、能源、光电、材料、化学、生物医用等相关领域。

由图 5－11 中国石墨烯专利技术分类申请排名可见，化学能转电能的方法或装置相关专利申请最多，为 7 255 件；非金属元素及其化合物、无机物或非高分子有机物作为配料、高分子化合物的组合物相关专利申请紧随其后，依次为6 923 件、6 859 件和 6 503 件。

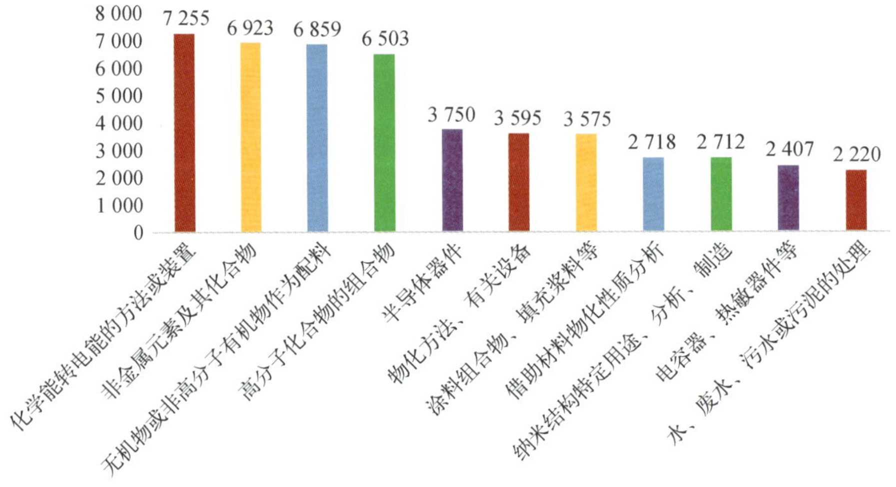

图 5-11 中国石墨烯专利技术分类申请排名

从图 5-12 中国石墨烯专利技术分类申请各省、自治区、直辖市分布来看，各专利技术的分类情况与总的趋势有所不同。申请数量排名首位的江苏，其专利技术中非金属元素及其化合物申请数量（1 153 件）>无机物或非高分子有机物作为配料申请数量（1 101 件）>高分子化合物的组合物申请数量（1 055 件）>化学能转电能的方法或装置申请数量（822 件）。而申请数量排名第三位的安徽，其专利技术中无机物或非高分子有机物作为配料申请数量（1 377 件）>高分子化合物的组合物申请数量（1 330 件）>涂料组合物、填充浆料等申请数量（718 件）>化学能转电能的方法或装置申请数量（267 件）>非金属元素及其化合物申

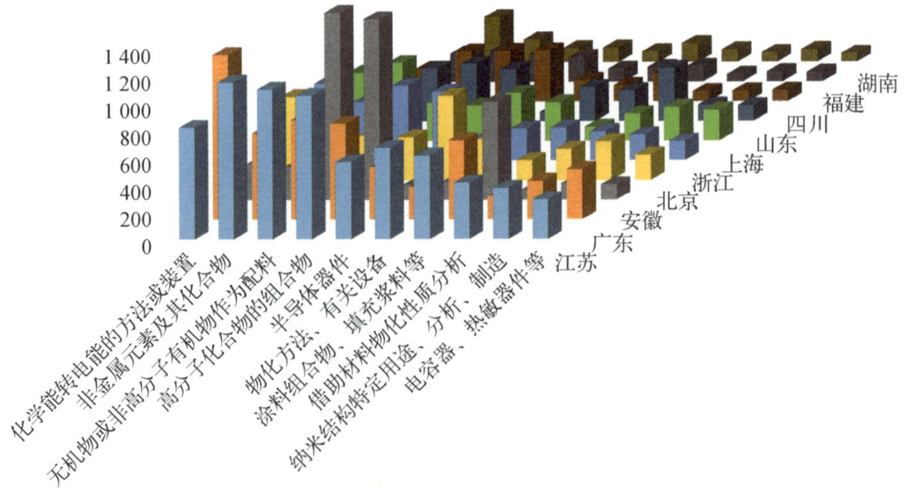

图 5-12 中国石墨烯专利技术分类申请各省、自治区、直辖市分布

请数量(250 件)。

5.1.5 中国石墨烯专利技术运营情况

从图 5-13 中国石墨烯专利申请类型来看,发明申请专利为 50 243 件,占比 88%,而实用新型专利为 7 120 件,占比 12%。可以看出,一方面,中国专利申请的整体质量较高,创新能力也较强;另一方面,由于中小企业的研发水平有限,其往往选择对创新程度要求较低的实用新型作为专利申请的种类,一些石墨烯生产企业将部分研发中心放在石墨烯生产设备上,从审查周期、申请成本等因素考虑,企业也愿意使用实用新型专利对创新成果进行快速、有效的保护。

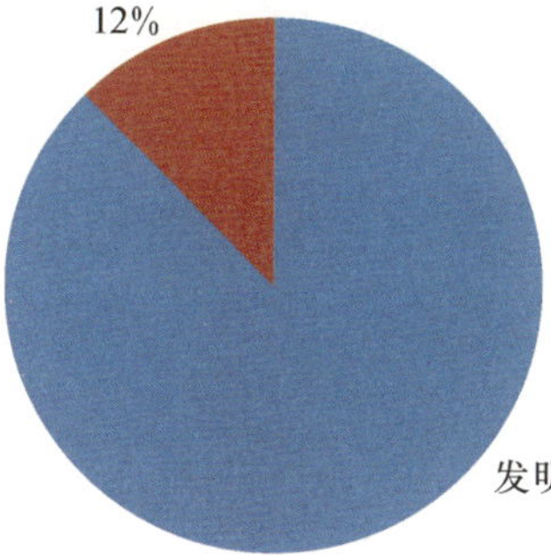

图 5-13 中国石墨烯专利申请类型

表 5-2 给出了主要省、自治区、直辖市石墨烯专利申请类型,通过与全国石墨烯专利申请类型的对比,申请数量排名前十位的主要省、自治区、直辖市中,仅安徽(95.1%)、上海(92.3%)、北京(91.5%)的发明申请占比高于全国平均水平(88%)。

表 5-2 主要省、自治区、直辖市石墨烯专利申请类型

	江苏	广东	安徽	北京	浙江	上海	山东	四川	福建	湖南
发明申请专利/件	8 086	5 618	4 431	4 234	3 514	3 196	2 888	2 170	1 348	1 383
实用新型专利/件	1 450	1 292	228	391	532	265	421	354	438	249
发明申请专利占比/%	84.8	81.3	95.1	91.5	86.9	92.3	87.3	86.0	75.5	84.7

与发明申请专利相比,实用新型专利保护时间短(10 年),且授权后仍不确定是否具备新颖性、创造性,需要通过专利权评价报告来核实。此外,实用新型专利维权所得赔偿通常低于发明申请专利。但是,实用新型专利仍然具有不可忽视的优点,企业申请人应当根据实际需要合理选择申请类型。

从图 5－14 中国石墨烯专利技术法律状态来看，处于实质审查中的申请专利为 27 481 件，占比 47.9%；授权专利 18 159 件，占比 31.7%；撤回专利 3 914 件，占比 6.8%；驳回专利 2 603 件，占比 4.5%。

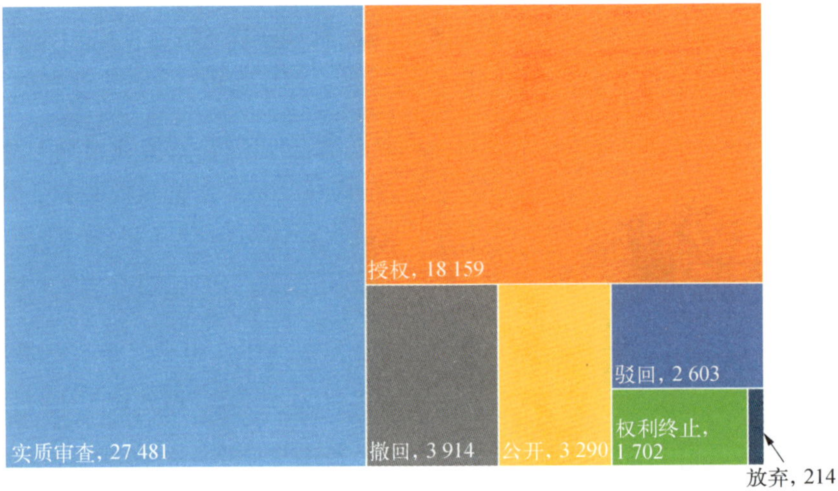

图 5－14　中国石墨烯专利技术法律状态

表 5－3 给出了主要省、自治区、直辖市石墨烯专利技术法律状态，通过与全国石墨烯专利技术法律状态的对比，申请量排名前十位的主要省、自治区、直辖市中，授权专利占比：福建（39.5%）＞北京（37.3%）＞上海（34.6%）＞浙江（34.4%）＞广东（33.4%）＞山东（32.3%）＞四川（31.6%）＞江苏（30.4%）＞湖南（30.0%）＞全国平均水平（31.7%）。

表 5－3　主要省、自治区、直辖市石墨烯专利技术法律状态

法律状态	江苏	广东	安徽	北京	浙江	上海	山东	四川	福建	湖南
授权专利占比	30.4%	33.4%	14.1%	37.3%	34.4%	34.6%	32.3%	31.6%	39.5%	30.0%

从图 5－15 中国石墨烯专利技术转让和许可趋势来看，相关技术的专利转让和许可呈现连年爬升的态势，2018 年更是达到 923 件，而相关技术的专利许可也稳中有升。

从图 5－16 中国石墨烯专利技术转让人和受让人的前十名情况来看，企业占据七成以上，受让人中企业更是占据九位。其中，转让人排名前三位的依次是成

图 5-15　中国石墨烯专利技术转让和许可趋势

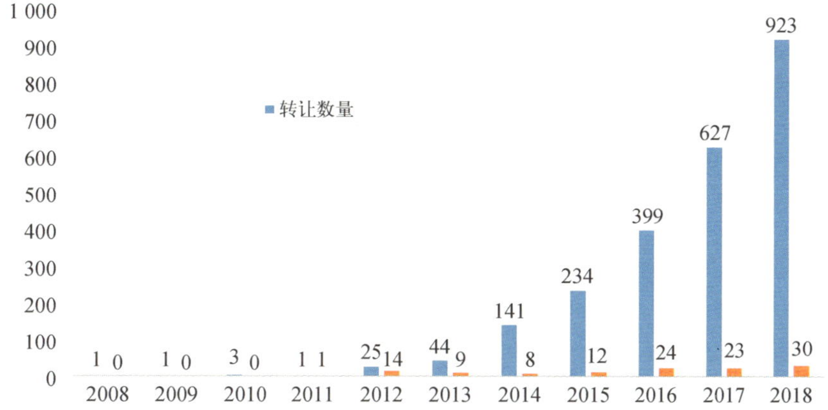

图 5-16　中国石墨烯专利技术转让人和受让人的前十名情况

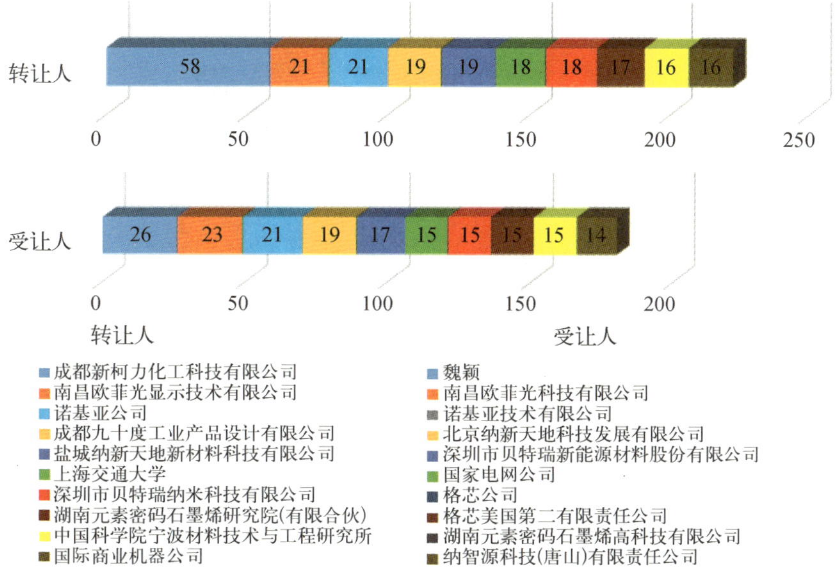

都新柯力化工科技有限公司(58 件)、南昌欧菲光显示技术有限公司(21 件)和诺基亚公司(21 件);受让人排名前三位的依次是魏颖(26 件)、南昌欧菲光科技有限公司(23 件)和诺基亚技术有限公司(21 件)。

从图 5-17 中国石墨烯专利技术许可人和被许可人前十名情况来看,许可人中非企业占据七成,而被许可人前十名全部为企业。其中,许可数量较高的有南京邮电大学(12 件)、昆山正国新能源动力电池有限公司(10 件)、PPG 工业俄亥俄公司(9 件)等;而被许可数量较高的有江苏南邮物联网科技园有限公司(12 件)、昆山金鑫新能源股份有限公司(10 件)等。

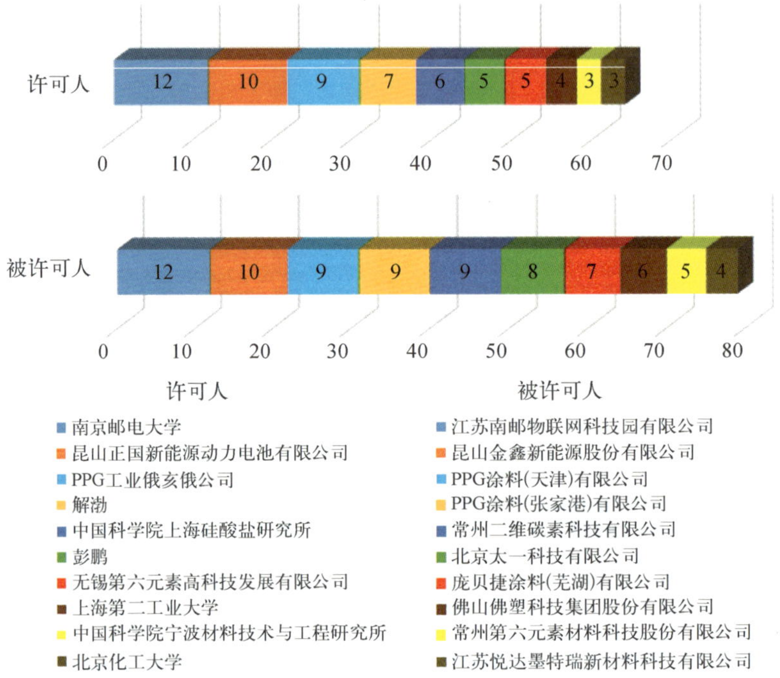

图 5-17　中国石墨烯专利技术许可人和被许可人前十名情况

5.1.6　中国石墨烯专利申请代理情况

表 5-4 给出了中国石墨烯专利申请代理数量前十名代理机构和前十名代理人情况，代理专利数量排名前三位的代理机构依次是安徽合肥华信知识产权代理有限公司(994 件)、广州粤高专利商标代理有限公司(840 件)和北京集佳知识产权代理有限公司(742 件)。而分别隶属于安徽合肥华信知识产权代理有限公司、北京品源专利代理有限公司、北京华仲龙腾专利代理事务所三家公司的代理人余成俊(592 件)、巩克栋(458 件)、李静(347 件)的代理数量在代理人中高居前三位。

表 5-4　中国石墨烯专利申请代理数量前十名代理机构和前十名代理人情况

代　理　机　构	代理专利数量	代理人	代理专利数量	备　注
安徽合肥华信知识产权代理有限公司	994	余成俊	592	
广州粤高专利商标代理有限公司	840	巩克栋	458	
北京集佳知识产权代理有限公司	742	李　静	347	北京华仲龙腾专利代理事务所

续 表

代　理　机　构	代理专利数量	代理人	代理专利数量	备　注
杭州求是专利事务所有限公司	632	汤东凤	352	
北京品源专利代理有限公司	621	赵青朵	351	
南京经纬专利商标代理有限公司	528	邱启旺	324	
广州华进联合专利商标代理有限公司	511	任　重	311	
北京超凡志成知识产权代理事务所	491	郝传鑫	298	广州三环专利商标代理有限公司
北京科亿知识产权代理事务所	466	蔡学俊	282	福州元创专利商标代理有限公司
合肥道正企智知识产权代理有限公司	423	王　锋	237	南京利丰知识产权代理事务所

5.1.7　石墨烯技术核心专利情况

为了解石墨烯核心专利的技术情况，本节借助专利引证频次、同族数量、技术重要度和重点申请人等重点信息，筛选出石墨烯技术中的核心专利，并对核心专利涉及的节点技术做深入分析。本节还通过各研究方向和手段的功效矩阵寻找技术空白区、技术薄弱区和技术热点区，以期发现技术创新的方向，为建立具有自主知识产权的技术体系提供支持。

从图 5－18 和表 5－5 来看，17 项氧化还原法核心专利主要来自全球 4 个国家，中国在核心专利数量上占有优势，美国有 3 项，韩国有 2 项，日本有 1 项。整体来看，专利权人的分布情况较为分散，没有任何专利权人的核心专利数量超过一项，难以形成完整的核心专利体系。从专利权人的构成来看，中国专利全部来自科研机构（大学/研究所）；国外专利除了来自科研机构外，还有部分来自企业，诸如株式会社半导体能源研究所、美国国家纳米材料公司等，但均非实力较强和影响力较大的公司。从上述情况可以判断，在国内核心专利产生所依靠的技术人才、研究经费、先进设备等仍过度集中于科研机构，企业在技术研发方面尚

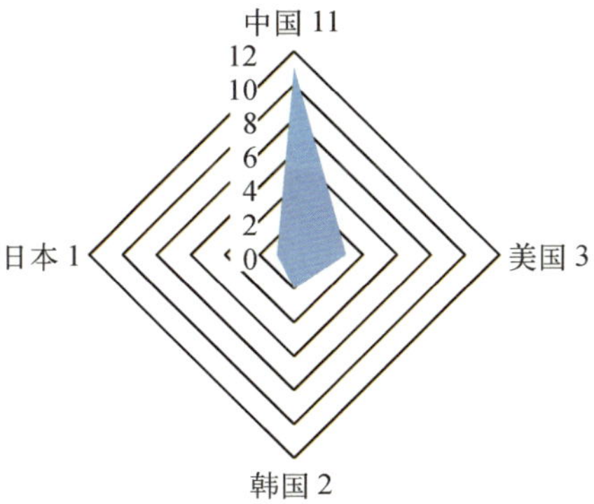

图 5－18　氧化还原法核心专利的技术来源国

显羸弱，很难在核心专利方面有所突破，石墨烯的研究发展更多是基于政府部门的相关支持；而国外则有部分企业具备了研究核心技术的实力，但整体实力也不强。较为分散的专利权人分布以及鲜有大公司掌握核心技术的情况说明，氧化还原法技术的发展并没有呈现技术性垄断，这也间接反映了氧化还原法工艺简单、门槛低、技术初步成熟以及其应用领域专业性不强等特点。

表5-5 氧化还原法核心专利列表

序号	公开号	技术来源地	专利权人	同族数量	引证频次
1	US20070131915A1	US	西北大学	4	135
2	KR20110016287A	KR	Go Yang Mi	1	55
3	CN101591014A	CN	湖北大学	2	39
4	CN101549864A	CN	上海大学	2	37
5	CN101830458A	CN	西安交通大学	2	33
6	CN101966988A	CN	哈尔滨工业大学	2	30
7	CN101941693A	CN	北京理工大学	2	29
8	CN101613098A	CN	宁波材料所	2	27
9	CN101602504A	CN	上海交通大学	2	27
10	CN101654243A	CN	青岛大学	2	21
11	CN102275908A	CN	中南大学	2	17
12	CN102225754A	CN	中国科学技术大学	2	17
13	US20120171108A1	KR	韩国科学技术院	4	17
14	CN101863465A	CN	中国科学院上海有机化学研究所	2	16
15	CN102803135A	US	莱斯大学	13	5
16	WO2013047630A1	JP	株式会社半导体能源研究所	11	0
17	WO2011088056A2	US	美国国家纳米材料公司	11	0

从图5-19氧化还原法制备技术、重点节点技术专利演进路线来看，涉及氧化石墨还原专利9项，氧化石墨制备专利5项，预成形专利3项。整体上，由于氧化石墨技术远早于石墨烯技术，在石墨烯氧化还原法核心专利技术演进初期，尚未将研究重点落到氧化石墨制备与预成形中，最原始的技术即为肼还原氧化石墨制备石墨烯的技术。在2005—2009年出现了节点技术的断点，这与整体技术在上述阶段尚处缓慢发展阶段有一定联系，在该阶段尚未出现技术创新的爆发。直到2009年，节点技术发展全面开花，氧化石墨制备、预成形以及氧化石墨还原

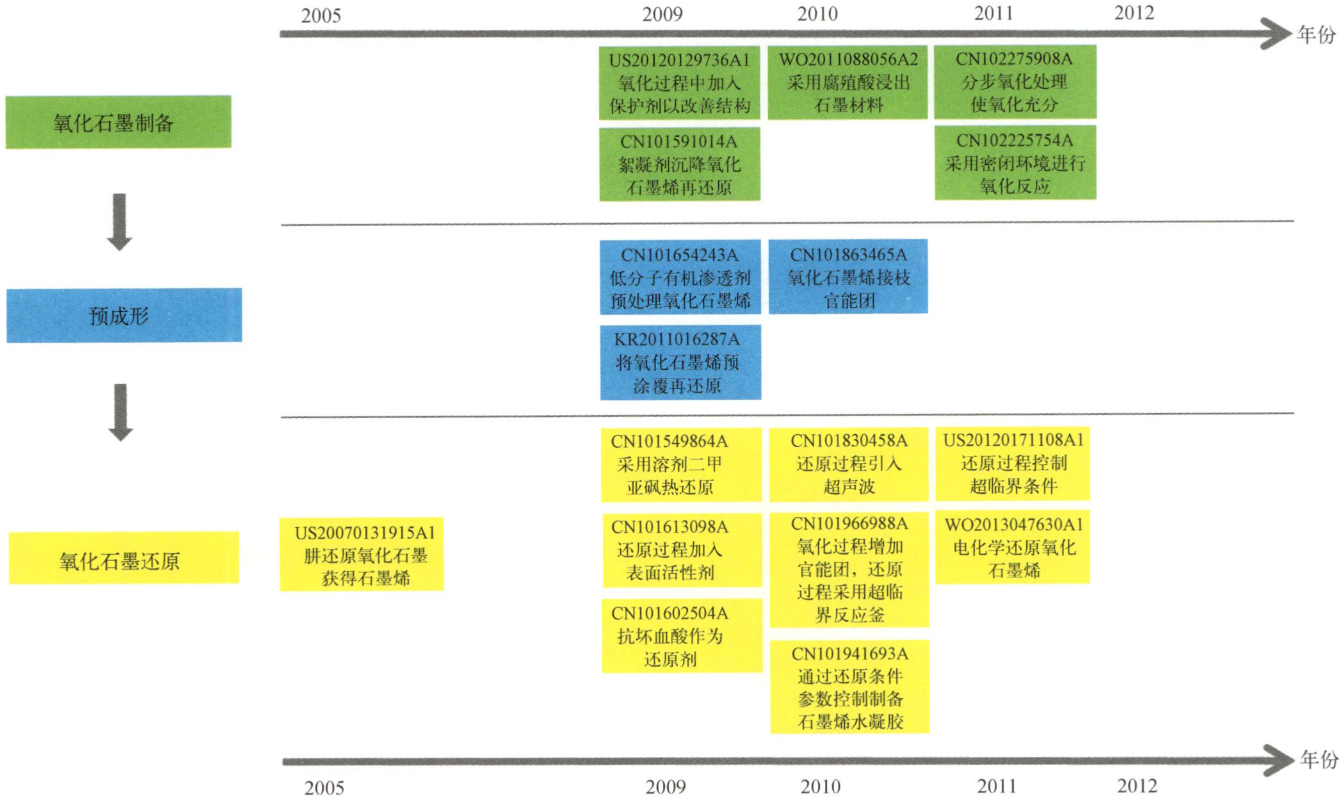

图 5-19 氧化还原法制备技术、重点节点技术专利演进路线

等手段均有突破性的发展，并持续到2010年。但从2010年以后，重心又逐渐转移到氧化石墨还原技术和氧化石墨制备技术的双线发展线路上。其技术发展整体呈单线推进—多元发展—优化整合的演进态势。

氧化石墨还原最早的一项核心专利是美国西北大学的申请（公开号为US20070131915A1），其采用肼还原剂还原氧化石墨分散液，从而得到石墨烯，开启了化学试剂还原氧化石墨获得石墨烯材料的先河，为后来各种化学试剂还原氧化石墨提供了技术指引，该项专利也是氧化还原法中被引用次数最多的专利。从2009年开始，中国的科研机构在氧化石墨还原中探索出多条主干线，上海大学的专利CN101549864A采用一种特殊的溶剂二甲亚砜，在反应釜中反应后得到单层二维结构的石墨烯，改善了石墨烯的结构特性，同时也克服了之前所采用的有毒有害化学还原剂的问题；上海交通大学的专利CN101602504A则另辟蹊径，采用抗坏血酸作为还原剂，既克服传统还原剂的污染问题，又起到稳定反应缩短时间的技术效果；宁波材料所的专利CN101613098A并未简单更换还原剂，而是在还原剂存在的情况下，加入聚氧乙烯月桂醚类、吐温类或曲拉通类的表面活性剂，实现产品尺寸的突破；到2010年，还原手段不再聚焦在传统的还原剂替换，而是更加注重附加手段的使用，例如，西安交通大学的专利CN101830458A借助超声波作用制备出高电导率的石墨烯及其稳定分散的高浓度石墨烯悬浮液，并且降低反应温度，缩短反应时间，使得生产工艺易于工业化；哈尔滨工业大学的专利CN101966988A则是采用超临界技术，增加氧化石墨烯在溶剂中的溶解量并提高了产量，产率基本可达100%；北京理工大学的专利CN101941693A通过对反应条件的控制，得到一种特殊形态的石墨烯水凝胶产品。

湖北大学在2009年提交了专利CN101591014A，其并没有采用常规的方法直接将氧化石墨烯分散液还原，而是用絮凝剂先将氧化石墨烯固体从分散液中沉降分离出，再进行还原，从而实现石墨烯的大规模制备。到2010年，中国科学技术大学和中南大学分别针对氧化石墨制备进行改进，其中，中国科学技术大学的专利CN102225754A在密闭环境中进行强氧化反应，反应时会产生气体并放热，在密闭环境中形成高温高压条件，使石墨被氧化剥离，生成的氧化石墨烯中含氧官能团较多，有利于对其进行表面修饰，扩大氧化石墨烯的应用。而中南大学的专利 CN102275908A 则是简化了传统的 Hummers 氧化法，在较低温度下，通过在不同阶段对产物进行分步氧化处理，得到氧化充分的氧化石墨，最终制备得到高质量的 GOP、GOS、GOF、GRP、GRS 和 GRF 材料。

韩国的 Go Yang Mi 在 2009 年提出了预成形的原型，其将已制备好的氧化石墨烯溶液涂覆在基体表面，得到预处理前体，再通过热处理获得石墨烯材料（公开号 KR20110016287A）。青岛大学和中科院上海有机化学研究所也在预成型上有所收获，其中青岛大学的专利 CN101654243A 使用低分子有机渗透剂，使氧化石墨湿态充分膨化，然后升高温度使渗透剂还原氧化石墨，得到较高还原度的纳米厚度的石墨烯片，有效克服现有的物理、机械或化学方法制备石墨烯片存在的缺点，实现石墨烯原始结构还原度高、片层结构损伤小、制备批量较大、制备成本低的目标；中科院上海有机化学研究所的专利 CN101863465A 则是将氧化石墨烯接枝树枝状取代基，避免还原时的凝聚，适用于高产量制备石墨烯。

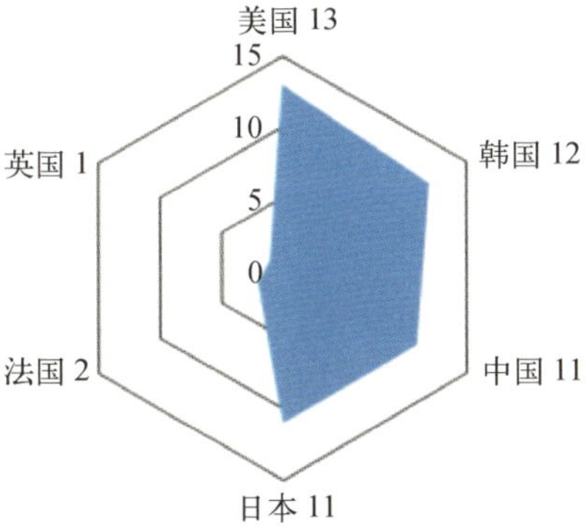

图 5-20　CVD 领域核心专利的技术来源地

从图 5-20 和表 5-6 来看，50 项 CVD 核心专利主要来自 6 个国家，美、韩、中、日 4 个国家的核心专利数量基本相似，表明 CVD 领域的技术已经基本趋于成熟，几个主要国家均已掌握 CVD 制备石墨烯的核心技术。

表 5-6　CVD 领域核心专利列表

序号	公 开 号	技术来源地	专 利 权 人	同族数量	引证频次
1	JP2001288625A	JP	日本真空技术株式会社	11	74
2	JP2009062247A	JP	福井大学	2	65
3	JP2009164432A	JP	富士通株式会社	2	60
4	JP2009091174A	JP	福井大学	2	56
5	CN101285175A	CN	中国科学院化学研究所	2	55
6	CN101289181A	CN	中国科学院化学研究所	2	53
7	KR2009017454A	KR	韩国科学技术院	4	47
8	US20100021708A1	US	麻省理工学院	4	42

续 表

序号	公开号	技术来源地	专利权人	同族数量	引证频次
9	CN101913598A	CN	浙江大学	2	41
10	US20100323113A1	US	VARIAN 半导体	3	38
11	CN101760724A	CN	电子科技大学	2	38
12	KR2009129176A	KR	三星集团	5	36
13	US20110091647A1	US	得州仪器	2	35
14	CN102115069A	CN	中国石油大学	2	35
15	CN102134067A	CN	北京大学	2	35
16	JP2010505709X	JP	早稻田大学	3	33
17	US20120258587A1	US	美国海军部	2	33
18	KR2011046863A	KR	三星集团	4	31
19	CN102220566A	CN	无锡第六元素高科技发展有限公司	2	28
20	CN101139090A	CN	湖北大学	2	27
21	KR2009043418A	KR	三星集团	9	27
22	CN101442105A	CN	中国科学院化学研究所	2	27
23	JP2011528909X	JP	日本科学技术振兴机构	5	26
24	KR2009065206A	KR	三星集团	5	23
25	US20110206934A1	US	IBM	2	23
26	CN102351175A	CN	东南大学	1	23
27	KR2011006644A	KR	成均馆大学	2	22
28	JP2011051801A	JP	日本物质材料研究机构	2	21
29	US20120241069A1	US	麻省理工学院	3	21
30	EP2649136A1	GB	HAYDALE GRAPHENE	16	8
31	WO2011071608A2	US	麦卡利斯特技术有限责任公司	21	0
32	KR2011042023A	KR	成均馆大学	15	2
33	US20110033688A1	US	GUARDIAN 公司	14	3
34	US20130099195A1	US	MEMC 电子材料,堪萨斯州立大学	6	11
35	US20100055464A1	US	宋健民	10	6
36	CN102719877A	CN	中国科学院金属研究所	11	4
37	US20140231270A1	US	新加坡大学,新加坡国立大学	7	8
38	KR2011014446A	KR	三星集团	6	9
39	US20110201201A1	US	威斯康星州大学校友研究基金会	6	9
40	JP2013513989X	JP	独立行政法人产业技术综合研究所	6	9
41	KR2010046633A	KR	三星集团,成均馆大学	10	3

续 表

序号	公 开 号	技术来源地	专 利 权 人	同族数量	引证频次
42	KR2011102132A	KR	国立大学法人蔚山科学技术大学校产学协力团	8	5
43	JP2012183581A	JP	日矿日石金属株式会社	12	0
44	FR2937343A1	FR	法国国家科学研究中心	10	2
45	JP2012501871X	JP	独立行政法人产业技术综合研究所	10	2
46	US2006063005A1	US	洛克希德·马丁公司	2	0
47	JP2011506002X	JP	日本科学技术振兴机构	9	3
48	KR2009065205A	KR	三星集团	7	5
49	KR2011031863A	KR	三星集团,成均馆大学	7	5
50	EP2409951A1	FR	法国国家研究中心	6	6

韩国专利主要来自三星集团(8项),少量来自与三星有密切合作关系的成均馆大学(4项)。中国申请人多数为研究机构,如中国科学院化学研究所、浙江大学、电子科技大学、东南大学、中国石油大学、中国科学院金属研究所等,仅有的一家企业为无锡第六元素高科技发展有限公司。

从图5-21 CVD法制备技术、重点节点技术专利演进路线来看,涉及“原料+衬底选择”的专利有9项,预处理的专利有5项,工艺参数的专利有6项,“转移+掺杂”、刻蚀的专利有5项,基本反映了上述各技术在整体流程中的重要程度;从核心专利的技术来源地来看,技术来源地是韩国的有11项,美国的有6项,日本的有4项,中国的有2项,法国的有1项,英国的有1项,说明韩国基本掌握了CVD法制备石墨烯的大部分核心技术,美国和日本占有了仅次于韩国的核心技术,但数量较少,难以形成完整的核心体系。而其他国家掌握了零星的核心技术,难以对韩国构成威胁。

从分布时间来看,大部分核心专利分布在2007—2009年;从该技术的发展趋势来看,其从2008年至2011年一直处在快速发展期,而在快速发展期的2008年和2009年是最容易产出核心专利的时间区间。在2008—2009年,竞争者竞相抢占该技术领域的空白点,并加大核心专利体系的布局,不断扩张其核心领域的外围,从而带动技术整体的发展,使其进入快速发展期。从技术手段的时间发展

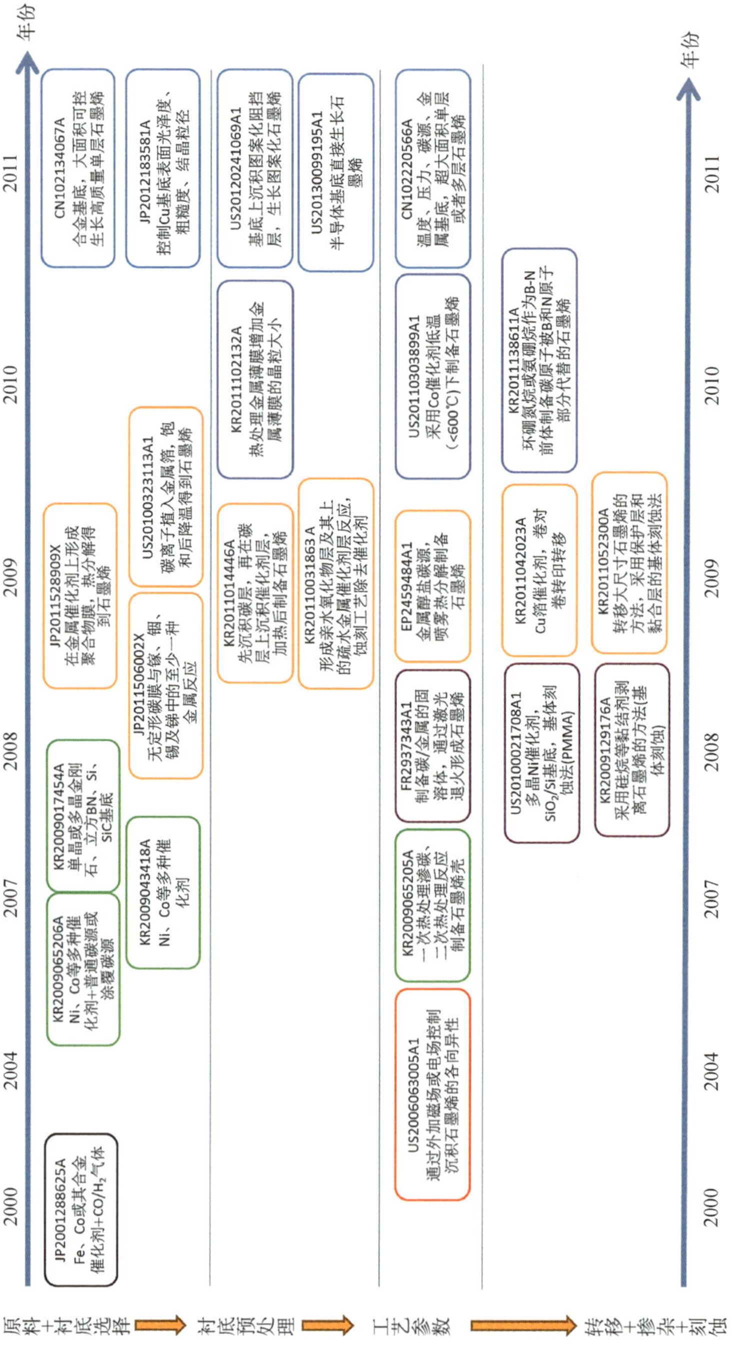

图5-21 CVD法制备技术、重点节点技术专利演进路线

来看，原料、衬底选择的技术手段出现较早，而且持续时间较长，一直有重要专利的分布。CVD技术采取的碳源最早多是气体的方式，随着技术的发展，碳源的选择方式也逐渐多样化，由开始气体碳源的选择，发展到涂覆碳源、无定形碳膜以及碳离子植入的方式。衬底选择开始主要涉及催化剂种类的选择，随着CVD研究的深入和具体应用的需要，衬底的选择开始出现对于基底种类的控制和特殊催化剂种类（如合金催化剂）的选择，而最近的重点专利技术，更倾向于无催化剂和在任意基底上生长的技术，对于催化剂种类选择的重视程度在逐渐降低。

工艺参数出现的时间稍晚，但也是一直保有重要专利分布的技术，工艺参数的控制在CVD制备石墨烯的研究中也趋于多样化，出现多次热处理工艺、激光退火、喷雾热解等多种涉及温度、压力等工艺参数的控制。与此相比，衬底预处理和转移、掺杂、刻蚀的CVD制备石墨烯中的前处理和后处理工艺均出现得较晚。衬底预处理主要是对基底表面和催化剂表面进行控制的技术手段，其可以显著地提高CVD制备石墨烯的质量，得到了最近重点专利技术的重视。而转移、掺杂、刻蚀主要是对制备得到的石墨烯的后处理工艺。

2011年北京大学的专利CN102134067A公开了一种制备单层石墨烯的方法。该方法包括如下步骤：(1) 制备合金基底；(2) 在氢气和惰性气氛中，通入利用化学气相沉积方法在步骤(1)所得合金基底表面催化生长石墨烯，完成所述单层石墨烯的制备。该方法利用合金基底中两种或两种以上不同金属的特性，实现了对碳源的分解、扩散和析出过程的控制，简单、高效地约束了溶解于金属基底中碳的析出过程，使得石墨烯能够以表面催化的形式生长，获得了层数分布均一的单层石墨烯，特别适合应用于工业化生产，尤其适用于单层或少层石墨烯的可控制备。

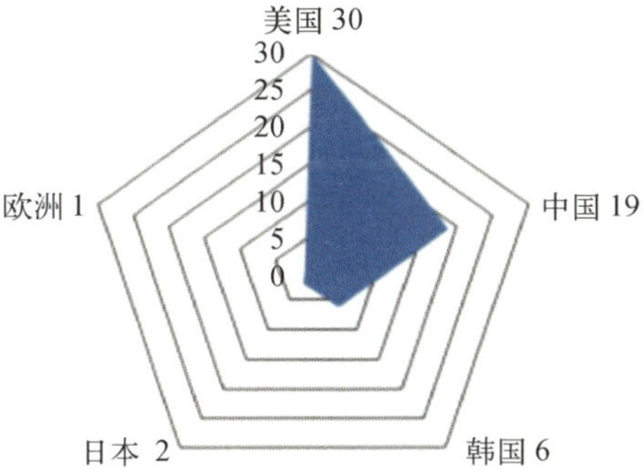

图5-22 材料领域核心专利的技术来源地

从图5-22和表5-7来看，58项材料领域核心专利主要来自5个国家/地区。美国石墨烯领域的专利总申请数量目前已经远远落后于中国，并且有被日本、韩国赶超的趋势，但是其却掌握着超过50%的材料领域核心专利。可见美国的专利申请是以质取胜。Jang BZ 是拥有核心专利最多的申请人(5 项),另外美国很多大型企业也都在材料领域拥有一定量的核心专利,比如贝克休斯、美孚、霍尼韦尔、通用电气、洛克希德·马丁等。中国紧随其后,拥有核心专利 19 项,申请人全部是研究机构,如南开大学、天津大学、四川大学、浙江大学、中国科学院大学等。而韩国、日本的核心技术申请人多为企业,比如日本住友、韩国三星。

表 5-7 材料领域核心专利列表

序号	公 开 号	技术来源地	技 术 分 类	同族数量	引证频次
1	WO2008141147A1	US	涂料—涂层	13	27
2	US20110200825A1	US	涂料—涂层	13	20
3	US20120048804A1	US	水处理材料	15	27
4	WO2008055371A2	EP	涂料—涂层	7	20
5	US20120103135A1	US	强度增强复合材料	9	38
6	US20100253184A1	KR	普通导电增强复合材料	4	43
7	KR2011031864A	KR	普通导电增强复合材料	2	22
8	US20120015852A1	US	普通导电增强复合材料	4	43
9	US20100179054A1	US	普通导电增强复合材料	4	23
10	US20120255899A1	KR	水处理材料	4	26
11	WO2006120803A1	JP	导热增强复合材料	3	70
12	KR2010099586A	KR	普通导电增强复合材料	4	27
13	US20090036605A1	US	其他材料	4	38
14	US20080149561A1	US	水处理材料	4	135
15	US20110046027A1	US	导热增强复合材料	2	30
16	US20100255447A1	US	涂料—涂层	4	21
17	US20120021224A1	US	普通导电增强复合材料	1	24
18	US20110203776A1	US	导热增强复合材料	1	21
19	US20100036023A1	US	强度增强复合材料	2	26
20	KR2011016289A	KR	其他材料	1	20
21	US20110014457A1	US	导热增强复合材料	1	35
22	US20060121279A1	US	其他半导体器件	2	73
23	US20080296020A1	US	其他材料	6	40
24	US20100255984A1	US	涂料—涂层	1	50
25	US20100239871A1	US	涂料—涂层	1	26

续 表

序号	公 开 号	技术来源地	技 术 分 类	同族数量	引证频次
26	US20090155578A1	US	其他材料	2	48
27	US20100085713A1	US	导热增强复合材料	1	31
28	US20070092716A1	US	强度增强复合材料	2	30
29	US20100000441A1	US	涂料—涂层	1	53
30	US20090117386A1	US	涂料—涂层	2	22
31	US20080020193A1	US	强度增强复合材料	1	105
32	WO2007140469A2	US	其他材料	2	22
33	US20060216222A1	US	强度增强复合材料	1	49
34	US20060191835A1	US	水处理材料	1	22
35	US20060151382A1	US	水处理材料	1	28
36	US20020157819A1	US	导热增强复合材料	5	26
37	JP2003342480A	JP	普通导电增强复合材料	1	32
38	CN102329976A	CN	强度增强复合材料	2	20
39	CN102254584A	CN	普通导电增强复合材料	2	29
40	CN102218540A	KR	强度增强复合材料	7	21
41	CN102153877A	CN	强度增强复合材料	2	22
42	CN102070230A	CN	水处理材料	1	21
43	CN102040714A	CN	涂料—涂层	2	26
44	CN101993056A	CN	强度增强复合材料	2	24
45	CN101941842A	CN	其他材料	1	40
46	CN101864098A	CN	普通导电增强复合材料	2	75
47	CN101837972A	CN	强度增强复合材料	1	23
48	CN101837971A	CN	其他材料	2	21
49	CN101812194A	CN	强度增强复合材料	2	38
50	CN101781459A	CN	普通导电增强复合材料	2	27
51	CN101734650A	CN	普通导电增强复合材料	2	42
52	CN101710512A	CN	涂料—涂层	2	21
53	CN101696002A	CN	普通导电增强复合材料	1	21
54	CN101550003A	CN	涂料—涂层	2	31
55	CN101474897A	CN	强度增强复合材料	1	32
56	CN101474899A	CN	强度增强复合材料	1	33
57	CN101474898A	CN	其他材料	3	54
58	CN101048055A	US	导热增强复合材料	5	21

材料领域的核心技术专利主要分布在强度增强复合材料、普通导电增强复合材料、涂料—涂层、导热增强复合材料、其他材料和水处理材料，并且在各个领域的分布比较平均。石墨烯的超薄、超高强度和超高导电率特性使其广泛应用于材料的各个领域。

石墨烯在材料领域的应用中，核心专利比较分散地掌握在国外各大企业和国内各大科研院所手中，在该领域并没有一个比较强势的申请人出现，这对于我国申请人而言既是机遇又是挑战。石墨烯领域拥有大量的高校申请人，如果有关部门能整合我国高校的石墨烯研究，开发人力和社会资源，那么将起到非常良好的经济效益和社会示范作用。另外，还应当加强科研院所与企业的合作，促进石墨烯在材料领域的产业化进程。

从图 5－23 和表 5－8 来看，115 项电子领域核心专利主要来自 5 个国家。尽管美国在总申请量上不及中国，但在电子应用领域却具有优势，核心专利有 75 项，占比 65.2%。日本、韩国和中国分列二至四位，掌握核心专利的数量相差不大。与全球总体情况类似，日本和韩国的核心技术申请人多为企业，如日本的富士通(7 项)、东芝(6 项)以及日立等，韩国则主要来自三星集团(14 项)。中国申请人多数为研究机构，如南开大学、电子科技大学、复旦大学、中国科学院等，少数企业包括鸿海精密工业股份有限公司和欧菲光集团。

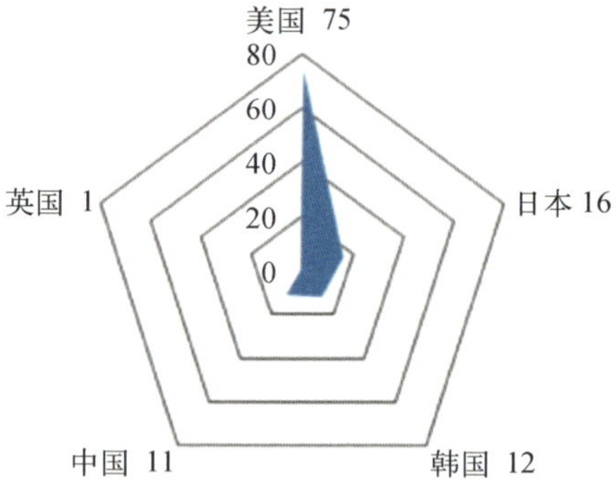

图 5－23　电子领域核心专利的技术来源地

表 5－8　电子领域核心专利列表

序号	公　开　号	技术来源地	技　术　分　类	同族数量	引证频次
1	US20100051960A1	US	发光二极管	7	150
2	US20090169919A1	US	晶体管	2	149
3	US20070243319A1	US	其他半导体器件	7	101
4	WO2010059153A1	US	其他电子元件	2	97
5	US20100181655A1	US	其他电子元件	2	94
6	US20100127243A1	US	发光二极管	1	93

续 表

序号	公 开 号	技术来源地	技 术 分 类	同族数量	引证频次
7	US20100224851A1	US	触摸面板	1	90
8	US20100092809A1	KR	触摸面板	4	88
9	WO2014064432A1	US	晶体管	2	84
10	US20040082247A1	US	存储器	2	77
11	US20130026923A1	US	存储器	7	76
12	US20130069547A1	US	晶体管	1	76
13	US20110108806A1	US	晶体管	2	75
14	US20130168635A1	US	其他半导体器件	2	73
15	US20040253820A1	US	存储器	2	71
16	US20070287011A1	US	晶体管	2	69
17	US20090236609A1	US	晶体管	4	68
18	US20100051897A1	JP	集成电路	4	68
19	US20100127312A1	US	其他半导体器件	3	66
20	US20110240946A1	JP	晶体管	2	60
21	JP2010153793A	US	其他电子元件	2	59
22	US20120261643A1	US	其他电子元件	2	58
23	US20120181508A1	JP	晶体管	5	57
24	US20120085991A1	JP	晶体管	2	57
25	TW201212235A	KR	晶体管	4	54
26	US20110114918A1	KR	存储器	4	53
27	US20110068323A1	KR	其他电子元件	4	52
28	US20100006823A1	US	晶体管	2	51
29	US20090020764A1	JP	集成电路	2	51
30	CN102893387A	JP	晶体管	1	51
31	US20070014151A1	US	晶体管	2	50
32	TW201234608A	US	其他电子元件	1	50
33	US20090079040A1	US	晶体管	2	49
34	US20100025660A1	US	集成电路	2	49
35	US20120068157A1	US	其他电子元件	2	46
36	US20100140723A1	JP	集成电路	1	45
37	WO2009035647A1	JP	晶体管	2	45
38	US20110059599A1	US	其他半导体器件	5	44

续 表

序号	公开号	技术来源地	技术分类	同族数量	引证频次
39	US20080290941A1	KR	发电器	4	43
40	WO2010074918A1	CN	发光二极管	2	43
41	WO2011100716A3	US	其他电子元件	2	42
42	US20110017979A1	US	存储器	2	42
43	US20120217147A1	US	晶体管	6	41
44	US20130029460A1	US	晶体管	2	38
45	WO2010138136A1	US	晶体管	2	38
46	US20090278556A1	US	其他电子元件	2	38
47	US20100055025A1	US	其他半导体器件	3	37
48	US20100055458A1	US	其他电子元件	4	37
49	US20080248275A1	US	晶体管	2	36
50	US20090194839A1	US	晶体管	2	36
51	WO2012064285A1	JP	晶体管	1	35
52	US20100102292A1	CN	触摸面板	7	34
53	US20090140801A1	CN	电磁屏蔽	1	33
54	US20100127269A1	CN	电磁屏蔽	1	32
55	US20060121279A1	KR	其他电子元件	4	32
56	US20100108982A1	US	晶体管	2	31
57	US20130082235A1	US	其他电子元件	2	31
58	US20120220053A1	US	其他电子元件	2	31
59	US20100176366A1	US	晶体管	6	30
60	US20090168492A1	US	晶体管	2	29
61	US20100032638A1	US	液晶显示	1	29
62	US20110186817A1	KR	其他电子元件	4	29
63	US20120139114A1	US	晶体管	2	28
64	US20090181502A1	US	其他半导体器件	5	28
65	US20110253969A1	US	晶体管	10	27
66	US20070032089A1	CN	传感器	2	27
67	WO2007140469A3	CN	晶体管	2	27
68	US20080048996A1	US	存储器	2	26
69	JP2007335532A	JP	集成电路	4	26
70	US20060286785A1	KR	其他电子元件	3	26

续 表

序号	公开号	技术来源地	技术分类	同族数量	引证频次
71	US20120248416A1	US	其他电子元件	1	26
72	US20090174435A1	GB	晶体管	4	25
73	US20110309336A1	US	晶体管	4	25
74	CN101777583A	KR	晶体管	3	25
75	TW201227902A	CN	晶体管	2	25
76	TW201230063A	KR	晶体管	4	25
77	US20120080796A1	US	晶体管	2	24
78	US20110101528A1	US	晶体管	2	23
79	US20110006425A1	US	晶体管	3	23
80	US20100213435A1	US	其他电子元件	4	23
81	CN101783366A	US	存储器	4	23
82	JP2009070911A	JP	集成电路	8	23
83	JP2009277803A	JP	集成电路	8	23
84	JP2009182173A	JP	其他半导体器件	2	23
85	JP2009164432A	US	其他半导体器件	3	23
86	JP2009043939A	KR	其他电子元件	5	23
87	JP2008205272A	KR	其他电子元件	5	23
88	JP2009155168A	US	晶体管	2	22
89	US20100258787A1	US	存储器	4	22
90	TWI465120B	US	集成电路	2	22
91	US20110102068A1	US	电磁屏蔽	2	22
92	WO2009158117A2	JP	集成电路	4	22
93	US20090291270A1	CN	晶体管	1	22
94	CN103106953A	CN	传感器	5	22
95	CN101781459A	US	发光二极管	2	21
96	CN101474899A	US	晶体管	2	21
97	CN101474897A	US	晶体管	2	21
98	CN102724613A	US	其他电子元件	2	21
99	US20090146111A1	US	晶体管	2	21
100	US20100187588A1	US	晶体管	4	20
101	US20100253184A1	US	晶体管	2	20
102	US20120141799A1	US	其他电子元件	2	20

续 表

序号	公开号	技术来源地	技术分类	同族数量	引证频次
103	US20110089403A1	US	集成电路	3	20
104	US20090294759A1	US	晶体管	2	20
105	US20110127471A1	JP	集成电路	5	20
106	US20110123776A1	JP	其他电子元件	4	20
107	US20110006837A1	US	晶体管	8	20
108	US20090169819A1	US	其他半导体器件	25	15
109	KR2009029621A	US	其他电子元件	148	13
110	US20090020399A1	US	发光二极管	10	11
111	CN101462717A	US	发光二极管	18	9
112	US20110084252A1	US	存储器	14	1
113	CN101694474A	US	晶体管	25	0
114	CN101442105A	CN	扬声器	42	0
115	CN101859858A	CN	扬声器	42	0

从图 5－24 来看，晶体管有关专利数量最多，共计 46 项，占比 40%；其他电子元件专利有 24 项，集成电路专利有 11 项，存储器专利有 9 项，其他半导体器件专利有 9 项，发光二极管专利有 6 项。上述排名在一定程度上反映了电子领域未来的研究重点方向。

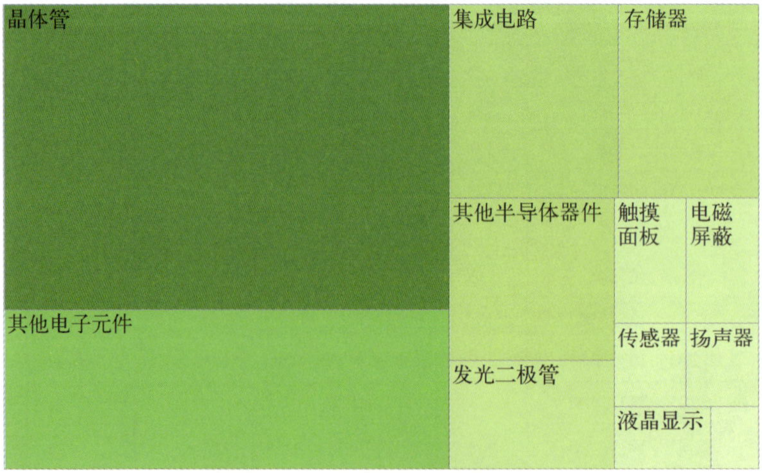

图 5－24 电子领域核心专利的技术分类情况

从图 5－25 来看，三星集团是掌握核心专利最多的申请人，其技术分布涵盖范围较广，有晶体管，以透明薄膜电极、电磁开关为代表的其他电子元件，存储器，发光二极管，触摸面板，液晶显示等；IBM 和富士通株式会社重点关注晶体管领域，东芝则侧重于集成电路方面。

图 5－25　电子领域核心专利的申请人排名及技术分布情况

	三星集团	IBM	富士通株式会社	东芝	佐治亚理工研究公司
晶体管	3	9	5		2
其他电子元件	7			1	
集成电路			1	5	1
存储器	1				
其他半导体器件			1		1
发光二极管	1				
触摸面板	1				
液晶显示	1				
发电器	1				

从目前情况来看，大量石墨烯晶体管、集成电路方面的核心技术掌握在三星集团、IBM、富士通和东芝等国外巨头手中。它们都是电子领域的传统优势企业，也是我国电子行业的主要竞争对手。可以预见，一旦石墨烯在上述领域进入商用阶段，我国相关电子企业也必然会面临新一轮国外专利围攻的局面。因此，加强石墨烯晶体管、集成电路等电子领域的基础性研究工作，加快石墨烯在电子领域应用中的产业化步伐已经迫在眉睫。

从图 5－26 和表 5－9 来看，62 项能源领域核心专利主要来自 6 个国家。美国掌握着超过 50%的核心专利。

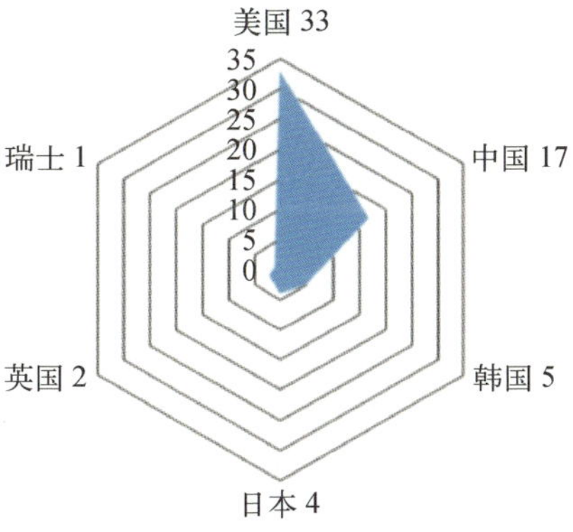

图 5－26　能源领域核心专利的技术来源地

中国紧随其后，拥有核心专利 17 项，韩国、日本、英国、瑞士的核心技术专利均为个位数。中国的申请人主要是研究机构，如上海交通大学、天津大学、中科院宁波材料所等。而韩国、日本的核心技术申请人多为企业，比如日本富士电子、日本松下、韩国三星。

表5-9 能源领域核心专利列表

序号	公　开　号	技术来源地	技 术 分 类	同族数量	引证频次
1	US20110123776A1	KR	超级电容器	4	32
2	US20070032089A1	US	太阳能电池	7	150
3	US20120214068A1	US	锂离子电池	2	21
4	US20100021819A1	US	超级电容器	2	62
5	US20110165466A1	US	锂离子电池	2	51
6	US20100176337A1	US	锂离子电池	2	100
7	US20110165321A1	US	超级电容器	2	23
8	US20110165462A1	US	锂离子电池	2	26
9	US20090305135A1	US	锂离子电池	2	115
10	US20090169725A1	US	锂离子电池	2	29
11	WO2009127901A1	CH	锂离子电池	4	37
12	US20090068470A1	KR	储氢材料	5	26
13	US20080261116A1	US	锂离子电池	6	99
14	US20110206992A1	US	锂离子电池	7	20
15	US20090071533A1	KR	太阳能电池	4	62
16	US20120080086A1	KR	太阳能电池	5	24
17	JP2011105569A	JP	太阳能电池	2	37
18	JP2009091174A	JP	燃料电池	2	56
19	US20120058397A1	US	锂离子电池	2	44
20	US20110041980A1	KR	太阳能电池	4	29
21	US20100143798A1	US	锂离子电池	2	105
22	US20070128464A1	US	燃料电池	2	20
23	US20090176159A1	US	锂离子电池	2	46
24	WO2011123907A1	GB	太阳能电池	4	22
25	US20110157772A1	US	超级电容器	2	24
26	US20100173198A1	US	锂离子电池	2	40
27	US20110104571A1	US	锂离子电池	2	32
28	US20090246625A1	US	锂离子电池	4	70
29	US20100056819A1	US	太阳能电池	2	25
30	WO2011010109A1	GB	其他电池	2	21
31	US20110287316A1	US	锂离子电池	2	20
32	US20120064409A1	US	锂离子电池	1	50
33	US20110227000A1	US	锂离子电池	3	37
34	US20110183180A1	US	超级电容器	1	46
35	US20110121240A1	US	锂离子电池	1	57

续 表

序号	公 开 号	技术来源地	技 术 分 类	同族数量	引证频次
36	US20090092747A1	US	超级电容器	2	45
37	JP2010245797A	JP	超级电容器	1	27
38	US20090303660A1	US	超级电容器	5	45
39	US7623340A	US	超级电容器	1	115
40	US20070158618A1	US	燃料电池	2	79
41	US20090186276A1	US	锂离子电池	1	70
42	US20080268318A1	US	燃料电池	1	22
43	EP1122344A2	JP	锂离子电池	11	74
44	US20060030483A1	US	燃料电池	2	35
45	CN102306757A	CN	锂离子电池	2	21
46	CN102208598A	CN	锂离子电池	4	44
47	CN102160998A	CN	燃料电池	1	21
48	CN102142537A	CN	锂离子电池	2	26
49	CN101924211A	CN	锂离子电池	1	30
50	CN101882480A	CN	超级电容器	2	22
51	CN101857222A	CN	太阳能电池	2	34
52	CN101849302A	US	锂离子电池	9	27
53	CN101800302A	CN	锂离子电池	1	24
54	CN101800310A	CN	锂离子电池	2	28
55	CN101777429A	CN	太阳能电池	1	22
56	CN101752561A	CN	锂离子电池	8	55
57	CN101733985A	CN	超级电容器	2	23
58	CN101710619A	CN	锂离子电池	1	48
59	CN101562248A	CN	锂离子电池	2	49
60	CN101527202A	CN	超级电容器	2	33
61	CN101478043A	CN	锂离子电池	1	24
62	CN101367516A	CN	超级电容器	2	21

从图 5 - 27 来看，锂离子电池相关专利数量最多，共计 32 项，占比 52%；超级电容器专利有 13 项，太阳能电池专利有 9 项，燃料电池专利有 6 项，储氢材料、其他电池专利各有 1 项。上述排名在一定程度上反映了能源领域未来的研究重点方向。

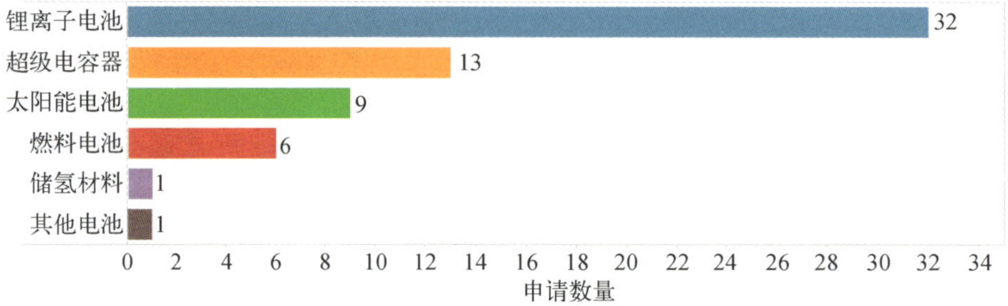

图 5-27 能源领域核心专利的技术分类情况

从图 5-28 来看,美国和中国在锂离子电池、超级电容器、太阳能电池、燃料电池领域均拥有一定数量的核心专利,实力强劲。

	美国	中国	韩国	日本	英国	瑞士
锂离子电池	20	10		1		1
超级电容器	7	4	1	1		
太阳能电池	2	2	3	1	1	
燃料电池	4	1		1		
储氢材料			1			
其他电池					1	

图 5-28 能源领域核心专利的各技术来源地技术分布情况

从图 5-29 来看,JANG BZ、Nanotek Instruments 是掌握核心专利最多的申请人,其技术分布涵盖范围较广,有锂离子电池、超级电容器、太阳能电池、燃料电池等。三星集团重点关注太阳能电池领域,上海交通大学、中科院宁波材料所、ADA Technologies 侧重于锂离子电池领域,天津大学侧重于超级电容器领域。

	锂离子电池	超级电容器	太阳能电池	燃料电池	储氢材料
JANG BZ	12	5	1	4	
Nanotek Instruments	9	5	1	3	
三星集团	1	1	3		1
上海交通大学	3				
天津大学		2			
中科院宁波材料所	2				
ADA Technologies	2				

图 5-29 能源领域核心专利的申请人排名及技术分布情况

目前，石墨烯在能源领域的核心专利仍掌握在美国、韩国的大型企业手中，它们都是能源领域的传统优势企业。我国的核心专利仍集中于科研院所，多数技术并没有进行产业化研究。为了加强我国在该领域的竞争实力，应促进各大科研机构与企业合作，提高共同研发能力，整合形成产学研支持的合力；加强交流，充分发挥各自优势，推动石墨烯技术由实验室走向产业化。

5.2 石墨烯产业相关标准发展态势分析

随着石墨烯产业的迅速发展，产业对标准的需求日益增强。近年来，国际标准化组织和国家标准委员会积极推动石墨烯产业标准化工作，以期达到规范行业的目的。国际标准组织ISO、IEC和中国国家标准化管理委员会等机构根据全球和我国的社会经济发展的总需求，纷纷开展石墨烯的标准化工作，极大地推动了石墨烯行业标准的发展。

5.2.1 石墨烯产业相关标准进展现状

石墨烯作为一种新兴二维材料，处于科研与产业化并进阶段，迫切需要科技研发和标准制定同步发展。截至2019年6月，据中关村石墨烯产业联盟不完全统计，国内发布的石墨烯标准共有13项，其中国家标准有1项，地方标准有7项，团体标准有5项。在已公布的13项标准中，术语标准有2项，检测标准有3项，原材料标准有1项，产品标准有6项，生产技术标准有1项，生产设备规范标准有1项。相对于石墨烯产业近年来的迅猛发展，我国石墨烯标准化工作仍然处于起步阶段，还缺乏系统的、全面的研究。

1. 国家术语和检测标准已完成立项

2014年，国家标准化管理委员会批准立项第一批4项石墨烯相关标准，分别为《石墨烯材料的术语、定义及代号》《石墨烯层数测定　扫描探针显微镜法》《光学法测定石墨烯层数》《拉曼光谱法表征石墨烯层数》。随后国家标准化管理委员会又陆续立项《纳米技术　石墨烯材料电导率测量　四探针法》等13个标准项目，截至2019年6月，国内立项的石墨烯标准共计17项（详见表5-10、表5-11）。2018年12月28日，国家标准GB/T 30544.13—2018《纳米科技　术语　第13部分：石墨烯及相关二维材料》发布，代替原有立项标准《石墨烯材料的术语、定义及代号》。第一批立项的国家标准《石墨烯层数测定　扫描探针显微镜法》等3项石墨烯测试方法标准工作已进入报批阶段。

表5-10　石墨烯已发布和在研标准项目（统计时间截至2019年6月）

标准号	标准名称	主要起草单位	标准状态
GB/T 30544.13—2018	纳米科技　术语　第13部分：石墨烯及相关二维材料	泰州巨纳新能源有限公司	已发布
20160467-T-491	纳米技术　石墨烯材料表面含氧官能团含量的定量分析　化学滴定法	中国科学院山西煤炭化学研究所	已报批
20160757-T-491	纳米技术　石墨烯材料比表面积的测试　亚甲基蓝吸附法	中国科学院宁波材料技术与工程研究所	已报批
20140894-T-491	纳米技术　氧化石墨烯厚度测量　原子力显微镜法	江南石墨烯研究院	已报批
20160465-T-491	纳米技术　石墨烯材料电导率测量　四探针法	中国科学院宁波材料技术与工程研究所	已召开讨论会
20140889-T-491	纳米技术　石墨烯相关二维材料的层数测量　光学对比度法	东南大学	正在开展比对
20140890-T-491	纳米技术　石墨烯薄片层数的测定　拉曼光谱法	中国科学院半导体研究所	正在开展比对
20170324-T-491	石墨烯薄膜的性能测试方法	国家纳米科学中心	已征求意见

表5-11　石墨烯预研标准项目（统计时间截至2019年6月）

编号	标准名称	起草单位	标准性质
1	纳米技术　石墨烯材料的化学性质表征　电感耦合等离子体质谱法(ICP-MS)	国家纳米科学中心	通用测试方法
2	纳米技术　氩气吸附静态容量法(BET)测定石墨烯材料的比表面积	国家纳米科学中心	通用测试方法
3	纳米技术　亚纳米厚度石墨烯薄膜载流子迁移率及方块电阻测量方法	泰州巨纳新能源有限公司	专用测试方法
4	纳米技术　石墨烯比表面积测量方法—固体标样参比法	恒力盛泰(厦门)石墨烯科技有限公司	通用测试方法
5	纳米技术　低场核磁共振测量石墨烯材料湿式比表面积的方法	国家石墨烯产品质量监督检验中心(江苏)	通用测试方法

续 表

编号	标　准　名　称	起　草　单　位	标准性质
6	纳米技术　拉曼法测定石墨烯中缺陷含量	泰州石墨烯研究检测平台有限公司	通用测试方法
7	纳米技术　X 射线光电子能谱法测量石墨烯的氧含量和碳氧比	国家纳米科学中心	通用测试方法
8	纳米技术　石墨烯粉体中水溶性阴离子含量的测定　离子色谱法	北京市理化分析测试中心	专用测试方法
9	纳米技术　石墨烯粉体中硫、氟、氯、溴含量的测定　燃烧离子色谱法	北京市理化分析测试中心	专用测试方法

2. 国际标准的制定和立项

标准是一个国家软实力和硬实力的综合体现。中国是石墨烯研究大国，我国科研院所和企业积极参与石墨烯国际标准的制定，能够有效提高我国的国际话语权，提升我国石墨烯企业的整体国际竞争力。在石墨烯国际标准制定工作中，中国科学院山西煤炭化学研究所（IEC/TS 62607-6-13，Bohem 滴定法测量石墨烯表面含氧官能团）和深圳华烯新材料有限公司（IEC/TS 62607-6-14，拉曼光谱法表征石墨烯粉体材料的缺陷等级）提出的国际标准提案已获得国际标准组织 IEC 立项。中国科学院山西煤炭化学研究所提出的 IEC/TS 62607-6-13 规定了石墨烯表面含氧官能团种类和含量的化学测定方法，该标准适用于石墨烯粉体材料表面含氧官能团种类和含量的测定。为了规范石墨烯粉体材料缺陷等级的表征方法，深圳华烯新材料有限公司于 2016 年 10 月在德国法兰克福 IEC 国际标准会议上提出“拉曼光谱法表征石墨烯粉体材料的缺陷等级”的标准提案（IEC/TS 62607-6-14），该标准提出以 S3/2D 的强度比作为石墨烯粉体的缺陷密度参数。

3. 国家石墨烯产品质量监督检验中心的成立

2016 年，国家质量监督检验检疫总局分别正式批准江苏省特种设备安全监督检验研究院和广州特种承压设备检测研究院筹建国家石墨烯产品质量监督检验中心（江苏）和国家石墨烯产品质量监督检验中心（广东）。两个中心的建立，有利于有针对性地研发石墨烯产品的检验检测新技术，有利于以技术创新来推动国家及行业标准的建立，有利于推进成果转化和实际应用，为全国石墨烯产业的发展与转型升级发挥技术支撑和引领的作用。

4. 行业标准、地方标准和团体标准协同发展

（1）国家标准

2018 年 12 月 28 日，国家市场监督管理总局、中国国家标准化管理委员会发布了《纳米科技　术语　第 13 部分：石墨烯及相关二维材料》。该标准界定了石墨烯及相关二维材料的术语和定义，包括制备方法、特性及其表征，旨在促进与石墨烯及相关二维材料相关的产业界、政府组织、社会人士及相关各方在研究、产业化过程中的相互交流。

（2）行业标准

2017 年 12 月，《石墨烯锌粉涂料》行业标准的制定工作（体系编号 01－005－01－02－02－01）获得国家标准化管理委员会批复立项，进入实施阶段，并于 2019 年完成制定。此标准为产品标准，技术归口单位为全国涂料和颜料标准化技术委员会。

（3）地方标准

广西石墨烯标准化技术委员会发布了中国首个石墨烯系列地方标准，由广西大学可再生能源材料协同创新中心起草，包括五项，分别是《石墨烯三维构造粉体材料的检测与表征方法》《石墨烯三维构造粉体材料名词术语和定义》《石墨烯三维构造粉体材料生产用聚合物》《石墨烯三维构造粉体材料生产技术》和《石墨烯三维构造粉体材料生产用高温反应炉的设计规范》。

2019 年 4 月，江苏省市场监督管理局发布了江苏省地方标准发布公告，发布了 2 项江苏省地方标准，由国家石墨烯产品质量监督检验中心起草，分别是《石墨烯材料　碳、氢、氮、硫、氧含量的测定　元素分析仪法》《石墨烯材料　热扩散系数及导热系数的测定　闪光法》。

（4）团体标准

2017—2018 年，中关村石墨烯产业联盟发布了《石墨烯改性柔性电热膜》《石

墨烯改性刚性电热板》两项团体标准；2017年，中国涂料工业协会发布《环氧石墨烯锌粉底漆》《水性石墨烯电磁屏蔽建筑涂料》两项石墨烯涂料团体标准；中国石墨烯产业技术创新联盟发布了《石墨烯印刷油墨型红外辐射电热膜》一项团体标准；行业标准、地方标准、团体标准与国家标准相比，更注重石墨烯材料的实际应用，其在一定程度上丰实了国家标准。国家标准、行业标准、地方标准和团体标准协同发展，使石墨烯产业标准化体系发展进入崭新的阶段，并推动石墨烯相关企业乃至新材料产业的创新发展、蓬勃壮大。

5. 各地区注重石墨烯标准化建设

石墨烯发展热点省市也非常注重标准化建设，江苏省成立了石墨烯检测标准化技术委员会，内蒙古自治区成立了石墨烯标准研究中心，山东省成立了石墨烯技术标准研制与检测基地，青岛市成立了标准化协会石墨烯标准化工作委员会、广西壮族自治区成立了石墨烯标准化技术委员会等，以上地区的石墨烯标准化建设为推动我国石墨烯行业健康稳定发展贡献力量。

5.2.2 石墨烯产业标准体系存在的主要问题

1. 科学完整的石墨烯产业标准体系尚未建立

我国石墨烯产业相关国标立项始于2015年，但由于标准体系建立时间短，立项的标准较少，科学的石墨烯标准体系一直没有建立。此外，石墨烯产业不断发展，石墨烯科学技术不断进步，部分涉及石墨烯的新产品、新技术、新工艺以及管理标准尚未制定，这严重影响和制约石墨烯产业的发展。因此，迫切需要建立科学完整的石墨烯产业标准体系，以指导具体标准的制定。

2. 标准分布不均衡、覆盖面窄

现有的和正在制定的17项石墨烯标准，均为术语和检测等标准，从石墨烯全产业链分析，未覆盖石墨烯资源、石墨烯应用、环境保护、加工设备等不同领域的标准体系。

5.2.3 产业标准化对策及建议

近年来，我国加大了对石墨烯相关标准的制定力度，正逐步形成以国家标准为主体，行业标准为补充，团体标准协同发展的格局。石墨烯基础标准、产品标准、方法标准协调配套，但已完成制定的标准数量少、覆盖面窄，基本不能满足我国石墨烯产业的发展，不利于产业健康发展。针对我国石墨烯相关标准现状，现有如下建议。

1. 加快石墨烯基础标准的制定工作

基础标准是制定其他标准的依据，在全国或专业范围内具有普遍指导意义。石墨烯基础标准制定对加强标准之间的协调和提高标准水平有直接影响，同时也是我国石墨烯产业发展和技术进步的基础工作。近几年，我国石墨烯产业发展迅速，但我国石墨烯基础标准仍属于基本空缺状态，因此加快石墨烯基础标准建设对我国石墨烯产业发展至关重要。

2. 加强石墨烯相关产品标准的制定

近年来，我国石墨烯产业发展迅猛，但产业链的各个环节都缺乏相应支撑的标准，一些不良商家对石墨烯概念进行炒作，造成行业秩序混乱，为产业健康发展埋下隐患。产品标准是产品质量的水平和尺度，加强石墨烯相关产品标准的制定有利于规范市场竞争环境，促进石墨烯产业健康发展。

3. 完善石墨烯生产环节环境保护标准的制定

近几年，环境安全引起了世界各国政府和人民的广泛关注，我国政府也高度重视环境保护工作。众所周知，在石墨烯的制备过程中，尤其是在化学法制备石墨烯的过程中，部分原材料的使用将对环境产生一定的影响。石墨烯生产过程中的环保标准是控制环境污染、保障环境安全的重要手段。建议在抓紧制定石墨烯基础标准和产品等相关标准的前提下，抓紧制定石墨烯生产标准，在科学分析的基础上提出既符合我国国情又与国际标准协调一致的污染物限量指标。

4. 完善石墨烯相关标准体系建设

建立国家标准、行业标准各有侧重的石墨烯技术标准体系。从基础技术标准、试验方法标准、原材料标准、产品标准、工艺标准、设备标准、安全标准和环保标准等方面完善石墨烯标准体系建设。

构建我国石墨烯标准体系，从宏观上指导和规范石墨烯标准的制定，第一，有利于促进石墨烯标准化工作按计划有序进行，从而使各标准协调、统一、配套、衔接，在体系内体现出最佳的秩序；第二，石墨烯标准化工作的开展，有利于促进和提高石墨烯产品的质量安全，促进石墨烯科技成果的应用与推广，也有利于建立国内外石墨烯产品正常的贸易秩序；第三，标准体系的制定，将为石墨烯加工利用企业的标准化建设提供依据，并极大地促进石墨烯产业的发展；第四，通过标准体系的研究，带动具体标准的研制，将有助于我国在全球石墨烯技术标准体系和知识产权战略中占据主动权。

第6章

我国重点石墨烯产业园分析

6.1 北京石墨烯产业集聚区

6.1.1 北京石墨烯产业集聚区概况

北京作为全国科技创新中心，是全国石墨烯研究综合实力最强的地区。自2012年起，北京市科学技术委员会持续布局石墨烯材料制备及其应用技术研究，重点支持了石墨烯改性复合材料、石墨烯薄膜材料，以及石墨烯相关电子器件的研发，并取得了一些重大进展。北京的整体研发实力在国内领先，部分成果处于国际领先地位。

在研发领域，北京在石墨烯研究方面拥有一批一流的石墨烯创新人才和研究群体：汇聚了包括北京大学刘忠范院士、清华大学魏飞教授、中国航空发动机集团北京航空材料研究院戴圣龙院长等为首的顶尖学者和高层次产业化技术人才；拥有北京市低维碳材料科学与工程技术研究中心、纳米器件物理与化学教育部重点实验室等10家开展石墨烯研究的重点实验室、工程技术中心及石墨烯标准检测认证中心；主要优势研究机构有北京大学、清华大学、国家纳米科学中心、北京航空航天大学、北京化工大学等。

在产业方面，北京在石墨烯方面聚焦“高精尖”产业，一方面汇聚了央企系统及上市公司布局的战略性研究机构，另一方面涌现出一批活跃的中小型创新企业。

在战略性研究机构方面，2016—2017年，北京先后成立了北京石墨烯研究院、北京石墨烯技术研究院有限公司，形成北京石墨烯“一体两翼”的发展格局。这两个机构作为优势单位，在石墨烯材料研制与石墨烯高端应用方面形成了一批国际领先的技术成果。中建材集团有限公司、中国石油天然气有限公司、中国航天科技集团有限公司也结合自身的研发力量进行了技术储备。上市公司东旭光电科技股份有限公司也在海淀设立了北京旭碳新材料科技有限公司。在中小型创新企业方面，北京北方国能科技有限公司、北京碳世纪科技有限公司等已经具备产业化能力并在产品端进行了丰富的探索。

6.1.2 北京石墨烯产业集聚区特点

1. 北京技术先导优势明显

北京是全国科技创新中心，也是全球石墨烯科技优势资源聚集地，全球高被引论文发表数量前 10 名的机构中北京占据 4 席，北京大学、清华大学、中国科学院物理研究所、中国科学院化学研究所、国家纳米科学中心等优势高校院所均开展石墨烯技术研究。北京拥有国内石墨烯领域一半以上的优势资源，在石墨烯高端人才、科研条件、科技成果、国防军工领域应用等方面均具有突出的优势。

顶尖科研团队集聚。除北京大学刘忠范院士、中国科学院化学研究所李玉良院士、刘云圻院士等 10 多个院士团队外，北京各大高校、科研院所 30 多个一线优势团队均在开展石墨烯技术研发。北京在高质量石墨烯薄膜、石墨烯单晶、官能化石墨烯可控制备技术、石墨烯金属复合材料制备等领域处于国际领先地位。

科技成果数量、质量均位居全国之首。2014—2018 年，北京地区高被引论文数量为 300 余篇，超过全球总量的十分之一。同时，根据《2017 石墨烯技术专利分析报告》，截至 2017 年 2 月，北京地区主要高校、科研院所、企业申请石墨烯专利总量超过 800 项，其中高校、科研院所占比超过 90%。

技术储备全球领先。在高品质石墨烯材料制备与器件开发方面，北京取得了系列国际领先成果。北京大学刘忠范院士团队先后开发出大尺寸多晶石墨烯薄膜生长技术，非金属基底上石墨烯多晶薄膜生长技术。2017 年 4 月，该团队在国际首次突破了大尺寸单晶石墨烯快速生长技术，2017 年 11 月，再次突破了大面积无褶皱单晶石墨烯生长技术，奠定器件研发材料基础。同时，以高品质石墨烯薄膜为基础，首次将旋转双层石墨烯应用至光电探测中，将光电响应度提升约 80 倍，成果发表于 *Nature Communication*；仅 2016—2017 年，北京理工大学、中国科学院物理研究所、清华大学等优势团队基于自主研发的石墨烯三维组装体、转角双层石墨烯、石墨烯 /h－BN 异质结等材料而开发出多种石墨烯基应用器件，成果发表于*Energy and Environmental Science*、*Nature Physics*和*Nature Communication*等业内顶级期刊。

2. 北京产业后发动力强劲

北京石墨烯具备一定的产业基础。北京具有北京石墨烯技术研究院有限公司、东旭光电科技股份有限公司、北京绿能嘉业新能源有限公司等100余家从事石墨烯相关业务的企业。同时，以北京大学、北京石墨烯研究院、清华大学、北京航空材料研究院、北京化工大学、国家纳米科学中心为代表的高校、研究院所面向产业开展石墨烯工程化应用研究，致力于推动石墨烯材料及应用产业化。

产学研结合，涌现出一批高科技企业。清华大学魏飞团队开发出具有超高比表面积的三维介孔石墨烯材料，可大幅度提高储能器件中导电浆料的电导率，目前已由西藏城市发展投资股份有限公司出资，在怀柔雁栖开发区成立北京北方国能科技有限公司，致力于三维介孔石墨烯材料的规模制备，并已实现5吨/年中试级产能。北京化工大学张立群团队研发高强度、导静电石墨烯复合橡胶产品，已与上市公司山东玲珑轮胎股份有限公司开展合作，成立北京天诚玲珑轮胎有限公司，将石墨烯复合橡胶产品应用于高强度、高耐磨、导静电轮胎的开发。国家纳米中心智林杰团队以气—液混相插层法制备高电导率石墨烯材料，应用于锂电池复合电极，并已与北京乐华锂能科技有限公司开展合作，共同开展石墨烯电极材料的研发与应用。

3. 石墨烯应用各有特色，涌现出一批具有产业化能力的创新性企业

依托京津冀三地的产业支撑和丰富的科技创新资源，北京市石墨烯产业已初步形成了以产促研、军民融合的科技成果转化机制，科技成果转化已初见成效，涌现出一批重点机构和企业。

(1) 北京石墨烯技术研究院有限公司

北京石墨烯技术研究院有限公司是北京市政府和中国航发集团为推进北京石墨烯产业发展、加快军民用的石墨烯技术转移而共同出资设立的新型创新主

体。公司融合了国家一流的科研院所、央企集团和北京市的技术力量，作为北京石墨烯产业创新中心的运行主体，以石墨烯材料的深度研发和技术成果转移应用为核心，逐步打造系列化的军民用高端石墨烯产业集群。公司拥有完全自主知识产权的石墨烯纳米片批量制备生产线和氧化石墨烯批量制备生产线，生产线具有自动化程度高、成本低、节能、环保、易维护和可复制性强等特点。

(2) 北京绿能嘉业新能源有限公司

北京绿能嘉业新能源有限公司创立于 2014 年，是专注于石墨烯水性碳纳米发热材料研究与应用，集研发、生产、销售于一体的高新技术企业，主要产品为石墨烯水性电加热产品。公司致力于自主研发及多渠道推广石墨烯取暖产品，实现“用石墨烯温暖千家万户”的企业使命。公司积极响应国家节能减排的政策，先后参与了河北省沧州市，北京市顺义区、延庆区，陕西省宝鸡市以及甘肃省武威市的煤改电工程，为数十万家庭送去了温暖，真正解决了居民的冬季取暖问题。

(3) 北京北方国能科技有限公司

北京北方国能科技有限公司是主要从事石墨烯杂化物等新材料批量制备与生产的高新技术企业，由清华大学提供技术支持。经过清华大学十几年的研发、小试生产，主要工艺技术已定型并已达到国内、国际领先水平。公司在怀柔雁栖经济开发区中的国家级产业基地——北京纳米科技产业园，已建成石墨烯杂化物生产线，生产基地占地 18.79 亩。主要产品为石墨烯碳纳米管杂化物，分为 4 个品种——GNH1200、GNH1400、GNH1600、GNH1800。

(4) 北京创新爱尚家科技股份有限公司

北京创新爱尚家科技股份有限公司于 2013 年成立，以石墨烯材料的研发为基础，定位于石墨烯科技健康服饰解决方案，助力服装品牌转型升级。2016 年 7 月登陆新三板。主要产品为石墨烯智能加热服饰、智能加热护具及家居产品等。

(5) 北京旭碳新材料科技有限公司

北京旭碳新材料科技有限公司成立于 2015 年 4 月，由东旭光电科技股份有限公司与北京理工大学联合投资成立。作为东旭光电科技股份有限公司在石墨烯新材料领域的技术研发、项目孵化和产业运营平台，该公司率先在石墨烯锂离子电池、石墨烯散热膜、石墨烯导电油墨和石墨烯透明导电膜等领域实现产业化技术突破。

主要产品：电热膜、发热地板、电热毯、取暖器等产品；射频识别（RFID）、薄膜开关、显示屏、电极传感器、有机太阳能电池、超级电容器和智能包装等。

（6）明朔（北京）电子科技有限公司

明朔（北京）电子科技有限公司是一家以可逆液晶相度（RLCP）型石墨烯复合材料为核心技术，专业提供大功率 LED 照明设备及照明综合解决方案，研究石墨烯复合材料在其他领域应用的高新技术企业。公司依托强大的新材料研究能力，与北京理工大学和浙江大学进行产学研一体化战略合作，在绿色照明和城市大数据运营的硬件上成为行业领军企业。产品有路灯系列、工矿灯系列。

6.2 常州石墨烯科技产业园

6.2.1 常州石墨烯科技产业园概况

2011 年，常州石墨烯科技产业园启动建设。2015 年 5 月 18 日，常州石墨烯科技产业园开园，是一个以石墨烯为重点的碳材料产业专题园区，总投资 25 亿元。园区规划总用地面积 487.8 亩，总建筑面积 89 万平方米，重点发展碳纳米材料（碳纳米管、石墨烯、富勒烯）、碳纤维及其复合材料等先进碳材料产业。园区呈“一核三区”总体布局：核心区，重点建设江南石墨烯研究院，打造以石墨烯技术研发、创新为主要功能的国家级公共服务平台；孵化加速区，重点建设孵化用房、加速器用房及办公用房，为初创型的石墨烯企业提供小批量生产空间及服务；产业拓展区，重点围绕石墨烯等先进碳材料产业发展，建设科技企业研发总部及产业化基地；综合配套区，重点建设邻里中心、公寓及专家楼，为园区人才提供完善的生活服务。园区引进培育了常州二维碳素科技股份有限公司、常州第六元素材料科技股份有限公司、碳元科技股份有限公司等石墨烯企业。产品涉及透明导电薄膜材料、粉体、储能器件电极材料、复合材料、散热器件、生物医药等领域。

6.2.2 常州石墨烯产业园特点

1. 建成首个石墨烯研究院——江南石墨烯研究院

江南石墨烯研究院于2011年10月18日在武进经济开发区成立，研究院是由常州市政府、武进区政府共同出资，于2011年9月1日批准组建的公益性科研型事业单位，旨在搭建石墨烯材料及其应用的科技创新平台、技术转移平台、企业孵化平台、创业投资平台和国际交流合作平台，为国内外本领域科技人才和团队开展研发测试、转化科技成果、孵化科技项目、创办科技企业提供服务。根据常州市石墨烯科技产业园围绕“一核三区”的相关规划和总体布局，江南石墨烯研究院（一核）与孵化区、产业区、综合区（三区），致力于搭建石墨烯产业发展的专业平台，推动石墨烯材料的研发应用与产业化。目前，研究院已拥有实验室13个、省级分析测试中心1个、外籍院士工作站1个，并成为国家石墨烯标准化推进工作组的“通用基础专业组组长单位”。

2. 打造国内代表性产业集群涵盖石墨烯全产业链，先发优势明显

自2011年启动发展以来，常州市石墨烯产业集聚成势，先发优势明显，产业基础扎实，成为我国石墨烯产业版图上不可忽略的重点城市。2016年，常州石墨烯相关产业产值已达20亿元。常州是我国较早开展石墨烯制备产业化探索的地区，如今常州的石墨烯原材料制备企业占据全国半壁江山，被业界公认为全国石墨烯原材料制备高地。2013年，常州第六元素材料科技股份有限公司和常州二维碳素科技股份有限公司分别建成投产了全球首条年产100吨石墨烯粉体生产线和全球首条年产3万平方米石墨烯透明导电薄膜生产线。2014年以来，常州重点瞄准石墨烯下游应用领域，已在触摸屏、传感器、加热散热、健康医疗、复合材料、储能等下游应用领域率先完成布局，生产了石墨烯电容触屏手机、石墨烯发热地板、石墨烯智能发热服、石墨烯复合屏蔽浆料、石墨烯超级电容器等一系列创新产品。

常州石墨烯产业近年来从无到有快速生长，诞生了多项首创之举。目前，常州石墨烯产业创造了10项“全球第一”：全球首条年产3万平方米石墨烯透明导

电薄膜生产线；全球首条年产 100 吨石墨烯粉体生产线；全球首创工业级 CVD 法制备石墨烯透明导电薄膜；全球首款石墨烯重防腐涂料；全球首条单层石墨烯吨级生产线；全球首款石墨烯蛋白质分离剂；全球首款应用石墨烯应变原理的 3D 触控解决方案……在领跑石墨烯发展的道路上，常州已然跻身国际前沿。

3. 引进培育石墨烯企业 100 多家，培育多家上市公司

截至 2017 年 5 月底，常州石墨烯科技产业园已累计引进石墨烯企业 102 家，形成了涵盖石墨烯设备研发、原料制备与应用研究、产品生产、下游应用等较为完整的产业链。

2014 年，常州第六元素材料科技股份有限公司成功登陆新三板市场，成为国内石墨烯行业首家新三板挂牌企业。随后不久，常州二维碳素科技股份有限公司也于 2015 年挂牌新三板市场。2017 年 3 月，常州碳元科技股份有限公司在上海证券交易所上市，成为常州第一家本土培育的石墨烯主板上市企业。深圳市新纶科技股份有限公司、江苏中超电缆股份有限公司、银基烯碳新材料集团股份有限公司也被陆续引进，资本的持续注入，为常州石墨烯产业发展带来了新的活力。

4. 常州部分石墨烯产业相关企业概况

（1）常州第六元素材料科技股份有限公司

常州第六元素材料科技股份有限公司成立于 2011 年 11 月，是专业从事粉体石墨烯研发生产的国家级高新技术企业，于 2014 年 10 月 15 日在全国中小企业股份转让系统挂牌。目前年产 100 吨的氧化石墨（烯）/石墨烯粉体生产线已投产运行。

主要产品：氧化石墨烯粉体、氧化石墨烯浆料、导电导热型石墨烯 SE1231、增强型石墨烯 SE1430、防腐型石墨烯 SE1132。

（2）常州二维碳素科技股份有限公司

常州二维碳素科技股份有限公司成立于 2011 年 12 月，是一家专注于石墨烯压力传感器、石墨烯发热膜、石墨烯触控传感器、石墨烯薄膜研发制造的高科技上市企业。2015 年 9 月、二维碳素科技股份有限公司获得全国中小企业股份

转让系统批准同意挂牌。

主要产品：石墨烯发热壁画、石墨烯手机、石墨烯气体隔膜、石墨烯手环、发热保暖马甲、石墨烯触控屏、工业化石墨烯透明导电膜。

（3）常州碳元科技股份有限公司

常州碳元科技股份有限公司依托江南石墨烯研究院的技术平台，专注于人工高导热石墨散热材料及石墨烯复合功能材料的开发与制造，是国内第一家量产人工合成石墨及石墨烯复合材料的企业。

主要产品：单层高导热石墨膜、多层高导热石墨膜、复合型高导热石墨膜。

（4）常州碳星科技有限公司

常州碳星科技有限公司（与江南石墨烯研究院有合作），是一家以石墨烯为核心的先进碳材料研发和生产企业，主要从事石墨烯基吸油材料、碳基复合材料、传感器材料及化工新材料的研发以及生产。

主要产品：石墨烯基油水分离器、石墨烯分离膜、石墨烯净化材料、石墨烯吸附材料、石墨烯吸油海绵、石墨烯基空调过滤网。

（5）常州墨之萃科技有限公司

常州墨之萃科技有限公司位于常州市武进区西太湖科技产业园内，是专注于石墨烯及其相关产品研发与产业化的企业。作为江南石墨烯研究院内的重点单位，公司成立于2014年，是国内较早利用物理方法生产石墨烯粉体的企业，公司技术团队长期从事碳纳米和微米材料的制备及功能化研究。

主要产品：石墨烯粉体、石墨烯浆料。

6.3 青岛石墨烯产业园

6.3.1 青岛石墨烯产业创新示范基地概况

2013年9月，青岛高新区、中国石墨烯产业技术创新战略联盟、青岛赛瑞达电子装备股份有限公司签订了《青岛国家石墨烯产业创新示范基地共建协议》。

2014年年初，青岛高新区启动《青岛高新区石墨烯技术研发及产业应用创新示范基地发展战略和实施方案》编制工作，方案将结合青岛发展实际建成具有国际影响力、突出海洋特色的石墨烯科技创新园。

青岛高新区与中国石墨烯产业技术创新战略联盟及国内外石墨烯重点科研机构与企业积极对接，规划建设石墨烯科技创新园。园区总占地515亩，规划建设50万平方米载体面积，着眼全国，面向世界，高起点、高水平地打造“青岛石墨烯产业创新示范基地”“青岛国际石墨烯创新中心”和“青岛国际石墨资源交易中心”。青岛国家石墨烯产业创新示范基地于2014年9月投入使用。建成后重点拓展石墨烯防腐涂料、石墨烯海水淡化、石墨烯储能材料等7大技术领域的应用和推广。青岛国际石墨烯创新中心设有孵化器，公共研发和检测平台，协同创新、应用推广展示平台和综合服务平台等。青岛国际石墨资源交易中心依靠专业的交易通道建设机构，全面整合国内外石墨资源，为石墨烯产业发展提供优质的资源保证。2015年8月，国家火炬青岛石墨烯及先进碳材料特色产业基地正式获批建设。

6.3.2 青岛石墨烯产业园特点

1. 借助国内石墨生产基地的优势，打造具有国际影响力、突出海洋特色的石墨烯科技创新园

据统计，我国石墨矿产储量为20亿吨，占世界石墨矿石总储量的72%，产量占全球产量的80%。青岛是中国三大石墨资源产地之一，石墨矿产储量占中国总储量的22%。在青岛市传统优势产业中，可引进石墨烯技术和材料，提高产业层次和企业核心竞争力，推动产业向高端发展。在青岛市战略性新兴产业中，微电子、新能源与新材料、新型显示、节能环保、生物医药等产业都可与石墨烯产业有效对接、联动发展。青岛高新区在石墨烯产业上的超前布局，将加快青岛在这一领域从资源优势向产业优势的升级。

2. 吸引人才、国内企业和国际石墨烯企业入驻园区，产业链雏形初现

截至目前，园区已吸引多名行业专家和多家企业落户园区，并引进了一批

石墨烯企业，其中不仅包括青岛华高墨烯科技股份有限公司、瑞利特新材料科技有限公司、赛瑞达电子装备股份有限公司、海纳尔纳米科技有限公司、青岛元盛光电科技股份有限公司等国内石墨烯企业，也包括韩国标准石墨烯公司等企业。青岛华高墨烯科技股份有限公司于2016年1月在新三板挂牌上市，是中国北方唯一主营石墨烯的新三板挂牌公司；青岛元盛光电科技股份有限公司制造了世界首台65寸电磁电容触控一体机，使用石墨烯替代了常规触控一体机的ITO触摸屏；海纳尔纳米科技有限公司致力于石墨烯在生产线装备、锂电池、防腐涂料、透明导电膜、复合材料等领域的产品研发及产业化推广；瑞利特新材料科技有限公司投资建设了石墨烯及相关产品研发中心和石墨烯功能涂料生产线。

3. 布局石墨烯轮胎——首条石墨烯导静电轮胎下线

2016年9月14日，华高墨烯科技股份有限公司与青岛森麒麟轮胎股份有限公司合作，采用石墨烯与胶质复合改性制备技术，生产出了世界上首条石墨烯导静电轮胎。该轮胎采用石墨烯与胶质复合改性制备技术，克服了现有拖曳式汽车防静电技术和装备打火花、易磨短、易脱落、不能可靠导出车体静电等缺点，通过具有导静电功能的轮胎胎面接地，实现全时段、连续、可靠地导出车体静电。与现有汽车防静电技术和设备相比，石墨烯导静电轮胎不需额外增加车载设备，无安全隐患，能有效避免汽车静电对司乘人员造成的伤害，杜绝汽车火灾和爆燃，特别适用于易燃易爆品运输车、电子设备专用车、军（警）用车等特种车辆。同时石墨烯导静电轮胎的散热功能和机械强度也有突出表现，拉伸强度、抗撕裂强度、模量等物性均比普通轮胎有大幅度提高。

4. 制定人才引进和资金优惠政策

园区根据引进企业和人才需求情况积极制定了资金优惠政策。

（1）根据每个项目具体需求情况可提供200万元的天使基金支持。

（2）对入孵项目，青岛市科技局提供100万～150万元孵化的无偿资助，青岛市高新区给予300万～500万元的创业扶持资金支持。对获得银行贷款的，给予当年利息额50%的贷款贴息，贴息总额不超过100万元。

（3）对符合青岛“人才特区”标准的项目，经专家评审符合条件的，给予100万～5 000万元的创业扶持资金，购房安家补助10万～100万元。符合青岛市创业创新领军人才计划的，给予50万～400万元的资金支持和30万～100万元的安家补贴。

5. 园区企业概况

（1）青岛华高墨烯科技股份有限公司

青岛华高墨烯科技股份有限公司成立于2012年，是一家专业从事高品质石墨烯研发生产与应用的高新技术企业。2016年1月在新三板挂牌上市，公司确立了“着眼前沿、扭住领先”的发展战略，面向“军工”和“海洋”两大领域，着力在石墨烯材料应用技术方向上突破创新。

主要产品：石墨烯粉体、石墨烯浆料、氧化石墨烯粉体、氧化石墨烯浆料、石墨烯防弹材料、石墨烯超级动力电池、石墨烯电加热膜、石墨烯导热膜、石墨烯导静电轮胎、石墨烯海洋防腐涂料、海水淡化膜。

（2）青岛海纳尔纳米科技有限公司

青岛海纳尔纳米科技有限公司坐落于青岛国家高新技术产业开发区国际石墨烯科技创新园内，可为优质石墨烯创新创业项目提供入园接洽、规划评审、入驻孵化、装备技术合作及投、融资等服务职能。

主要产品：石墨烯防腐涂料，石墨烯导热、导电材料，海水淡化材料，石墨烯合金材料。

（3）青岛瑞利特新材料科技有限公司

青岛瑞利特新材料科技有限公司是2014年在山东省青岛市高新区注册成立的一家高新技术企业，已在青岛蓝海股权交易中心挂牌。公司主要涉及石墨烯及石墨烯相关产品的研发及生产，由旅美学者和国内高校教授专家提供技术支持。公司高标准、高起点投资建设了石墨烯及相关产品研发中心和石墨烯功能涂料生产线，占地100亩。

主要产品：智能石墨烯纳米杀菌涂料。

（4）青岛元盛光电科技股份有限公司

青岛元盛光电科技股份有限公司坐落在青岛市黄岛区，是于2010年8月成立的高科技光电产品制造企业。青岛元盛光电科技股份有限公司拥有钢化玻璃生产前后段工序以及电容式触摸屏生产前后段工序，形成触摸屏产业上下游垂直整合的完整产业链。

主要产品：石墨烯柔性显示电磁电容触控一体机。

6.4 重庆石墨烯产业园

6.4.1 重庆石墨烯产业园概况

2013年12月25日，重庆石墨烯产业园在金凤电子信息产业园正式揭牌，重庆石墨烯产业园规划占地面积1 000亩，产业布局为基础薄膜材料和平板应用产业链项目，落户企业包括显示触控、锂电池、石墨烯铝合金等领域20多家公司。引进了电容触控屏、川马电子液晶显示屏等3个项目入驻。同时，园区内由上海南江（集团）有限公司与中科院重庆研究院投资5亿元建设的年产1 000万片大面积单层石墨烯薄膜生产线一期项目正式量产。

6.4.2 重庆石墨烯产业园特点

1. 借助电子信息产业园优势，打造石墨烯电子器件应用科技创新园区

2019年，产业园已培育石墨烯应用研发企业20家以上，引进、发展下游应用生产企业100余家，建成产值1 000亿元的国家级石墨烯产业化示范基地。重庆石墨烯产业园围绕石墨烯显示触控屏、石墨烯电子芯片散热器件、石墨烯锂电池电极材料、石墨烯晶体管等产业方向，通过石墨烯上下游应用技术研发与应用产品示范推广，构筑以应用企业为主体，产学研相结合的产业链

集群。

2. 中国科学院重庆绿色智能技术研究院参与成立重庆石墨烯研究院有限公司

重庆石墨烯研究院有限公司成立于2016年6月12日，是由中国科学院重庆绿色智能技术研究院、重庆市科委下属重庆科技金融集团有限公司和重庆高新区下属重庆金凤电子信息产业有限公司共同出资成立的独立法人企业，注册资本为13 480万元，以服务重庆市石墨烯产业集群发展为目标，兼具科研院所与科研化企业的双重特征，定位为以科技创新孵化器为主，兼具众创空间性质。

目前已经与中国科学院重庆研究院、山西煤化所、美国亚利桑那州立大学、清华大学、南开大学、重庆大学、西南大学、四川大学、电子科技大学等60多家从事石墨烯科技创新的科研院所、大专院校、企业、社会组织建立了合作关系，围绕石墨烯在新能源、传感器、复合材料、生物医疗等领域的应用进行科研产业的创新布局。到2020年，公司已构建30个以上石墨烯创新创业团队，形成60项以上核心技术和产品，转移转化和育成30家以上石墨烯高新技术企业，在3～5个领域形成规模化应用，引领和支撑重庆市千亿级石墨烯产业集群。

重庆石墨烯产业园将依托“一院（重庆石墨烯研究院）一基金（重庆石墨烯产业发展基金）”，通过石墨烯上下游应用技术研发与应用产品示范推广，构筑以应用企业为主体，产学研相结合的产业集群。

3. 1 000万片大面积单层石墨烯薄膜生产线一期项目正式量产，全球首批石墨烯手机发布

2013年，中国科学院重庆绿色智能技术研究院（简称“中科院重庆研究院”）与上海南江（集团）有限公司合作投资3亿元的大面积单层石墨烯薄膜生产线项目在重庆石墨烯产业园正式投产运行。这标志着重庆高新区在国内率先实现拥有全球领先技术的石墨烯单层薄膜材料大规模产业化，成功填补国内技术空白。

2013年3月，上海南江(集团)有限公司与中科院重庆研究院共同出资成立了重庆墨希科技有限公司。2015年，重庆墨希科技有限公司与深圳市嘉乐派科技有限公司联合发布了全球首批量产石墨烯手机，揭开了石墨烯薄膜产业化应用的序幕。

4. 推出优惠政策，助力“筑巢引凤”

在重庆高新区大力发展石墨烯产业的进程中，吸引更多的优质人才和企业来重庆石墨烯产业园“安营扎寨”是一个关键问题。为此，九龙坡区政府积极“筑巢引凤”，不仅建立重庆石墨烯产业园，还出台了多项优惠政策及措施。

九龙坡区政府建立了石墨烯产业发展专项资金，在厂房租赁、能源保障、高层次人才引进等方面给予资金扶持。为吸引国内外高层次人才，九龙坡区政府鼓励通过项目合作、技术入股、技术开发、科技咨询等方式柔性引进人才，为人才提供住房及安家补助费，实行科技人才股权激励政策。截至2016年，中科院重庆研究院已招揽各类人才350余人，其中具有海外工作或学习背景的人员100余名，形成了3D打印、机器人技术、微纳制造、智能多媒体等22个研究团队，并与美国密歇根大学、波士顿大学、加利福尼亚大学伯克利分校等世界知名研究机构建立了长期合作关系，促进高端人才引进。

6.5 无锡石墨烯产业发展示范区

6.5.1 无锡石墨烯科技产业园概况

无锡市于2013年12月13日成立了“无锡石墨烯产业发展示范区”，落户无锡市惠山经济开发区，重点发展石墨烯产业。随后无锡确定了“一区二中心”的石墨烯产业化发展架构。“一区”即无锡石墨烯产业发展示范区，“二中心”分别为无锡石墨烯技术及应用研发中心和国家石墨烯产品质量监督检验中心(江苏)。2015年8月，国家火炬无锡惠山石墨烯新材料特色产业基地落户无锡石墨烯产业发展示范区。

无锡石墨烯产业发展示范区由 4 个功能区组成：研发孵化区，面向项目研发团队和初创期企业，主要承载研发创新、项目孵化和公共服务功能；产业应用区，规划占地面积为 800～1 000 亩，由石墨烯原辅材料加工区、应用产品区、设备制造区和物流区 4 个功能片区构成，集聚技术含量高、规模大、潜力显著的重点企业和项目，是无锡石墨烯产业的主要空间载体和重点发展区；加速发展区，面向已经实现小批量生产和销售，需要实现规模化生产的成长期企业设立，提供标准厂房和生产基地等；综合配套区集中设立行政管理中心、商务中心以及电信、邮政、金融等服务性机构，为核心区提供“一站式、一条龙”的便捷服务。

无锡石墨烯产业发展示范区主要集中在惠山区、江阴市，主要产品涵盖石墨烯制备、石墨烯应用以及检验检测等细分领域。惠山区、江阴市分别依托无锡石墨烯产业发展示范区、祝塘石墨烯产业小镇等重点园区，积极发展石墨烯产业，形成了良好的发展态势。

6.5.2 无锡石墨烯产业园特点

1. 以检验检测为支点，定位石墨烯高端产业

无锡石墨烯产业发展示范区于 2013 年 8 月成立，以“一区二中心”为发展架构，重点培育和发展超电储能、导电薄膜、导热发热材料、复合材料、电子元器件 5 大应用领域的产业化项目。通过建设专业化平台、引进专业化人才，打造了“众创空间—孵化器—加速器—产业园”的创新创业发展链条。目前，示范区已有石墨烯及相关企业 50 多家，包括上游企业 30 多家，主要为 5 大领域石墨烯的应用研发，下游产业化应用企业 14 家，基本形成了产业的集聚。

2. 依托龙头企业，打造特色小镇

祝塘石墨烯产业小镇有关产业生态圈已初步形成。一方面，着力助推上游

原材料石墨烯、合成云母等产业的发展壮大；另一方面，大力推进下游应用型产业的发展，努力构建完整产业链。

3. 园区部分企业概况

（1）无锡格菲电子薄膜科技有限公司

无锡格菲电子薄膜科技有限公司成立于2012年5月，是一家专门从事CVD石墨烯薄膜研发、生产、销售的高科技企业，为常州第六元素材料科技股份有限公司全资子公司，是全球最大的CVD石墨烯量产公司之一。

主要产品：石墨烯加热膜、工业商用触摸屏、触控传感器、智能穿戴产品。

（2）江苏同创节能科技有限公司

江苏同创节能科技有限公司是一家专业从事新型纳米高分子远红外发热材料的公司。公司将新型纳米高分子远红外发热材料的研发、生产、安装、服务集于一体，自主研发新一代纳米高分子远红外发热产品。

主要产品：石墨烯改性导电涂料，石墨烯改性导热膜，石墨烯改性远红外电热膜、电热布系列产品，石墨烯导热复合材料。

（3）无锡盈芯半导体科技有限公司

无锡盈芯半导体科技有限公司主要从事相关二维材料的制备，检测仪器的研发、生产和销售以及相关器件的研究开发、生产、销售及技术服务。公司位于无锡惠山高新技术创业服务中心，建有完整的材料生长、异质结的构建、微纳电子器件加工和性能测试平台。

主要产品：开发的产品包括多种二维材料生长设备、制备设备、检测设备，大面积二维材料薄膜以及与CMOS工艺兼容的电子器件。

（4）中国碳谷科技集团有限公司

中国碳谷科技集团有限公司是允升国际的全资子公司。碳谷科技集团有限公司拥有多名在二维材料和纳米材料方面有着丰富经验的专家和研发人员。公司主要从事石墨烯宏量制备工艺的研发以及产品的生产和销售。

主要产品：用于高分子材料、陶瓷和金属材料的复合领域，将革命性地提升传统材料物理强度、导电和导热性能，让其散发出新的光彩。

6.6 福建省石墨烯产业园

6.6.1 福建省石墨烯科技产业园概况

福建石墨烯产业发展以福州和厦门为创新核心区，以厦门火炬高新区、泉州晋江和三明永安为产业集聚区的“两核三区”石墨烯产业发展格局，优化布局促进产业集聚发展。

6.6.2 福建省相关石墨烯产业园特点

1. “两核”定位明确，凸显科技服务实力

福州研发服务核心区，依托福州大学、福建师范大学、中科院海西研究院等高校、科研院所及相关应用企业，建成石墨烯检测、研发技术服务平台，在福州高新区承接石墨烯科技成果转化落地。

厦门创新孵化核心区，依托厦门大学、华侨大学、中船重工第七二五所厦门材料研究院等高校、科研院所及相关应用企业，设立开放实验室，构筑集研发、中试、产业化、成果评价、产品检测认证等于一体的综合性创新孵化平台。

2. “三区”分工清晰，产业布局合理

(1) 厦门火炬高新区石墨烯产业园聚集区

厦门以现有的在国内具有竞争优势的一批石墨烯骨干企业为主体，重点发展石墨烯导热、散热、防腐和微电子新材料产业，壮大产业规模，提高市场占有率，加快产业集聚，形成以石墨烯研发、设备、应用为一体的产业发展格局。

（2）泉州晋江石墨烯产业聚集区

以福建海峡石墨烯产业技术研究院有限公司、三创园、晋江龙湖石墨烯产业园为依托，结合晋江纺织、鞋服、建材、机械装备等传统产业基础，加强石墨烯下游领域应用，前瞻布局石墨烯半导体材料，加快科技成果转化。

（3）三明永安高端石墨及石墨烯产业聚集区

依托丰富的石墨资源，以清华大学、厦门大学、中国航空发动机集团有限公司等产学研用平台为支撑，重点发展石墨负极材料、等静压石墨、核石墨等高端石墨和石墨烯制备，在锂电、储能、橡胶改性等下游领域拓展应用，建设永安市石墨和石墨烯产业园、石墨特色小镇，逐步形成产业集聚。

3. 园区相关企业

（1）恒力盛泰（厦门）石墨烯科技有限公司

恒力盛泰（厦门）石墨烯科技有限公司成立于2015年，主要股东包括美国科学家团队、海内外科技投资人团队、国内上市公司，国内基金公司等。通过结合国内优良的产业和金融资源，该公司正在逐步完成从领先的石墨烯原材料供应商到产融结合的石墨烯产业生态圈推动者的转变。

主要产品：石墨烯粉体、氧化石墨烯溶液，改性石墨烯、石墨烯改性塑料、石墨烯散热涂料、石墨烯防腐涂料、石墨烯导电油墨等。

（2）厦门凯纳石墨烯技术股份有限公司

厦门凯纳石墨烯技术股份有限公司位于福建省厦门市海沧区。公司于2010年5月成立，集石墨烯的研发、生产、销售和应用开发于一体。

主要产品：锂电池导电剂、碳塑合金、石墨烯散热器、石墨烯锂电池导电浆料。

（3）厦门烯成石墨烯科技有限公司

厦门烯成石墨烯科技有限公司主要从事石墨烯制备设备和石墨烯产品应用的开发研究，成立于2012年9月。

主要产品：石墨烯化学气相沉积系统提供完整的石墨烯生长系统、石墨烯空气净化产品。

（4）厦门中凯新材石墨烯科技有限公司

厦门中凯新材石墨烯科技有限公司位于国家级高新技术产业园——厦门火炬高新区石墨烯产业园。该公司是一家专业研发、生产、销售和应用石墨烯改性重防腐和石墨烯改性耐磨地坪漆两大类核心产品的公司。

主要产品：石墨烯改性重防腐/特种涂料系统、石墨烯改性超耐磨地坪漆系统。

6.7 其他产业园概况

6.7.1 江西共青城市石墨烯产业园

2015年4月，台资企业志阳科技（中国）有限公司与江西共青城市人民政府进行了多次洽谈，双方达成在共青城市建立石墨烯产业园的意向，并已签订了与石墨烯关联的四大项目落户协议，即石墨烯大功率LED、石墨烯超级锂电容、石墨烯电力合金电缆和石墨烯导热材料产品的开发、生产和销售。共青城市为志阳科技（中国）有限公司先期提供了157亩土地用于项目主体孵化基地，9 000平方米的厂房及7 000平方米的综合办公楼，并储备保留了用于企业扩大生产的规划用地。2017年4月，由共青城市高新区管委会、国碳（上海）科技有限公司、志阳科技（中国）有限公司、江西志阳新材料有限公司联合主办的志阳中国石墨烯应用技术发布会召开，会上宣布了志阳中国石墨烯研究院正式成立，同时举行了石墨烯生产线投产仪式。

6.7.2 大同石墨烯科研产业园

山西大同有着丰富的石墨资源，现已查明石墨资源储量超过4 000万吨。大同计划依托优势资源，加快资源转化，开发高性能的天然石墨新材料，培育石墨烯等新兴产业，开创大同石墨产业发展的新局面，助推构建现代产业体系。

目前，大同正在加快推动以石墨烯为核心的科研产业园建设，加大基础学科、产业共性技术、重点领域核心技术的投入力度，并与中关村集团、清华科技园、农业科技城共建科技创新基地，联手打造“创业苗圃—孵化器—科技园—科技城”产业平台，构建以企业为主体、市场为导向、产学研紧密结合的技术创新体系。2018 年 5 月，大同“石墨烯 + 绿色科技”产业园项目车间内部装修施工完成，下一步将开始进行生产线设备的安装调试工作。大同“石墨烯 + 绿色科技”产业园项目由大同墨西科技有限责任公司承建。产业园占地面积为 3 000 亩，预计总投资 100 亿元，园区包括石墨烯生产基地、研发检测中心、学术交流接待中心、下游产品企业、石墨烯科普基地及新型工业旅游景点，项目完成后预计年实现销售收入 100 亿元以上，利税 20%左右，安排就业7 000 人。

6.7.3 长沙石墨烯产业集群基地

石墨烯是近年来备受关注的热点材料，长沙也瞄准了这一高技术产业高地，一个投资 60 亿的石墨烯产业集群基地正在筹建之中，将整合石墨烯锂电池、电动汽车、电动汽车管理系统、电机等行业资源，打造石墨烯产业集群。据悉，该项目建设方中蓝科技控股(湖南)股份公司将采用 PPP/BOT 的运营模式，准备引进投资 60 亿元，向长沙市政府投入纯电动大巴、纯电动出租车，同时建立配套的充电站(桩)设施及核心零部件基地，并引进产业基金 30 亿元投资兴建日产 1×10^6 Ah的石墨烯锂电池生产线。

6.7.4 攀枝花石墨烯产业园

攀枝花石墨资源丰富，地质勘探显示，该市石墨储量达两亿多吨，居全国第三，具有矿体数量多、埋藏浅、易开采，矿藏比较均匀且较富等特点。攀枝花将加强规划引领、创新驱动，强化石墨资源要素保障，引入优势企业做强石墨产业等。其中，攀枝花政府已与中国建筑材料集团有限公司凯盛科技集团有限公司签订《战略合作框架协议》。按照协议，凯盛科技集团有限公司5年内将在攀枝花投资50亿元建设石墨采选项目、石墨及石墨烯产业园、碳基材料研究院等。目前，石墨采选生产线项目正在开展项目清单编制、项目选址等前期筹备工作。

6.7.5 宝鸡石墨烯产业基地

宝鸡凤县境内矿产资源得天独厚。经地质部门勘探，石墨储量达1 065万吨，矿藏潜在经济价值在30亿元以上，综合开发效益显著。宝鸡石墨烯产业基地项目拟用地面积为500亩，建设生产规模为年处理石墨原矿40 000 t，年产20 000 t鳞片石墨、10 000 t球形石墨、6 000 t高纯石墨、4 000 t膨胀石墨，同时以自产高纯石墨为原料进行石墨烯生产，可年产石墨烯产品800 kg。项目厂区主要建有石墨矿原料仓储区、废渣堆场区、石墨深加工区、石墨烯生产区、行政办公生活区等，投资总额预计5亿元。项目建成后，预计可实现年产值14亿元。

6.7.6 南京石墨烯创新中心暨产业园

2016年9月22日，英国BGTM公司与南京开发区签约，共建石墨烯创新中心暨产业园。南京石墨烯创新中心初期总投资4亿元，将组建石墨烯产业创新科研团体及4个研发中心，推动石墨烯新材料的应用研发和产业化。产业园首个产业化项目——石墨烯射频天线及标签项目，初期总投资5.2亿元，将从事高可靠射频天线及标签制造，预计年销售收入10亿元。南京市涌现出一批以南京吉仓纳米科技有限公司和南京先丰纳米材料科技有限公司为代表的企业。吉仓纳米科技有限公司是由精英研发团队组建的高科技企业，于2015年研发出我国第一台石墨烯静电扬声器，专注于石墨烯、碳纳米管及其他纳米材料的改性研发和产业化应用研究，为客户提供系统的解决方案。

6.7.7 哈尔滨石墨烯产业基地

2016年，北京中博鑫源科技股份有限公司携手8家世界知名石墨烯生产及营销企业正式进驻哈尔滨市南岗区新材料工业园区，将投资186.1亿元共同构建南岗区石墨烯新能源新材料产业基地，打造全球首款耐寒电动乘用车研发生产基地等世界领先科技项目。

6.8 石墨烯产业园存在的问题

1. 产业园缺乏系统科学的产业规划，盲目跟风建设

随着《新材料产业发展指南》等利好政策的不断颁布，石墨烯产业整体发展形势向好，各地方政府纷纷提前布局石墨烯产业，一些地方政府迫切地想要把石墨烯材料及其下游应用作为新的经济增长点来培育，以带动地方传统产业的转型升级和经济增长。

在轰轰烈烈的建园过程中，部分石墨烯产业园缺乏系统科学的产业规划、盲目跟风建设，分散了有限的产业资源、项目，以及人力、物力资源的集中度，对其他已初具规模的石墨烯产业园也造成了冲击。

部分地区的石墨烯产业园总体定位不清，缺乏地方特点，与其他园区主导项目相似，同质化发展倾向明显。多数石墨烯产业园规模偏小，产业集聚水平低，规模效应不明显，无法形成产业集群，不利于我国石墨烯产业优势资源集中，不利于形成具有中国特色的石墨烯产业核心竞争力。

2. 园区公共服务体系不完善，科研、创新、服务能力弱

公共服务能力影响着园区对企业的吸引力和行业竞争力，我国多数石墨烯产业园为小型产业园，园区规模小，园区支持服务体系建设滞后，真正具有科研服务、企业咨询、融资等综合服务能力的园区很少。产业园内基础服务体系、信

息平台和公共检测平台等基础设施的缺乏影响着园区内企业间的交流、合作和技术创新能力的发展。

6.9 石墨烯产业园建设发展政策建言

1. 科学规划，突出产业特色

随着石墨烯产业园的陆续建设，石墨烯产业园之间的竞争日益激烈，规模较大的产业园可以综合化和多元化发展，形成综合示范性园区，规模小的产业园可以结合当地的优势资源，充分发挥特色产业，差异化、错位化和专业化发展，成为特色石墨烯产业园。

2. 建设完善的产业园基础服务体系

建设完善的产业园基础服务体系和信息平台，包括基础信息服务、企业增值服务、金融服务、营销服务、办公应用服务等基础服务，为入驻企业提供一个可以及时获取通告与政策的平台，从而促进产业园内企业快速健康成长；配套公共研发和检测平台，既能提升产业园的技术创新能力，又能提高资源利用效率，节约产业园的企业建设运营成本，提高经济效益；建设污染物处理平台，可以提高废弃物的再利用率，减少处理污染物的资源和资金消耗。

3. 加强各产业园的交流互动，提高我国石墨烯产业整体的国际影响力

近几年随着石墨烯产业的飞速发展，我国石墨烯产业在原材料的制备、散热、导电及复合材料等下游应用已迈入产业化门槛。石墨烯电池、电热壁画、电热膜、发热服饰等一系列应用产品已走出实验室。但是与先进发达国家相比，我国的石墨烯科技成果虽然很多，但顶尖性、原创性成果较少，重大科技创新不多。截至 2017 年年底，我国是全球拥有石墨烯专利数量最多的国家，但是核心专利数量少，专利含金量低。不同产业园之间和企业之间的技术交流与合作将有利于促进各个产业园之间、企业之间的产业链延伸、产业协同和资源融合发展；有

利于提高我国石墨烯产业的整体水平，提升国际竞争力和影响力。

4. 特别要追踪和关注石墨烯粉体制备企业对周边环境带来的影响

众所周知，部分石墨烯粉体和氧化石墨烯粉体制备过程是高耗水、产废酸的，规模化的生产对周边的生态环境有着很大的影响。产业园在引进石墨烯制备企业前，必须做好环评工作，对企业的后端污染物回收进行严格把关，降低污染环境的风险。

综上所述，我国石墨烯产业园在建设上还须进一步优化园区规划，突出产业特色，完善产业园公共服务体系和公共检测平台等配套设施的建设；加强产业园间的互动和交流合作，提高我国石墨烯产业在国际市场上的竞争力，推动我国石墨烯产业的发展进步。

第 7 章

我国石墨烯上市企业动态分析

7.1 石墨烯成为投资热点

2015 年和 2016 年，石墨烯产业新闻不断，业界见证了大量的投资和收购活动，但石墨烯市场销售及相关产业带来的利润低于预期，这使业界更为理性地认识到石墨烯产业发展离真正的市场成熟期还有一个过程。

2017 年，石墨烯上市公司投资并购事件为 20 多件，其中并购事件涉及金额超过 30 亿元，其他投资事件涉及金额接近 60 亿元。其中，典型案例主要有东旭光电科技股份有限公司收购上海申龙客车有限公司、第六元素收购南通烯晟新材料科技有限公司、东旭光电科技股份有限公司收购明朔（北京）电子科技有限公司 51%的股权等。上市公司的投资并购为企业资产重组、产业链路径的打通以及业务结构的优化等带来新的机遇。

2018 年，国内石墨烯领域上市公司的投资并购事件数量相比 2017 年大幅下降。金额比较大的事件主要有广东道氏技术股份有限公司以 1.8 亿元收购青岛昊鑫新能源科技有限公司 45%的剩余股权，日成控股股份有限公司以 3 575 万元收购江阴嘉润石墨烯光催化技术有限公司 55%的股权，恒大集团以 1.44 亿元收购重庆墨希科技有限公司 35%的股份等。

7.2 涉及石墨烯相关业务上市企业的概况

石墨烯具有诱人的市场前景，目前已成为投资热点，我国多家上市企业涉足石墨烯领域。截至 2018 年 12 月，我国涉及石墨烯相关概念的上市公司为 58 家，分析研究发现，多数石墨烯相关企业营业收入呈上涨趋势，市场应用前景广阔。

7.2.1 深市板块重点石墨烯企业概况

深市板块重点石墨烯企业见表 7-1。

表 7-1 深市板块重点石墨烯企业

序号	企 业 名 称	股票代码
1	东旭光电科技股份有限公司	000413
2	中国宝安集团股份有限公司	000009
3	四川金路集团股份有限公司	000510
4	珠海华金资本股份有限公司	000532
5	银基烯碳新材料股份有限公司	000511

1. 东旭光电科技股份有限公司

东旭光电科技股份有限公司是一家以电子元器件制造为主的企业。主要经营业务为电真空玻璃器件及配套的电子元器件等。此外，该公司出口企业自产产品，进口企业所需的机械设备、零配件和原辅材料。东旭光电科技股份有限公司成立于 1992 年，是中国本土最大、世界排名第四的液晶玻璃基板生产商，也是全球领先的光电显示材料供应商。近年来，在产业整合与转型升级战略的推动下，公司从光电显示产业起步，逐渐发展成为集液晶玻璃基板、盖板玻璃、偏光片、彩色滤光片、蓝宝石等光电显示材料，高端装备制造及系统集成，石墨烯产业化应用，新能源汽车研发及制造，智慧城市建设等业务为一体的综合性高新技术企业。

2. 中国宝安集团股份有限公司

中国宝安集团股份有限公司成立于 1983 年 7 月，是中华人民共和国成立后的第一批上市公司。经过 30 多年的发展，作为广东省和深圳市重点发展的大型企业集团之一，中国宝安在产业经营与资本经营领域均取得了非凡的业绩，目前形成了以高科技产业为主导，以股权投资、生物科技、城市运营开发等为辅的产业集群，拥有多家上市公司，以及 20 多家全资、控股企业。

3. 四川金路集团股份有限公司

前身为四川省树脂总厂，1989 年 4 月经批准进行股份制试点，1993 年 5 月 7 日，公司在深圳证券交易所上市。公司主要从事氯碱化工和塑料制品的生产销售、化工设计、仓储等业务。主要产品有聚氯乙烯树脂、烧碱、液氯、盐酸、压延革、汽车革、装饰膜等。经过多年的发展，公司现拥有 5 个全资及控股子公司。

4. 珠海华金资本股份有限公司

珠海华金资本股份有限公司，前身是力合股份有限公司，1992 年成立于珠海，1994 年在深圳证券交易所主板上市。2017 年 4 月变更为现名，简称“华金资本”。公司全力打造股权投资、资产管理、实体产业三大业务体系，构建了“创投 + 实业”双轮驱动的产业新格局。创投方面：坚持价值投资理念，重点布局互联网、生物医药、高端制造、新能源、节能环保、文化传媒等领域，已成功投资博纳影业、优必选、和力辰光等众多优质项目；实业方面：以华冠科技、华冠电容器、力合环保等为主体，做精做优，提质增效，充分发挥对上市公司的业绩支撑作用。

5. 银基烯碳新材料股份有限公司

银基烯碳新材料股份有限公司是一家在深圳证券交易所挂牌的上市公司。公司主营业务：石墨类产品，石墨烯及纳米碳、炭素类产品，耐火材料，活性炭类产品，烯碳新材料，稀土碳基复合材料，矿产品，金属和非金属材料的销售；烯碳新材料的技术开发和技术转让；城市基础设施投资等。

7.2.2 沪市板块重点石墨烯企业概况

沪市板块重点石墨烯企业见表 7 - 2。

表 7 - 2 沪市板块重点石墨烯企业

序号	企 业 名 称	股票代码
1	华丽家族股份有限公司	600503
2	宝泰隆新材料股份有限公司	601011

续表

序号	企业名称	股票代码
3	方大炭素新材料科技股份有限公司	600516
4	杭州电缆股份有限公司	603618
5	江苏悦达投资股份有限公司	600805
6	浙江正泰电器股份有限公司	601877
7	碳元科技发展有限公司	603133
8	宁波维科精华集团股份有限公司	600152
9	西藏城市发展投资股份有限公司	600773

1. 华丽家族股份有限公司

华丽家族股份有限公司(简称“华丽家族”)前身是创立于1996年的宏智科技(苏州)股份有限公司,主营业务为电子和信息产业,2002年在上海证券交易所挂牌上市,2008年重组上市更名为华丽家族。华丽家族发展战略确定为“科技+金融”的双轮驱动,即以科技为导向、以金融为支撑。华丽家族的科技项目投资包括:北京南江空天科技股份有限公司(临近空间飞行器,和北京航空航天大学合作),杭州南江机器人股份有限公司(智能机器人,和浙江大学合作),北京墨烯控股集团股份有限公司(石墨烯微片、石墨烯薄膜,和中科院宁波材料所、中科院重庆研究院合作),以及上海复旦海泰生物技术有限公司(治疗型乙肝疫苗乙克,和复旦大学合作)。

2. 宝泰隆新材料股份有限公司

宝泰隆新材料股份有限公司是一家集煤炭开采、原煤洗选、炼焦、焦炉煤气制甲醇、煤焦油加氢(试生产阶段)、干熄焦电厂、供热于一体的大型煤化工循环经济企业。公司主要产品为焦炭和甲醇。

3. 方大炭素新材料科技股份有限公司

方大炭素新材料科技股份有限公司(简称“方大炭素”)总部位于甘肃省兰州市红古区海石湾镇。公司旗下拥有抚顺炭素有限责任公司、成都蓉光炭素股份有限公司、合肥炭素有限责任公司等10多家子公司,形成了前所未有的产业优势，目前已成为世界前列的优质炭素制品生产供应基地、涉核碳材料科研生产基地。主导产品有超高功率石墨电极、高炉用高导热炭砖、石墨质阴极、镁电解用石墨阳极、特种石墨制品(等静压石墨、冷压石墨)、核电用碳材料、锂离子电池用负极材料、碳纤维等炭素新材料产品。

4. 杭州电缆股份有限公司

杭州电缆股份有限公司是浙江富春江通信集团有限公司的核心企业，始建于1958年。主要产品有1～220 kV线径25～2 500 mm^2中低压、超高压交联电力电缆及各种型号的低压电力电缆，各种大截面积大跨距的铝合金导线。目前，产品行销全国，并出口到非洲、拉美地区，同时，国家很多重点工程选用该公司的产品。

5. 江苏悦达投资股份有限公司

江苏悦达投资股份有限公司是一家主要经营汽车制造、拖拉机制造、高速公路、煤炭采掘和纺织业的公司。公司对外提供的主要产品是煤炭、纱线和农用拖拉机等，主要服务是公路交通服务。

6. 浙江正泰电器股份有限公司

浙江正泰电器股份有限公司，简称正泰电器，是全球知名的一站式低压电器产品与系统解决方案供应商。公司成立于1997年8月，是正泰集团核心控股公司。公司专业从事配电电器、控制电器、终端电器、电源电器和电力电子等100多个系列、10 000余种规格的低压电器产品的研发、生产和销售，为建筑、电力、起重、暖通和通信等行业提供日臻完善的系统解决方案。成立20多年来，正泰电器已为140多个国家和地区提供了可靠的产品与服务。正泰电器于2010年1月21日在上海证券交易所成功上市，2016年，公司收购浙江正泰新能源开发有限公司100%的股权，涉及光伏发电资产及业务。

7. 碳元科技发展有限公司

碳元科技发展有限公司是一家专注于电子产品散热领域的高新技术企业，

公司自主研发了高导热石墨膜产品，并拥有完整的技术专利、专有工艺及设备；成功开发了针对智能手机、平板电脑、液晶电视、LED灯等电子产品的散热解决方案；公司建有10条高导热石墨膜生产线，形成了年产30万平方米的产能；目前成功配套了国内外多家智能手机及LED厂家。公司专注于人工高导热石墨散热材料及石墨烯复合功能材料的开发与制造，是中国国内第一家量产人工合成石墨及石墨烯复合材料的企业。

8. 宁波维科精华集团股份有限公司

宁波维科精华集团股份有限公司起源于20世纪初宁波三江口畔的和丰纺织股份有限公司，目前已发展成为一家具备百亿级规模的高新产业投资集团，重点投资发展新能源、石墨烯新材料、智能科技等高新产业。

9. 西藏城市发展投资股份有限公司

西藏城市发展投资股份有限公司（简称“西藏城投”）前身为西藏雅砻藏药股份有限公司，1996年10月成立并于同年在上海证券交易所挂牌上市。2009年完成重大资产重组，正式更名为西藏城市发展投资股份有限公司。目前西藏城投已转型发展成为以房产开发和矿业投资为主的上市公司。公司在西安成立陕西国能锂业有限公司作为高纯度碳酸锂的开发和生产基地，与清华大学合作成立开发和生产碳纳米管、石墨烯等碳材料的子公司，逐步介入新能源汽车电池原料领域。

7.2.3 中小板块重点石墨烯企业概况

中小板块重点石墨烯企业见表7-3。

表7-3 中小板块重点石墨烯企业

序号	企 业 名 称	股票代码
1	康得新复合材料集团股份有限公司	002450
2	新疆中泰化学股份有限公司	002092
3	江苏中超控股股份有限公司	002471

续表

序号	企业名称	股票代码
4	德尔未来科技控股集团股份有限公司	002631
5	华西能源工业股份有限公司	002630
6	浙江伟星新型建材股份有限公司	002372

1. 康得新复合材料集团股份有限公司

康得新复合材料集团股份有限公司是一家有机材料高新技术公司。公司主要从事预涂膜及覆膜设备的开发、生产及销售。公司已通过 ISO 9001：2000 国际质量体系认证、ISO 14001：2004 环境管理体系认证，以及欧盟 RoHS 认证，产品质量达到国际先进水平。

2. 新疆中泰化学股份有限公司

新疆中泰化学股份有限公司是一家专注于生产化学化工产品的企业。其主要经营聚氯乙烯树脂（PVC）、离子膜烧碱、纳米 PVC、盐酸等氯碱化工产品，并从事相关的物资流通和进出口业务。公司是全国大型氯碱化工企业之一，目前公司生产能力为年产 30 万吨聚氯乙烯树脂、25 万吨离子膜烧碱，产品广泛应用于石油、化工、轻工、纺织等 20 多个行业。

3. 江苏中超控股股份有限公司

江苏中超控股股份有限公司是一家专业从事电线电缆的研发、生产、销售和服务的公司。公司主要产品为 35 kV 及以下电线电缆，包括电力电缆、电气装备用电线电缆和裸电线三个大类，涉及 500 多种型号，10 000 多种规格。

4. 德尔未来科技控股集团股份有限公司

德尔未来科技控股集团股份有限公司是一家以木地板的研发、生产与销售为主要业务的公司，主要产品为强化复合地板与实木复合地板。公司于 2008 年通过了江苏省科学技术厅的高新技术企业认定并获得 GR200832001297 号认定证书。

5. 华西能源工业股份有限公司

华西能源工业股份有限公司是一家一直专注于各类大中型电站锅炉以及世界先进动力技术的研发、设计和制造的企业。其产品包括了煤粉锅炉、循环流化床锅炉、生物质锅炉等各种锅炉。该公司是我国大型电站锅炉、大型电站辅机、特种锅炉的研发制造商和出口基地之一,开发了具有国内领先水平的以煤粉、煤矸石、水煤浆、油页岩、石油焦、油气、高炉煤气及工业废弃物与生活废弃物等为燃料的高新锅炉技术。

6. 浙江伟星新型建材股份有限公司

浙江伟星新型建材股份有限公司是一家专业从事高质量、高附加值新型塑料管道的研发、制造和销售的企业。其主要产品为无规共聚聚丙烯(PPR)系列管材及管件、聚乙烯(PE)系列管材及管件、高密度聚乙烯(HDPE)双壁波纹管和聚丁烯(PB)管材及管件等。目前已成为国内塑料管道行业中产品系列化、生产规模化、经营品牌化的实力企业之一。

7.2.4 创业板块重点石墨烯企业概况

创业板块重点石墨烯企业见表 7-4。

表 7-4 创业板块重点石墨烯企业

序号	企 业 名 称	股票代码
1	浙江南都电源动力股份有限公司	300068
2	广东道氏技术股份有限公司	300409
3	深圳珈伟光伏照明股份有限公司	300317
4	欣旺达电子股份有限公司	300207
5	深圳市大富科技股份有限公司	300134
6	湖南中科电气股份有限公司	300035
7	芜湖长信科技股份有限公司	300088

1. 浙江南都电源动力股份有限公司

浙江南都电源动力股份有限公司创建于1994年，是中国通信电源行业最具规模、最现代化、最有发展潜力的新能源生产企业之一。公司专业从事通信电源、绿色环保储能应用产品的研究、开发、制造和销售，并为后备电源、动力电源及特殊电源领域提供完整的解决方案和服务。

2. 广东道氏技术股份有限公司

广东道氏技术股份有限公司是国家高新技术企业。企业创办以来，始终不渝地坚持走技术立企、标准兴业之路，业务涵盖了标准化的陶瓷原材料研发、陶瓷产品设计、陶瓷生产技术服务、市场营销信息服务等领域，是国内唯一的陶瓷产品全业务链服务提供商。公司的产品系列包括全抛釉、印刷釉、基础釉、陶瓷墨水、干粒抛晶釉、金属釉、釉用色料，以及印油等其他辅助材料。其中，釉料类产品和陶瓷墨水是公司未来业务增长的重点产品。

3. 深圳珈伟光伏照明股份有限公司

深圳珈伟光伏照明股份有限公司专业从事光伏照明产品的研发、生产与销售，主要产品包括太阳能草坪灯、太阳能庭院灯，广泛应用于庭院、公共绿地、道路和广场等区域的照明、亮化或景观装饰。公司光伏照明产品产量、销量均居于行业领先水平，公司已经发展为国内生产规模最大、技术水平最高、自主创新能力最强的光伏照明企业之一。目前，公司拥有专利60项，其中发明专利3项、实用新型专利13项，并在工艺方面积累了上百项专有技术。

4. 欣旺达电子股份有限公司

欣旺达电子股份有限公司是一家锂离子电池模组的研发、设计、生产及销售企业，主要产品为锂离子电池模组。截至2010年年底，公司及下属子公司获授权的专利技术为21项，在申请的专利为41项。公司在锂离子电池模组领域，通过自主研发，拥有自主原始创新和集成创新的核心技术15项。公司作为主要起草单位之一，还参与由国家工业和信息化部电子工业标准化研究院组织的国家标准《便携式电子产品用锂离子电池和电池组　安全要求》的起草工作。

5. 深圳市大富科技股份有限公司

深圳市大富科技股份有限公司是国内领先的移动通信基站射频器件、射频结构件的研发、生产与服务提供商，主要从事移动通信基站射频器件、射频结构件的研发、生产和销售。公司的主要产品移动通信基站射频器件、射频结构件是移动通信系统的核心部件。其中，射频器件主要包括滤波器、双工器、合路器、塔放等；射频结构件主要为射频器件的腔体、盖板、外壳等。公司的产品主要应用于GSM、CDMA、CDMA2000、WCDMA、TD－SCDMA、WiMAX、LTE等各种制式标准的移动通信系统

6. 湖南中科电气股份有限公司

湖南中科电气股份有限公司成立于2004年4月，并于2009年12月25日在深圳证券交易所创业板上市，是国内电磁行业上市公司及电磁冶金行业品牌企业，致力于电磁冶金整体解决方案、高能量密度锂电池负极材料解决方案、节能减耗整体解决方案的研发和创新。近年来，公司除深耕于以电磁冶金为核心的磁力装备产业外，开放发展、战略布局新能源锂离子电池负极材料产业领域，现已成长为“磁力装备＋锂电负极”双主营的多元化、国际化集团企业。现辖全资子公司贵州格瑞特新材料有限公司、控股子公司湖南中科星城石墨有限公司和三级子公司中科星城（香港）有限公司、星诺联合有限公司（加拿大）。

7. 芜湖长信科技股份有限公司

芜湖长信科技股份有限公司是2000年4月成立的高新技术企业。公司位于安徽省芜湖市国家级经济技术开发区，专业从事平板显示器件中真空薄膜材料的研发、生产、销售和服务。产品包括液晶显示器（LCD）用氧化铟锡（ITO）透明导电玻璃，触摸屏用ITO透明导电玻璃、触控玻璃、减薄玻璃和其他平板显示器件中真空薄膜产品等平板显示行业上游的关键基础材料。

7.2.5 新三板重点石墨烯企业概况

新三板开放的市场也孕育了众多质地纯正的石墨烯企业，且部分在行业内具有很高的影响力，如第六元素、二维碳素、华高墨烯、凯纳股份等。

1. 第六元素（股票代码：831190）

石墨烯行业领军者。公司主要从事石墨烯粉体及其他新型碳材料的研究、开发、生产和销售，是国内唯一一家同时拥有氧化还原法和CVD法条件制备石墨烯产品的企业。

2. 二维碳素（股票代码：833608）

石墨烯薄膜及触控领域的佼佼者。公司是一家专业从事大面积石墨烯薄膜及石墨烯触控模组的研发、生产和销售的企业，已成功将石墨烯薄膜应用于触摸屏领域并实现批量生产和销售。

3. 华高墨烯（股票代码：835672）

公司的石墨烯产品主要面向"海洋"与"军工"两大领域。已自主研发出化学法单层石墨烯粉体、机械法石墨烯粉体、单层石墨烯分散液、氧化石墨烯分散液等系列产品；在下游应用领域，公司研发出石墨烯气凝胶、石墨烯导静电轮胎、石墨烯防弹材料、石墨烯防腐涂料、石墨烯高导电添加剂等应用产品。

4. 凯纳股份（股票代码：836410）

采用机械剥离法制备石墨烯，产品主要用于涂料、塑料等复合材料领域。目前的中试生产线可以实现年产石墨烯粉体 1 t、石墨烯微片粉体 10 t、锂电池专用石墨烯浆料 2 t、涂料专用石墨烯浆料 2 t 以及塑胶专用石墨烯微片粒料 2 t，正在分期建设年产 2 200 t 和 21 000 t 的石墨烯产品建设项目。

通过以上介绍可以发现，目前涉及石墨烯业务的上市公司参与石墨烯产业的主要方式为参股或控股石墨烯相关公司。从当前的财务数据来看，石墨烯业务只是其主要业务的点缀。对于石墨烯行业来说，资本也是一把双刃剑，一方面，上市公司的平台及资本注入可以为处于产业早期需要大量研发投入的石墨烯行业提供依托，另一方面，资本逐利的本性注定是要求有回报的，如果在承诺的期限内无法带来期望的盈利和其他收益，终有一天石墨烯行业会被资本抛弃。

7.3 重点石墨烯上市企业概况和动态分析

7.3.1 东旭光电科技股份有限公司

1. 2016—2018 年主要会计数据和财务指标

由表 7－5 可知，东旭光电 2018 年实现营业收入 282.12 亿元，较 2017 年增长 63.29%；实现归属于上市公司股东的扣除非经常性损益的净利润为 20.46 亿元，较 2017 年增长 33.32%；基本每股收益 0.38 元，较 2017 年增长 15.15%。

表 7－5 2016—2018 年东旭光电主要会计数据和财务指标（单位：元）

类　　别	2018 年	2017 年	2018 年比 2017 年同期增减/%	2016 年
营业收入	28 211 700 021.12	17 276 969 039.03	63.29	7 632 049 549.25
归属于上市公司股东的净利润	2 163 607 505.39	1 730 174 564.57	25.05	1 303 685 863.90
归属于上市公司股东的扣除非经常性损益的净利润	2 045 875 472.28	1 534 569 793.43	33.32	961 311 896.59
经营活动产生的现金流量净额	388 252 004.52	1 265 773 428.34	－69.32	748 957 164.24
基本每股收益	0.38	0.33	15.15	0.28

2. 石墨烯板块行业布局

东旭光电自 2014 年起，重点推进石墨烯在柔性显示、锂离子电池、散热材料方面的研发及产业化应用。目前，公司石墨烯相关的产业化应用类产品主要涵盖各类石墨烯制备品、石墨烯包覆正极材料及锂离子电池、石墨烯大功率 LED 系列照明灯、石墨烯智能电采暖等产品。提前布局石墨烯类新材料，是对公司未来长远发展的战略性投入，能够契合未来新材料、新能源汽车的发展方向，有着较大的增长潜力及市场空间。同时东旭光电积极拓展新能源汽车的生产制造，充分发挥智能制造的产业协同性，以申龙客车石墨烯基锂离子电池快充技术为突破口，加速新能源汽车领域的业务布局，努力打造一条“高端材料—石墨烯基锂离子电池—新能源汽车”的产业链闭环。

3. 石墨烯板块财务状况

从表 7-6 我们可以看到，2018 年，东旭光电石墨烯业务收入为 1.81 亿元，占 2018 年总业务收入的 0.64%，比 2016 年、2017 年有较大幅度的提升。2017 年，东旭光电石墨烯的业务收入为 6 700 万元，占全年总业务收入的 0.39%。2016 年石墨烯业务收入占总业务收入的 0.02%。

表 7-6 2016—2018 年东旭光电石墨烯业务收入（单位：亿元）

年 份	总业务收入	石墨烯业务收入	占比 /%
2016 年	69.01	0.013 7	0.02
2017 年	173.36	0.67	0.39
2018 年	282.12	1.81	0.64

目前，东旭光电已经形成石墨烯基锂离子电池、石墨烯照明、石墨烯电热、石墨烯防腐涂料四大系列石墨烯材料产业化应用产品，其中只有石墨烯照明产品大批量供货，石墨烯电热和石墨烯防腐涂料开始初步销售，石墨烯锂离子电池还未量产，石墨烯产业爆发仍需时日。

4. 重大动态

2017 年 4 月，东旭光电发布第二代烯王移动电源，其在充电效率、安全性、功能性等方面均得到了提升，并实现了批量供货。除此之外，公司烯王小动力电池已在享骑电单车、大陆鸽电动车等下游企业实现部分应用，动力电池的规格约为 36～48 V/10 Ah、15 min 充满、可续航 35～40 km、循环寿命超 1 500 次。烯王小动力电池的适用性推广为公司石墨烯基动力电池的产业化应用打开了市场空间。

2017年5月，东旭光电取得明朔科技51%的股权，该公司以可逆液晶相变型石墨烯复合散热材料为核心技术，专业提供大功率LED照明设备及照明综合解决方案，其产品已在北京、湖州、牡丹江等20多座城市得到实际运用。

2017年5月，东旭光电以水性石墨烯导电油墨技术为核心，开发出石墨烯电暖器、石墨烯发热地板等产品，并与山西能投及山西建邦集团签署《战略合作协议》，就山西省农村石墨烯电采暖替代散煤燃烧取暖项目展开合作。

2018年5月18日，东旭光电与北京安创新能源科技有限公司、上海易巽新材料科技有限公司、西安烯征电子科技有限公司、深圳倍斯特科技股份有限公司等16家厂商签订超6亿元的销售大单，签约产品包括石墨烯电热产品、石墨烯路灯产品、石墨烯基锂电池产品及石墨烯防腐涂料。

2018年8月，东旭光电控股子公司湖州明朔和牡丹江明朔，分别在南乐县村镇亮化工程采购项目、2018年杭州市主城区路灯杆综合利用节能项目、康保县道路照明节能改造(EMC)项目和牡丹江经济技术开发区路灯能源管理项目中标，总额逾4 600万元，并收到中标通知书。

2018年11月，东旭光电与英国曼彻斯特大学、UG2M签署了《合作谅解备忘录》。该备忘录阐述了东旭光电针对曼彻斯特大学开发的石墨烯及其他相关科学技术进行进一步研发、生产和成功商业化的机会。

2018年12月24日，由《投资者报》举办的“2018年A股上市公司年度风云榜”榜单发布。东旭光电和贵州茅台、美的集团等企业一同获得“2018上市公司风云榜最具投资价值公司”殊荣。

7.3.2 宝泰隆新材料股份有限公司

1. 2016—2018年主要会计数据和财务指标

据表7-7可知，宝泰隆公司2018年实现营业收入35.60亿元，同比增长21.28%；利润总额为45 596.82万元，同比增长105.35%，归属于上市公司股东的净利润为3.42亿元，同比增长111.86%，归属于上市公司股东的扣除非经常性损益的净利润为3.74亿元，同比增长192.05%。

表 7 - 7 宝泰隆 2016—2018 年主要会计数据（单位：元）

主要会计数据	2018 年	2017 年	2018 年比 2017 年同期增减/%	2016 年
营业收入	3 559 881 312.66	2 935 253 296.10	21.28	1 798 295 099.38
归属于上市公司股东的净利润	342 583 828.23	161 704 216.60	111.86	93 339 972.49
归属于上市公司股东的扣除非经常性损益的净利润	374 420 148.70	128 206 089.79	192.05	66 980 600.75
经营活动产生的现金流量净额	431 645 702.99	97 544 056.88	342.51	332 108 406.54
	2018 年年末	**2017 年年末**	**本期末比上年同期末增减/%**	**2016 年年末**
归属于上市公司股东的净资产	6 075 198 114.52	5 700 053 205.93	6.58	4 346 025 474.38
总资产	10 919 270 631.15	10 255 860 240.77	6.47	9 009 658 512.85

2. 石墨烯板块行业布局

宝泰隆从 2015 年开始布局石墨烯产业，并成立七台河宝泰隆石墨烯新材料有限公司，公司经营范围包括石墨烯、石墨烯制品、磷酸铁锂、磷酸铁锂制品等。经过几年发展，在 2017 年，石墨烯产业全产业链已初见雏形，覆盖了从原料、制备、产品开发和下游应用的产业链。随着石墨烯制备技术不断成熟，产业化进程进一步加快，石墨烯将在散热材料、高性能计算系统、透明显示材料、超级电容器、锂电、传感器、结构材料等领域取得实际突破。在石墨烯制品方面，着力开发石墨烯下游应用产品，积极与生产厂家合作，开展石墨烯应用试验。根据厂家需求，调整石墨烯生产工艺，“量身定做”石墨烯产品，尽快开发出石墨烯下游应用产品，实现工业化生产，提升公司在新能源和新材料领域的影响力。

3. 石墨烯板块财务状况

七台河宝泰隆石墨烯新材料有限公司经营范围包括石墨烯及石墨烯制品等的生产、存储、销售，注册资本 10 000.00 万元，该公司持股 100%，2016 年实现营业收入 5.90 万元，营业利润为 - 139.25 万元，净利润为 - 106.89万元年；2017 年实现营业收入 39.74 万元，营业利润为 - 564.14 万元，净利润为 - 479.30 万元。2018 年营业收入为 29.08 万元，营业利润为 - 923.20 万元，净利润为 - 761.43

万元。

4. 重大动态

2016 年，宝泰隆公司筹划了石墨精粉选矿厂及尾矿库项目和百吨石墨烯项目等为代表的“宝泰隆高端石墨深加工特色产业集群”项目，引领七台河市乃至黑龙江省石墨深加工产业向石墨烯、高纯石墨等高科技石墨精深加工方向发展。公司下一步将充分利用密林石墨资源及石墨烯生产线，打造石墨及石墨深加工、石墨烯及石墨烯下游制品新产业向新材料产业转型。在实施石墨及石墨烯产业转型的同时，推进石墨烯下游多元化延伸产业链条，生产具有“节能、减排、安全、便利和循环”特征的高科技产品。

2017 年 9 月，宝泰隆全资子公司七台河宝泰隆石墨烯新材料有限公司预计投资 6 620 万元建设 50 吨/年物理法石墨烯生产线。

2017 年 9 月，宝泰隆公司作为技术储备，与中国科学院苏州纳米技术与纳米仿生研究所南昌研究院签订了合作协议，初步确定的研究方向为锂电用石墨烯导电浆料、石墨负极方面的研发和石墨烯导电油墨。

2017 年 11 月 20 日经公司第四届董事会第十三次会议审议通过，公司与北大资产经营有限公司、彤程新材料集团股份有限公司、宁波杭州湾新区正昊股权投资合伙企业、北京首都科技发展集团有限公司、北京市海淀区国有资产投资经营有限公司五家公司共同成立北京石墨烯研究院有限公司，主要从事工程和技术研究与试验发展等。

2018 年 9 月 19 日，在 2018 中国国际石墨烯创新大会上，七台河宝泰隆石墨烯新材料有限公司获得由国际石墨烯产品认证中心(IGCC)颁发的认证证书。IGCC 是由中国石墨烯产业技术创新战略联盟联合欧洲知名石墨烯平台机构 Phantoms Foundation 等组织发起成立的第三方认证机构，总部设在美国。

2018 年 10 月 25 日，北京石墨烯论坛 2018 暨北京石墨烯研究院揭牌仪式召开。北京石墨烯研究院与七台河市人民政府、宝泰隆新材料股份有限公司等多家单位进行了合作签约。北京石墨烯研究院宝泰隆研发中心等首批 5 个研发代工中心正式揭牌成立。

7.3.3 德尔未来科技控股集团股份有限公司

1. 2016—2018年主要会计数据和财务指标

如表7-8所示，2018年，公司实现营业总收入17.68亿元，较上年同期增长10.49%；营业利润15 546.53万元，较上年同期增长18.04%；利润总额16 005.37万元，较上年同期增长19.53%；归属于上市公司股东的净利润10 381.77万元，较上年同期增长21.22%。

表7-8 德尔未来2016—2018年主要会计数据

类　　别	2018年	2017年	2018年比2017年同期增减/%	2016年
营业收入/元	1 768 219 992.58	1 600 287 780.35	10.49	1 131 554 825.08
归属于上市公司股东的净利润/元	103 817 689.56	85 644 383.04	21.22	191 043 294.62
归属于上市公司股东的扣除非经常性损益的净利润/元	89 385 100.97	84 175 613.65	6.19	133 354 320.89
经营活动产生的现金流量净额/元	245 780 688.73	238 481 465.40	3.06	204 542 534.07
基本每股收益/元	0.16	0.13	23.08	0.29
稀释每股收益/元	0.16	0.13	23.08	0.29
加权平均净资产收益率	6.53%	5.72%	0.81	11.06%
	2018年年末	**2017年年末**	**2018年年末比2017年年末同期增减/%**	**2016年年末**
总资产/元	2 571 712 118.63	2 236 816 008.59	14.97	1 938 218 530.87
归属于上市公司股东的净资产	1 659 112 110.70	1 545 508 609.68	7.35	1 466 236 285.45

2. 石墨烯板块行业布局

2018年，德尔未来继续整合优化资源，进行新兴产业布局，打造石墨烯新材料应用产业链。在新材料行业，石墨烯研发和产业化应用以德尔石墨烯研究院有限公司和控股子公司厦门烯成石墨烯科技有限公司等为平台，整合石墨烯产业高端科技人才和科研资源，打通产学研平台，通过股权设置、产品研发、成果转化、产业推广等模式合理设置，从而实现科学到技术再到成果的有效转化。控股子公司厦门烯成公司自设立以来专注于研发、生产和销售石墨烯制备设备，以及石墨烯相关产品的应用推广，包括空气净化系列产品、导热塑料、导热薄膜等产品。

2018 年，德尔未来在石墨及石墨烯散热材料、石墨烯制备设备、石墨烯产业化应用等领域取得了一定的技术积累，石墨烯相关产业成为公司新材料产业的一项主要业务。石墨烯经营范围为石墨烯相关产品研发、新材料的研发、生产和销售，包括石墨烯粉体、石墨烯薄膜。

2018 年，在石墨烯新材料领域方面，公司控股子公司厦门烯成公司不断完善在石墨烯领域的专利储备，本年度增加多项中华人民共和国国家知识产权局授予的专利证书，形成了持续创新机制，增强了公司的核心竞争力。未来公司将更多地从社会的需求出发，提高新材料产业方面科研成果的市场转化率，将更多的专业技术转化为符合市场需求的产品。

3. 石墨烯板块财务状况

从表 7-9 可以看到，2018 年，德尔未来石墨烯制备设备收入为 585.8 万元，石墨烯应用产品收入为 736.2 万元，石墨烯检测服务收入为 273.9 万元。2018 年，石墨烯制备设备收入较 2017 年下降 4.65%，石墨烯应用产品收入较 2017 年增长 53.90%，石墨烯检测服务收入较 2017 年下降 2.13%。

表 7-9　德尔未来石墨烯板块财务报表（单位：元）

类　别	2018 年		2017 年		同比增减
	金　额	占营业收入比例 /%	金　额	占营业收入比例 /%	
营业收入合计	1 768 219 992.58	100	1 600 287 780.35	100	10.49
分产品					
石墨烯制备设备收入	5 858 484.63	0.33	6 144 398.29	0.38	−4.65
石墨烯应用产品收入	7 362 363.47	0.42	4 783 788.22	0.30	53.90
石墨烯检测服务收入	2 738 856.85	0.15	2 798 592.90	0.18	−2.13

由表 7-10 我们可以看出德尔未来石墨烯板块子公司厦门烯成石墨烯科技有限公司 2018 年净利润约为 327 万元，已实现盈利。

表 7-10 德尔未来石墨烯板块子公司 2018 年财务报表

子公司名称	本期发生额				上期发生额			
	营业收入	净利润	综合收益总额	经营活动现金流量	营业收入	净利润	综合收益总额	经营活动现金流量
厦门烯成石墨烯科技有限公司(合并)(注)	15 959 704.95	-496 370.05	-496 370.05	-496 370.05	13 184 759.01	3 268 056.82	3 268 056.82	946 048.22

4. 重大动态

2016 年 9 月，为打造石墨烯新能源新材料应用平台，完善石墨烯产业链，德尔未来收购厦门烯成石墨烯科技有限公司 53.8915%的股权，通过本次交易吸纳了烯成石墨烯的核心技术人员，公司的石墨烯研发能力得到进一步的提升。

2019 年 4 月 19 日，德尔未来发布关于控股子公司投资设立公司的公告。公告显示，德尔未来控股子公司厦门烯成石墨烯科技有限公司与诺贝尔奖获得者 Konstantin Novoselov 博士及其团队共同投资设立了厦门英烯新材料科技有限公司。厦门英烯新材料科技有限公司注册资金 500 万元，其中 Konstantin Novoselov 出资 150 万元，赵利民出资 50 万元，葛奇出资 250 万元，厦门烯成出资 50 万元。根据公告，厦门英烯科技研究团队以 Konstantin Novoselov 为核心，主要从事石墨烯智能穿戴应用，能源材料、器件及功能涂料应用，二维半导体材料方面的研究和产业化。

7.3.4 华丽家族股份有限公司

1. 2016—2018 年主要会计数据和财务指标

从表 7-11 可以看出 2018 年度华丽家族实现营业收入 3.87 亿元，同比下降 81.66%；归属于上市公司股东的净利润为 1 982.55 万元，同比下降 91.20%，归属于上市公司股东的扣除非经常性损益的净利润为 1 002.66 万元，同比下降 95.65%。

表 7-11 华丽家族 2016—2018 年财务报表（单位：元）

类　　别	2018 年	2017 年	2018 年比 2017 年同期增减/%	2016 年
营业收入	386 885 446.48	2 110 016 908.65	−81.66	960 408 718.56
归属于上市公司股东的净利润	19 825 488.76	225 338 117.94	−91.20	105 479 385.86
归属于上市公司股东的扣除非经常性损益的净利润	10 026 624.15	230 300 202.70	−95.65	127 506 321.68
经营活动产生的现金流量净额	690 857 903.38	−449 400 265.62	253.73	−944 971 941.88
总资产	7 266 010 423.09	6 152 411 762.38	18.10	7 089 577 887.02
归属于上市公司股东的净资产	3 784 081 607.33	3 592 239 057.25	5.34	4 155 744 684.51

2. 石墨烯板块行业布局

华丽家族一直被称作 A 股最纯正的石墨烯股。其发展历程如下：

（1）2002 年上市，宏智科技（IT）

华丽家族的前身为宏智科技股份有限公司。宏智科技创立于 1996 年 10 月，总部位于福州，是国家级重点高新技术企业、国家火炬计划闽东南电子与信息产业基地骨干企业、信息产业部认定的计算机信息系统集成一级资质单位，在全国计算机应用开发和系统集成实体中位居前列。2002 年 7 月，宏智科技在上海证券交易所正式挂牌上市，股票代码为 600503。

（2）2006 年，华丽家族入主（房地产）

2006 年 6 月，上海华丽家族（集团）有限公司将全部资产注入上市公司，同时将公司更名为华丽家族股份有限公司并迁址上海。主营业务转为房地产。

（3）2015 年，收购北京墨烯控股集团股份有限公司，涉足石墨烯

2015 年 11 月，收购北京墨烯控股集团股份有限公司（简称“北京墨烯集团”）100%股权，自此开始涉足石墨烯行业。北京墨烯集团分别与中国科学院宁波材料技术与工程研究所及中国科学院重庆绿色智能技术研究院合作，成立宁波墨西科技有限公司和重庆墨希科技有限公司。为了加速石墨烯全产业链的形成、培育成熟的终端客户群体、为公司培育新的盈利增长点，公司及全资子公司华丽创投于 2016 年 12 月以自筹资金先行收购了北京墨烯控股集团股份有限公司 100%股权（待募集资金到位后予以置换）。公司旗下的北京墨烯控股集团股份有限公司致力于石墨烯领域的研究及产业化开发，通过

与中国科学院宁波材料技术与工程研究所以及中国科学院重庆绿色智能技术研究院的合作，分别成立了宁波墨西科技有限公司和重庆墨希科技有限公司。

3. 石墨烯板块财务状况

如表7-12所示，2017年，重庆墨希主营业务收入为2 255万元，净利润为-1 971万元，宁波墨西主营业务收入为713万元，净利润为-1 489万元；2018年，重庆墨希主营业务收入为665万元，净利润为-3 409万元，宁波墨西主营业务收入为2 026万元，净利润为-1 870万元。

表7-12 华丽家族控股石墨烯公司2016—2018年财务报表

公司名称	主营业务	权益比例	注册资本/万元	2016年净利润/万元	2017年营业收入/万元	2017年净利润/万元	2018年收入/万元	2018年净利润/万元
宁波墨西科技有限公司	石墨烯及制品研发、制造、加工	73%	24 000	-986	713	-1 489	2 026	-1 870
重庆墨希科技有限公司	石墨烯技术研发、推广和服务	75%	26 667	-2 158	2 255	-1 971	665	-3 409

作为股权转让协议的一部分，南江集团和西藏南江承诺，墨烯控股2015年、2016年及2017年实现的实际累积净利润数额（扣除非经常性损益后的净利润）不低于7 411万元（表7-13）。若该业绩承诺未实现，南江集团和西藏南江将进行现金补偿。但是，数据显示，墨烯控股2015—2017年三年累计净利润实际亏损9 565.18万元。

表7-13 墨烯控股2015—2017年累积业绩（单位：万元）

年　　度	净利润（扣除非经常性损益）	
	实际实现数	业绩承诺数
2015—2017年累积	-9 565.18	7 411.00

综上，墨烯控股在2015—2017年三年业绩承诺期内未完成业绩承诺。墨烯控股未完成业绩承诺原因主要是：(1) 石墨烯应用的下游行业尚处于培育发展阶段；(2) 持续加大研发投入对短期损益带来影响；(3) 产业投入资金存在

缺口。

2018年,公司将持续推进石墨烯产业链的形成并挖掘成熟的终端客户群体,加速石墨烯微片原材料、复合材料、功能涂料以及基于单层石墨烯薄膜的器件和应用产品的市场推广,做大已有行业应用规模,并拓展新的应用领域,以期形成规模化。着力提升墨烯控股的核心竞争力,大力推进资产结构优化、资源整合等工作。

4. 重大动态

2015年11月,收购北京墨烯控股集团股份有限公司100%的股权。

2016年12月,宁波墨西完成了ISO 9001质量体系认证,取得了国家高新技术企业的资质。

2017年8月,宁波墨西以综合排名第一中标国家工业和信息化部工业强基工程——石墨烯微片项目,于12月完成项目签约。2017年工业强基工程招标是工信部按照全国工业和信息化工作会议要求,全面实施"中国制造2025",加快促进工业基础能力提升,围绕重大工程和重点领域亟须的关键基础材料、核心基础零部件(元器件)、先进基础工艺实现工程化、产业化突破,夯实工业发展基础,提升工业发展的质量和效益而推出的重大工程项目招标。宁波墨西的石墨烯产品按照产品形态可以分为石墨烯粉料和石墨烯浆料。根据石墨烯材料应用领域不同可以分为石墨烯通用产品、锂电池应用产品、功能涂料应用产品、高分子复合材料、散热材料等应用产品。截至2017年12月31日,宁波墨西及其子公司宁波墨西新材料有限公司已获得授权发明专利20项,已获得授权实用新型专利2项。报告期内,宁波墨西主要销售产品为石墨烯微片、石墨烯高分子材料、石墨烯功能涂料。报告期内,宁波墨西实现主营业务收入713万元,同比增长57%。

7.3.5 常州第六元素材料科技股份有限公司

常州第六元素材料科技股份有限公司成立于2011年11月,入驻江苏武进西太湖国际智慧园，是专业从事粉体石墨烯研发生产的国家级高新技术企业，石墨烯粉体和薄膜的宏量制备技术日趋成熟，并投建了规模化生产线，是具备石墨烯粉体和薄膜规模化生产能力的企业之一。第六元素于 2014 年 10 月在全国中小企业股份转让系统挂牌。

1. 2016—2018 年主要会计数据和财务指标

如表 7－14 所示，2018 年第六元素实现营业收入 2 319.56 万元，较上年同期下降 24.99%；归属于公司股东的净利润为 －2 696.03 万元，比上年同期减少 58.80%。公司营业收入的下降，主要是格菲科技产品结构调整，缩减了毛利率偏低的石墨烯触摸传感器业务以及加热膜业务收入减少所致。公司净利润的下降，主要是公司为最大客户富烯科技定向生产的产品工艺较为复杂，公司产能提升需要过程，导致单位成本偏高，毛利率低且其销售额占总销售额比例较高所致。

表 7－14　第六元素 2016—2018 年财务报表

类　　别	2018 年	2017 年	2018 年比 2017 年同期增减/%	2016 年
营业收入/元	23 195 560.97	30 924 294.39	－24.99	37 806 627.90
归属于挂牌公司股东的净利润/元	－26 960 305.52	－16 977 811.40	－58.80	－8 848 497.94
归属于挂牌公司股东的扣除非经常性损益后的净利润/元	－28 966 640.60	－19 910 400.47	－45.48	－14 234 307.51
基本每股收益/元	－0.26	－0.18	－44.44	－0.10

2. 石墨烯板块行业布局

第六元素定位于石墨烯产品、技术和服务的输出平台，把石墨烯应用技术和材料作为整体方案销售，销售产品的同时提供专业技术服务。采用与下游行业龙头合作的策略延伸产业链，通过共同研发或参股等形式深度合作，构建领先优势和商业壁垒，培育应用市场，共同推进石墨烯产业化进程。第六元素目前产品是石墨烯粉体和石墨烯薄膜，计划集中优势研发资源，重点攻关石墨烯在尼龙纤维、锂电、塑料、散热膜和加热膜的应用，规划投资建设千吨石墨烯生产线，进一步降低生产成本，扩大生产能力，从而满足客户的订单需求。

3. 石墨烯板块财务状况

如表 7－15 所示，2018 年，公司客户常州恒利宝纳米新材料科技有限公司因生产计划调整，未向公司进行石墨烯浆料的采购，故石墨烯浆料较上年同期减少 79.45%。此外，公司对全资子公司格菲科技业务进行了调整，大幅缩减了石墨烯触摸传感器业务，且客户对加热膜采购量减少，导致公司石墨烯触摸传感器营收较上年同期减少 89.93%，加热膜业务营收较上年同期减少了 44.34%。2018 年度，公司已完成业务的战略调整，大幅缩减了毛利率偏低的石墨烯触控屏业务，筹划并于 2019 年顺利剥离了石墨烯加热膜业务，聚焦主业石墨烯粉体的发展。

表 7－15　第六元素石墨烯板块 2018 年财务报表（单位：元）

类　别	本期收入金额	占营业收入比例 /%	上期收入金额	占营业收入比例 /%
石墨烯粉体	14 651 909.81	63.17	12 931 669.47	41.82
触摸传感器	303 882.87	1.31	3 018 917.29	9.76
石墨烯加热膜	6 486 483.39	27.96	11 652 827.43	37.68
石墨烯浆料	467 746.05	2.02	2 275 940.05	7.36
石墨烯手环	1 100 494.84	4.74	973 710.51	3.15

公司成立至今尚未实现盈利，主要原因是公司石墨烯产品尚未实现规模化应用。石墨烯作为一种前沿新材料，处于产业链的前端，在产业化过程中，公司一方面要解决石墨烯批量化生产问题，另一方面还需配合客户解决石墨烯下游的应用问题。为了解决上述问题，公司研发和前期固定资产投入较大；石墨烯下游应用市场目前尚未完全打开，公司石墨烯产品销售短期内未能有较大的增长，且公司为挖掘潜在客户，进行了大量的产品送样、前期技术交流等工作，其间费用较高，均造成了公司目前亏损的局面。

石墨烯行业属于技术密集型行业，公司已建立了一支高素质的技术研发队伍，核心研发人员稳定。公司在研发领域的投入持续稳定，2016 年至 2018 年，研发投入分别为 1 899.82 万元、1 274.78 万元及 1 212.65 万元。持续的研发投入兼顾了公司短期经营目标和长期发展需要。公司目前产品是石墨烯粉体和石墨烯薄膜，经过这几年的市场培育，在石墨烯重防腐涂料、石墨烯散热膜、石墨烯导电剂和石墨烯加热膜等众多领域呈现出良好的产品特性和性价比优势，为了增加客户黏度和加快石墨烯应用，公司与部分重点客户通过股权合作、战略合作深化了合作关系，延长了竞争壁垒周期。

4. 重大动态

2017 年 5 月 19 日，第六元素与无锡兴达泡塑新材料股份有限公司就石墨烯 EPS（可发性聚苯乙烯树脂）新型材料研发及产业化签署战略合作协议。

2017 年 6 月，“石墨烯防腐应用推进工作组”正式成立，中国工程院薛群基院士担任工作组组长，干勇等 5 名院士担任顾问。作为石墨烯防腐涂料研发重点企业，公司成为工作组组员单位。

2017 年 6 月 7 日，公司收购南通烯晟新材料科技有限公司 100%股权，其成为公司全资子公司。

2017 年 11 月，第六元素和宁波杉杉电动汽车技术发展有限公司共同投资成立合资公司宁波杉元石墨烯科技有限公司。

2018 年 3 月 5 日，常州第六元素在新三板公开发行股票 1 200 万股（全部为有限售条件股份），募集资金 9 600 万元。本次募集资金全部用于补充公司流动资金和公司产品的研究、开发，优化公司财务结构。

2018 年 3 月 11 日，第六元素拟将全资子公司无锡格菲 70%的股权转让给烯旺新材料科技股份有限公司，交易完成后，公司仍然持有格菲科技 30%的股权，但格菲科技不再纳入公司合并报表范围。

2019 年 3 月 23 日，江苏省石墨烯创新中心在南京揭牌。2018 年年底，江苏省石墨烯创新中心正式获批试点建设，省工信厅同意由江南石墨烯研究院、常州第六元素科技股份有限公司、常州二维碳素科技有限公司等 18 家股东共同出资组建的江苏江南烯元石墨烯科技有限公司作为石墨烯创新中心试点建设载体。该公司在管理架构上采用“公司 + 联盟”的新模式，凝聚中国电子科技集团 55 所、中科院苏州纳米所、常州大学等知名高校、院所和上下游企业共同参与创新中心建设，以实现资源共享、优势互补。

7.3.6 常州二维碳素科技股份有限公司

常州二维碳素科技股份有限公司成立于2011年12月，是一家专业从事大面积石墨烯薄膜及石墨烯触控模组的研发、制造的高科技上市企业。自成立以来公司已申请专利120件，江苏省高新技术产品2项，常州市高新技术产品3项。2015年9月成功登陆新三板，成为国内首家挂牌的石墨烯薄膜生产企业。

1. 2016—2018年主要会计数据和财务指标

如表7－16所示，2018年二维碳素营业收入为1 661.45万元，同比增长10.07%，主要原因是2018年公司的产品战略调整；TP产品在受行业影响下，取消毛利偏低的传统产品，转向工控产品上布局发展，受此影响，TP产品的销售额较上年同期降低了41%，与此同时温控产品销售额较上年同期增幅达到了80%，综上，公司的销售实现了小幅增长。扣除计入“其他收益”中的非经常损益(政府补助)，营业利润实际较上年增长了23.53%。

表7－16 二维碳素2016—2018年会计数据和财务指标（单位：元）

类别	2018年	2017年	2018年比2017年同期增减/%	2016年
营业收入	16 614 546.89	15 095 071.54	10.07	12 833 530.88
归属于挂牌公司股东的净利润	－11 550 345.14	－11 796 420.70	2.09	－9 387 353.82
归属于挂牌公司股东的扣除非经常性损益的净利润	－14 933 014.40	－20 062 549.16	25.57	－21 517 050.27
资产总计	54 279 612.82	49 466 516.09	9.73	74 582 519.39

2. 石墨烯板块行业布局

公司作为国内较早从事大面积石墨烯薄膜应用研发领军企业，以石墨烯薄膜材料研发为基础，通过持续地研发投入不断开发出适应下游应用市场需求的产品，抓住行业发展机遇，增加市场份额并建立市场影响力。公司主要生产石墨烯薄膜材料以及触摸屏、石墨烯加热膜等石墨烯下游应用产品。2018 年，公司扩大石墨烯在加热应用领域的市场开拓工作，重点布局石墨烯电采暖产品的应用推广，同时开发了穿戴、理疗、家纺、服装等应用领域。

3. 石墨烯板块财务状况

如表 7－17 所示，2017 年二维碳素石墨烯产品收入为 1 425.06 万元，材料收入为 84.44 万元；2018 年二维碳素石墨烯产品收入为 1 462.11 万元，材料收入为 199.35 万元。2018 年公司加热产品的销售在取得了较大的发展后，招商工作的顺利开展，获取了足额的现金流入，初步得到了市场的认可。2018 年公司持续发生较大金额亏损，主要是由行业发展现状、下游应用市场需求等多重因素造成公司主营产品未能实现大规模生产与销售。

表 7－17　二维碳素石墨烯板块 2018 年财务报表（单位：元）

类　　别	本期收入金额	占营业收入比例/%	上期收入金额	占营业收入比例/%
石墨烯产品	14 621 082.49	88	14 250 615.43	94.41
材料收入	1 993 464.40	12	844 456.11	5.59
合计	16 614 546.89	100	15 095 071.54	100

4. 重大动态

2012 年发布世界首款石墨烯电容式触摸屏。

2013 年建成世界首条年产 3 万平方米石墨烯薄膜生产线。

2014 年石墨烯薄膜的生产能力达到 20 万平方米并成立石墨烯下游应用企业常州二维光电科技有限公司，专注于石墨烯触控产品的研发生产。

2015 年石墨烯触控产品在智能穿戴、车载触控、工业控制、家电等领域应用。

2015 年 9 月成功登陆新三板，成为国内首家挂牌的石墨烯薄膜生产企业。

2015 年 11 月，发布了世界首款石墨烯压力触控传感器。

2017 年 11 月，公司石墨烯压力触控传感器获得第十九届高交会优秀产品奖。

2018 年 1 月，公司石墨烯耐高温阻燃加热膜示范工程被评为石墨烯产业典型应用示范项目。

2018年5月，公司控股子公司常州二维暖烯科技有限公司获得电供暖行业施工等级证书。

2018年5月，公司控股子公司常州二维暖烯科技有限公司的石墨烯电加热膜产品获得绿色建筑选用产品标志。

7.3.7 厦门凯纳石墨烯技术股份有限公司

厦门凯纳石墨烯技术股份有限公司位于福建省厦门市海沧区，公司自2006年启动石墨烯产业化进程，正式成立于2010年5月，集石墨烯的研发、生产、销售和应用开发于一体，在技术水平、品牌知名度等方面位居行业前列，公司于2016年2月登陆新三板，证券代码：836410。

1. 2016—2018年主要会计数据和财务指标

如表7-18所示，2018年公司营业收入为3 295.69万元，较上年同期增加824.70%，表明公司主营业务销售开始实现规模化，石墨烯粉体大规模制备、锂电池专用石墨烯导电剂及碳塑合金三大核心产业化进程顺畅，保持领先性。以第六代石墨烯制备技术为核心，在新能源、热管理两大优势应用领域的产品上市销售，并不断升级、丰富优化产品系列，获得相关行业龙头企业的认可和批量订单，拉动了主营业务收入的突破性增长。2018年公司净利润为-1 333.77万元，较上年同期下降82.08%。主要因为公司处于快速发展期间，在产线建设、人员储备、研发、市场开发等方面的支出处于进一步加大投入阶段。

表7-18 厦门凯纳2016—2018年会计数据和财务指标（单位：元）

类　　别	2018年	2017年	2018年比2017年同期增减/%	2016年
营业收入	32 956 912.33	3 564 055.41	824.70	1 007 362.38
归属于挂牌公司股东的净利润	-13 337 669.42	-7 324 998.78	-82.08	-4 451 376.96
归属于挂牌公司股东的扣除非经常性损益的净利润	-14 369 999.40	-8 305 123.08	-73.03	-5 654 964.07
资产总计	58 149 268.80	38 740 525.95	50.10	40 283 032.57
负债总计	8 695 557.74	5 849 145.47	48.66	66 653.31

2. 石墨烯板块行业布局

2018年，公司持续加大对核心石墨烯制备和优势性能应用产品的研发及升级投入，在石墨烯制备及应用工业化方面取得较大突破，现有实现规模化销售的产品主要是石墨烯粉体、石墨烯导电剂和碳塑合金材料，并不断深入目标领域的技术、项目储备和规划。公司在新能源、热管理领域石墨烯应用产品的开发、生产和销售能力进一步提升。2018年年产5 000 t的石墨烯产品产线已建设完成并顺利投产，石墨烯应用系列产品业已推向市场。石墨烯粉体、石墨烯导电剂和碳塑合金产品均已实现批量化销售突破。未来，凯纳将以石墨烯制备为硬核技术，充分利用凯纳石墨烯粉体在导电、导热方面的优势。在导热市场应用方面，重点开发与销售高导热碳塑合金，以LED散热为第一个突破口，导出石墨烯热管理应用；在导电市场应用方面，重点开发与销售高性价比的锂电池专用石墨烯导电剂，导出石墨烯的新能源应用。实现公司从高品质石墨烯粉体的制备与供应到应用产品的开发与销售的闭环。

3. 石墨烯板块财务状况

如表7-19所示，2018年，公司的石墨烯产品进入产业化发展增长期，随着公司加大市场开发力度及石墨烯产品销售市场的打开，公司的主营业务收入增幅明显。其中在锂电池、热管理两大优势应用领域的产品上市销售，并不断升级、丰富优化产品系列，获得相关行业龙头企业的认可和批量订单，拉动了主营业务收入的突破性增长。

表7-19　厦门凯纳石墨烯板块2018年财务报表（单位：元）

类　别	本期收入金额	占营业收入比例/%	上期收入金额	占营业收入比例/%
石墨烯粉体	1 333 498.65	4.05	511 278.93	14.35
石墨烯应用产品	31 578 068.85	95.82	2 675 417.99	75.07
其他业务收入	45 344.83	0.14	377 358.49	10.59

4. 重大动态

2016年4月13日，公司正式登陆全国中小企业股份转让系统。

2016年6月，公司和华侨大学合作共建的"福建省石墨烯粉体及复合材料工程技术研究中心"被评为省级（企业）工程技术研究中心。

2017 年 6 月 18 日，厦门凯纳参加第十五届中国·海峡项目成果交易会。作为福建省石墨烯产业重点龙头企业之一，公司亮相“石墨烯产业馆”，展示了公司重大技术突破和应用成果等。展现了公司的综合竞争实力、技术的持续领先性和对应用产品布局的前瞻性。

2018 年 6 月 27 日，公司参编的两项石墨烯团体标准《石墨烯材料术语和代号》和《含有石墨烯材料产品命名指南》由石墨烯联盟标委会组织评审获批，以中英文双语版本正式向全球发布。

2018 年 10 月，公司建成年产 5 000 t 的石墨烯产品产线并正式投产，进一步提高了公司的石墨烯产品生产能力。

7.3.8 青岛华高墨烯科技股份有限公司

1. 2016—2018 年主要会计数据和财务指标

如表 7 - 20 所示，2018 年，华高墨烯公司进入产业化投产阶段，2017 年、2018 年公司实现的营业收入分别为 216.52 万元和 566.67 万元，2018 年营业收入同比增加161.72%。2018 年，公司石墨烯复合导电浆料正式投产，同时石墨烯加热相关产品研发成熟进入市场。2017 年和 2018 年公司实现的净利润分别为 - 222.49 万元和 - 441.92 万元，亏损的主要原因是石墨烯材料及下游应用产品尚未实现大规模销售，无法达到规模效应。

表 7 - 20 华高墨烯 2016—2018 年会计数据和财务指标（单位：元）

类　　别	2018 年	2017 年	2018 年比 2017 年同期增减/%	2016 年
营业收入	5 666 708.30	2 165 191.14	161.72	3 014 743.56
归属于挂牌公司股东的净利润	- 4 419 185.55	- 2 224 904.72	- 98.62	- 3 145 019.56
归属于挂牌公司股东的扣除非经常性损益的净利润	- 7 470 813.00	- 6 455 176.90	- 15.73	- 6 682 327.35
资产总计	11 622 597.18	12 553 769.47	- 7.42	12 500 965.25

2. 石墨烯板块行业布局

华高墨烯公司主要产品为导电浆料、石墨烯电加热产品、石墨烯电热救生衣。导电浆料项目，2019 年实现 1 500 t 的供货，年营业收入为 5 250 万元。石墨烯电加热产品项目，公司 2019 年实现 3 000 万元销售收入，并在 2020 年、2021 年达到实现 5 000 万元、8 000 万元的销售收入规模。石墨烯电热救生衣项目，2019 年完成项目研发、2020 年完成项目测试，实现达产 800 件销售，2021 年将实现 3 000 件销售。石墨烯导电浆料 2019 年的销售量为 1 500 t，随着市场的不断拓展，动力电池对倍率、循环、高低温等性能要求的不断提升以及石墨烯、碳纳米管导电浆料在导电剂领域的渗透量不断增加，到 2020 年公司产能扩大至 3 000 t，到 2020 年，石墨烯、碳纳米管导电浆料市场全面展开，产能扩大至 10 000 t。

3. 石墨烯板块财务状况

如表 7 - 21 所示，2018 年，华高墨烯油性石墨烯复合导电浆料正式投产，石墨烯加热相关产品研发成熟进入市场，得到了认可和好评。这两项收入在公司营业收入中占比较大，分别为 37.71% 和 53.96%。石墨烯电加热产品项目在公司 2019 年实现 3 000 万元销售收入，主要原因是随着全国煤改电的进一步推进，市场对针对室内供暖更具优势的石墨烯电加热产品的认可度提升，市场总量及市场份额均有重大提升。另外，在智能服饰及理疗产品方面，未来整体市场将会有爆发性的增长。

表 7 - 21　华高墨烯石墨烯板块 2018 年财务报表（单位：元）

类　别	本期收入金额	占营业收入比例 /%	上期收入金额	占营业收入比例 /%
化学法石墨烯粉体	17 696.95	0.31	195 059.84	9.01
物理法石墨烯	17 696.95	0.31	691 410.31	31.93
氧化石墨烯粉体	12 865	0.23	32 641.02	1.51
油性石墨烯导电浆料	2 136 982.8	37.71	131 000.00	6.05
水性石墨烯导电浆料	8 393.45	0.15	79 829.06	3.69
石墨烯理疗产品	335 668.95	5.92	812 307.68	37.52
石墨烯加热产品	3 057 873.28	53.96	—	—
其他收入	79 530.93	1.4	222 943.23	10.30

4. 重大动态

2018 年 6 月，公司扩建石墨烯复合导电浆料生产线，预计实现年产能

1 200 吨。

2018 年 10 月 10 日，以“珍‘烯’生命、科技救生”为设计理念的“石墨烯电热保暖救生衣”产品发布会顺利召开。

2018 年 9 月 30 日，山东省经信委、财政厅批准华高墨烯牵头组建山东省石墨烯制造业创新中心，旨在整合行业资源，以“创新、共建、分享、引领”为理念，攻克石墨烯共性关键技术，加速传统产业转型升级、新旧动能的转换，全力打造“石墨烯 + ”时代。

2018 年 6 月，公司以石墨烯导静电轮胎、石墨烯加热救生衣等项目为依托，进驻国家级示范园区——中关村军民融合产业园。

2018 年 11 月，公司副总经理郭洪云被国家标准化管理委员会聘任为石墨烯标准工作组专家，任期三年，推进石墨烯中英国际标准的制定。

7.3.9 北京创新爱尚家科技股份有限公司

1. 2016—2018 年主要会计数据和财务指标

如表 7 - 22 所示，2018 年，公司主营业务收入为 200.79 万元，比上年同期下降 3.25%，原因在于报告期内公司专注于石墨烯新产品的研发和迭代，并逐渐淘汰老款产品，渠道及客户进行战略性选择，从而导致收入有小幅度减少。随着石墨烯产品体系进一步的完善，公司的收入将有显著提升。2018 年公司净利润为 - 298.10 万元，比上年同期相比亏损逐渐减少。原因在于报告期内保证石墨烯产品收入的同时，进一步控制期间费用，从而使报告期内公司亏损大幅度减少。

表 7 - 22 爱家科技 2016—2018 年会计数据和财务指标（单位：元）

类　　别	2018 年	2017 年	2018 年比 2017 年同期增减/%	2016 年
营业收入	20 079 059.83	20 753 456.80	- 3.25	10 217 935.16
归属于挂牌公司股东的净利润	- 2 981 022.62	- 9 112 187.90	67.29	- 13 017 962.02
归属于挂牌公司股东的扣除非经常性损益的净利润	- 2 964 642.62	- 9 690 687.19	69.41	- 12 916 342.19
资产总计	17 386 860.96	13 466 678.05	29.11	16 919 284.78

2. 石墨烯板块行业布局

公司看好石墨烯类产品的市场，自 2016 年公司完成基础材料研发、石墨烯类产品投入生产，同时积极与服装、健康穿戴等相关领域的企业开展合作。公司拟借助移动互联网技术跟踪用户数据的手段，构建石墨烯 + 智能化 + 互联网的战略宏图。公司研发出三维石墨烯复合智能材料 AIHF(艾弗)-S/P/C 系列及相关技术、哈尼微(Hinave)光波转化增强技术。三维石墨烯复合智能材料及系统通过低电压进行安全加热、材料柔软、可水洗、可弯折、透气、技术先进、设计合理、性能优良、安全可靠，经济与社会效益显著，整体技术比较先进。公司和新材料与产业技术北京研究院开展合作，研发出石墨烯碳纳米管复合电热膜。石墨烯碳纳米管复合电热膜在纳米材料加工、膜材料发热稳定技术方面具有创新性，达到了国际先进水平。

3. 石墨烯板块财务状况

由表 7-23 可知，公司 2018 年主营业务收入中分产品类别的销售收入中石墨烯产品为 172.52 万元，占主营业务收入的比例为 85.92%；石墨烯产品的供电电源等电子产品为 2 827 148.17 元，占主营业务收入的比例为 14.08%。公司主要收入来自石墨烯类产品的销售，包括石墨烯产品(石墨烯科技健康暖宫、石墨烯科技健康护具、石墨烯科技健康发热马甲、石墨烯科技健康发热眼罩、石墨烯科技健康发热地毯、石墨烯智能模组等)的销售收入。公司主要产品或服务包括石墨烯智能模组、石墨烯智能健康穿戴、石墨烯家居家纺系列等。客户类型包括工厂、电商、电视购物、大客户、礼品公司、服装企业、护具行业品牌客户等。

表 7-23 爱家科技石墨烯板块 2018 年财务报表（单位：元）

类　别	本期收入金额	占营业收入比例/%	上期收入金额	占营业收入比例/%
石墨烯产品	17 251 911.66	85.92	19 513 115.56	94.19
3C 数码创意产品	2 827 148.17	14.08	1 202 605.39	5.81

4. 重大动态

2017 年 1 月 20 日，爱家科技和新材料与产业技术北京研究院联合研发、生产的石墨烯碳纳米管复合电热膜，在北京举行了专家评估会。本次专家评估会分别从各个学科领域对石墨烯碳纳米管复合电热膜进行了评估和论证。

2017 年 12 月 18 日，爱家科技“三维复合石墨烯材料智能服装系统的开发与产业化应用”技术获得中国纺织工业联合会颁发的科学技术进步三等奖。

2018 年 1 月，爱家科技与探路者联合开发的石墨烯智能发热服获得 ISPO 全球设计大奖。

2018 年 9 月，爱家科技获得国际石墨烯产品 IGCC 认证，成为石墨烯科技健康穿戴产品应用领域第一家通过认证的企业。

第8章

我国重点石墨烯研究院与实验室动态

目前，我国石墨烯的科学研究依然以高等教育院校和科研院所为主要阵地，包括清华大学、北京大学、浙江大学、北京理工大学、北京化工大学、国家纳米中心、中国科学院金属研究所、中国科学院宁波材料技术与工程研究所、北京石墨烯研究院、江南石墨烯研究院等，主要研究方向为石墨烯的制备和应用研究。石墨烯的制备主要体现为高效性和绿色环保等方面，应用研究涉及领域较广，包括储能、催化、传感器等领域；众多研究成果推动了国内石墨烯行业的发展，占据了大部分石墨烯文章发表和专利申请的数量，为我国石墨烯行业未来的发展奠定了技术基础。

8.1 石墨烯专题研究院介绍和科研进展

石墨烯因其独特的物理性能而受到人们的广泛关注，被誉为“黑金”“改变21世纪的神奇材料”“万能材料”等。近几年国内也掀起了“石墨烯热”，各地政府纷纷建设各种石墨烯研究院，据不完全统计，全国各地已有20多家在建或已建成的石墨烯研究院(表8-1)。

表8-1 我国在建或已建成的部分石墨烯研究院

序号	名　　称	所属省市
1	北京石墨烯研究院	北　京
2	北京石墨烯技术研究院有限公司	北　京
3	江南石墨烯研究院	江　苏
4	江苏如东高新石墨烯产业研究院有限公司	江　苏
5	新华石墨烯发展研究院	江　苏
6	重庆石墨烯研究院有限公司	重　庆
7	烯成石墨烯材料应用研究院	重　庆

续 表

序号	名　　称	所属省市
8	深圳市先进石墨烯应用技术研究院	广　东
9	东莞市道睿石墨烯研究院	广　东
10	广西石墨烯研究院	广　西
11	石墨烯生物医药应用技术研究院	广　西
12	厦门大学石墨烯工业技术研究院	福　建
13	厦门大学石墨烯工程与产业研究院	福　建
14	晋江市石墨烯产业技术研究院有限公司	福　建
15	成都石墨烯产业应用技术研究院	四　川
16	内蒙古石墨烯材料研究院	内蒙古
17	天津北方石墨烯产业研究院	天　津
18	河南石墨烯产业研究院	河　南
19	广丰石墨烯研究院	江　西
20	宜昌石墨烯产业研究院	湖　北
21	湖南元素密码石墨烯研究院	湖　南

8.1.1　北京石墨烯研究院

北京石墨烯研究院(BGI)是在北京市政府支持下，由北京大学联合产业界和社会资本于2016年10月25日发起成立的专注于石墨烯产业核心技术研发与服务的新型研发机构。首任院长由国际著名石墨烯专家、北京大学刘忠范院士担任，诺贝尔物理学奖获得者、曼彻斯特大学Konstantin Novoselov应邀担任名誉院长。研究院致力于打造中国未来石墨烯产业的基石和核心竞争力，探索具有中国特色的政产学研协同创新机制。

研究院技术研发与产业化并重，于2017年12月26日注册成立北京石墨烯研究院有限公司，充分发挥市场作用，推动BGI成果转化、投融资及市场化运作，建设具有全球竞争力和可持续发展的石墨烯产业。

1. 整体布局

北京石墨烯研究院未来发展布局三大业务板块，突出技术引领、机制创新、产业牵引和军民融合。

(1) 掌控石墨烯材料制备与产业化装备核心技术，打造未来石墨烯产业核心竞争力。重点开展石墨烯薄膜、晶圆石墨烯和粉体石墨烯材料标号设立及标准制定、批量制备技术、检测技术等技术研究，掌控石墨烯材料标准化的国际话语权；重点开发石墨烯生产设备，包括静态石墨烯晶圆生长设备、卷对卷石墨烯连续生长设备、全自动大型石墨烯薄膜规模生产及转移装备等，全面引领石墨烯产业化装备的核心技术。

(2) 面向企业需求开展高端研发代工，探索石墨烯材料产学研融合发展新模式。为实现研发机构与相关生产企业的直接对接，BGI 构建了石墨烯基半导体照明、超级石墨烯光纤、“烯碳金刚”未来士兵系统、石墨烯智能交通、石墨烯智能窗玻璃 5 大研发代工专项平台。

(3) 打造石墨烯产业众创空间，整合国内外优势资源，推动石墨烯领域的协同创新与产业培育。

2. 核心研发部门

北京石墨烯研究院组建了 6 个核心研发部门，包括标号石墨烯材料研究部、超级石墨烯玻璃研究部、石墨烯粉体技术研究部、石墨烯器件技术研究部、前沿与特种技术研究部以及装备研发中心。设立“石墨烯研发代工中心”，对接来自企业或用户的研发代工需求。还设有“众创空间”板块，为来自世界各地的石墨烯创新创业者提供优质孵化平台和相关服务。此外，还成立了石墨烯质量检测中心，支撑 BGI 的高技术研发工作。

3. 产业定位

北京石墨烯研究院致力于构建国际一流的石墨烯技术研发中心，打造全球领先的石墨烯产业核心技术策源地、石墨烯原材料制备技术和装备研发基地、“企业研发代工”平台、新兴石墨烯产业孵化器、全球人才汇聚地和创新创业基地、政产学研协同创新机制示范区。

4. 科研进展

(1) 彭海琳教授团队利用 PECVD 法,直接在铝箔上生长多层石墨烯薄膜作为保护层,并证明了其在 LiPF6 和 LiTFSI 基电解液中能有效地改善铝箔集流体的抗腐蚀性能,如图 8-1 所示。文章对比了普通铝箔(PA)和石墨烯保护的铝箔(GA)分别作为 $LiMn_2O_4$(LMO)正极的集流体时的电化学性能,发现在0.5 C、950 h 的循环充放电后,使用石墨烯保护的铝箔作为集流体的 LMO 容量保持率达 91%,明显优于普通铝箔(75%)。另外,使用石墨烯保护的铝集流体后,LMO 的自放电被抑制,其倍率性能也得到改善。使用石墨烯保护集流体的策略,不仅有助于改善锂离子电池的长期循环稳定性,还有望用于下一代的高电压(5 V)锂离子电池体系。相关成果发表在 *Advanced Materials* 杂志上。

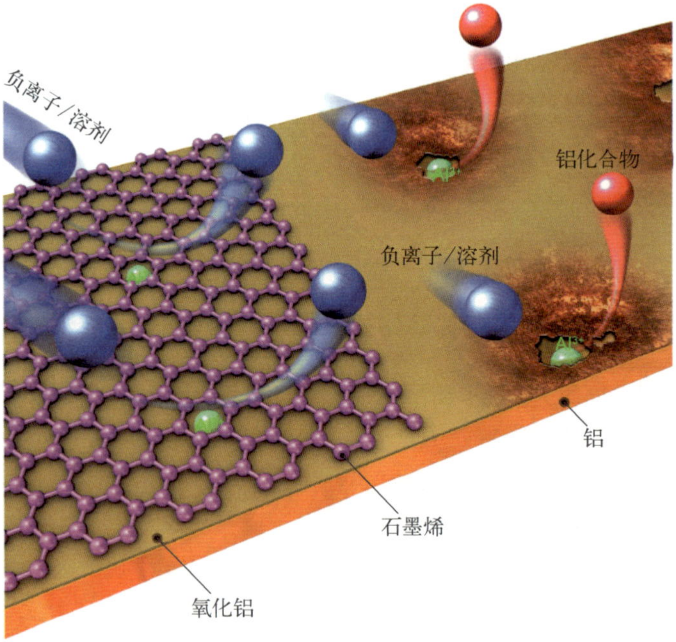

图 8-1 石墨烯抗腐蚀原理示意图

(2) 张锦教授团队通过以商用铜泡沫为生长基底,制备得到了有序蜂窝状结构的石墨炔。通过 PDMS 包覆后得到了具有极强疏水性(与水的接触角高达 160°)的 PDMS/石墨炔/铜泡沫分级微纳结构。这种 PDMS/石墨炔/铜泡沫结构应用于油水分离中,表现出了极高的分离效率和良好的可循环利用性。

（3）刘忠范院士团队成功发明了石墨烯“分子流”模式的 CVD 生长方法，在单晶化的铜箔表面实现了毫米级石墨烯单晶阵列的快速批量生长。该方法把数片工业铜箔堆垛成叠层结构或把长条铜箔卷积成卷筒状后置于管式炉 CVD 生长系统中，通入微量的氧气后在高温下退火，利用氧的化学吸附诱导和氢气后还原的方法使堆垛的多晶铜箔表面快速转化为大面积铜单晶表面，从而为后续毫米级石墨烯单晶的生长提供高质量、平整的单晶基底。然后，通入甲烷进行石墨烯单晶的成核和生长，通入甲烷 10 min，就可获得单一晶畴达 3 mm 的石墨烯单晶的大面积阵列，石墨烯单晶阵列的生长速率达到 300 μm/min。相关结果最近在 *Advanced Materials* 上发表，并已申请了专利。

8.1.2 江南石墨烯研究院

江南石墨烯研究院 2011 年 10 月 18 日在常州市武进经济开发区成立，研究院是由常州市政府、武进区政府共同出资，于 2011 年 9 月 1 日批准组建的公益性科研型事业单位，旨在搭建石墨烯材料及其应用的科技创新平台、技术转移平台、企业孵化平台、创业投资平台和国际交流合作平台，为国内外本领域科技人才和团队开展研发测试、转化科技成果、孵化科技项目、创办科技企业提供服务。江南石墨烯研究院是国内首个基于石墨烯材料及应用的产业化基地，获批建设江苏省产业技术研究院石墨烯材料研究所、江苏省先进碳材料检测技术重点实验室等。

8.1.3 深圳市先进石墨烯应用技术研究院

2015 年，由中国宝安集团控股子公司贝特瑞联合发起的深圳市先进石墨烯应用技术研究院挂牌仪式在深圳举行，该研究院由贝特瑞、深圳市新材料行业协会、南方科技大学、北京大学深圳研究生院、深圳惠科电子等单位共同发起。研究院将立足深圳，面向全球，旨在搭建国际领先的石墨烯应用技术研究平台，引进国内外石墨烯领域顶尖研究团队的石墨烯研发成果进行产业化转化，把深圳石墨烯应用技术研究院打造成为国际领先的系统性、开放式、专业化的石墨烯应用技术研究平台，专注解决石墨烯材料在产业中的应用问题，促进石墨烯产业链规模化、高端化发展，推动石墨烯在深圳本土各产业领域中的应用。

8.1.4 广西石墨烯研究院

2016 年 8 月 21 日，广西石墨烯研究院揭牌仪式在南宁高新区举行。该研究院拟在广西组建石墨烯产业联盟，打造世界级石墨烯粉体材料制备基地。广西石墨烯研究院建设地址为南宁市高新区生态产业园一期 A1 栋，使用面积约为5 000 m^2。规划一期建设一条年产 15 t 的石墨烯三维构造粉体中试生产线，并建设石墨烯下游应用产品开发平台，实现石墨烯粉体大规模生产及石墨烯下游产品的广泛应用。广西石墨烯研究院将充分利用与拓展广西大学可再生能源材料协同创新中心现有的资源平台，努力将研究院全力打造成在国内和国际具有影响力和成果集成的融产业研究、咨询规划和科技成果产业化为一体的专业机构，为广西乃至全国石墨烯产业发展提供技术支撑和引领示范。

8.1.5 内蒙古石墨烯材料研究院

内蒙古石墨烯材料研究院是由内蒙古科技厅主管的重点研究与开发机构，坐落于内蒙古包头市青山区装备制造园区新规划区包头北大科技园，于 2013 年 6 月创建，是国内第一个石墨烯材料的综合型研究机构和技术开发中心。研究院主要从事石墨烯材料的新工艺、新品种、新技术、新装备的研发，石墨烯产品标准的制定及质量监督检测。内蒙古石墨烯材料研究院引进专家 24 人，其中教授 9 人，研究员 8 人，研究院下设 1 个石墨烯分析测试中心和 11 个研究所，拥有雄厚的技术力量和完善的研究检测设备。

8.2 中国科学院部分石墨烯相关科研机构概况和科研进展

8.2.1 中国科学院金属研究所

中国科学院金属研究所先进炭材料研究部自 2007 年起开展石墨烯研究，课题组成员 40 多人，主要聚焦于石墨烯材料的制备及其在储能、光电、复合材料等领域的应用。近年来，团队成员在国家重点研发计划课题、“863”计划项目、基金委创新研究群体项目、重大项目课题、杰出青年科学基金及企业合作项目等的支持下，在基础研究和产业化方面取得了系列创新成果，并在国际上产生了重要影响。团队迄今共发表石墨烯相关的 SCI 论文 160 余篇，获授权发明专利 50 多项（含 4 项国际专利）。

主要研究成果：高质量石墨烯薄膜和三维网络等宏观体材料的 CVD 控制制备及其在柔性光/电器件、柔性储能器件等方面的应用；（氧化）石墨烯纳米片的化学剥离法高效制备、组装及其在储能、分离膜、热管理、防腐蚀涂层、导电油墨、复合材料等方面的应用；新型二维材料的制备与应用探索。

8.2.2 中国科学院重庆绿色智能技术研究院

中国科学院重庆绿色智能技术研究院（简称“重庆研究院”）是中国科学院直属科研机构。重庆研究院重点开展产业关键核心技术与前沿技术创新、技术集成创新、工程化研发和科技成果转移转化工作，与技术创新体系和区域创新体系紧密结合，设电子信息技术研究所、智能制造技术研究所、三峡生态环境研究所。成功创建科技部国家级技术转移示范机构，在石墨烯、人脸识别等领域取得一系列重点产业化成果。其中，智能制造技术研究所的“石墨烯材料与应用”成功研发出大面积单层石墨烯薄膜，建成了全球首条大规模石墨烯薄膜生产线，实现量产，设立了重庆石墨烯研究院有限公司，并推动了重庆石墨烯产业园的建设。

1. 石墨烯领域整体布局

重庆研究院在石墨烯领域瞄准国家中长期科技发展规划与区域经济在新材料与光电器件应用的重大需求，围绕石墨烯材料与微纳结构的奇异特性、规模化制备系统集成，重点开展高质量石墨烯材料生长方法、规模化微纳加工方法与装备、新型微纳光电器件及系统等方面研究。团队拥有固定研究人员 40 多人，研究生 30 多人，建有跨尺度制造技术重庆市重点实验室、重庆市石墨烯薄膜制备工程技术研究中心、微纳加工技术平台等。以单层石墨烯薄膜制备、微纳技工技术、光电器件与系统为核心研发方向。

以创新的“研究院 + 公司”科技专业孵化器模式建立的重庆石墨烯研究院有限公司定位为院地联合打造的企业化运营的科技创新专业孵化器，现已走出一条“专业孵化 + 创业导师 + 技术转移 + 天使投资”模式的创新之路，按照“石墨烯 + ”的发展理念，构建科技、要素、产品、工艺、市场为一体的石墨烯产业创新链，最终实行量质并行和价值提升相结合的高效益知识产权战略运营机制。成立两年多来，累计突破石墨烯材料应用共性关键技术 30 多项，孵化项目 14 项，投资超过 2 300 万元，孵化企业 8 家，吸引外部资本超过 2 200 万元。重庆研究院成果实现转化 2.67 亿元，孵化了重庆墨希科技有限公司，并为高新区重庆石墨烯产业园建设提供技术支撑。

2. 重庆绿色智能技术研究院科研进展

(1) 单层石墨烯薄膜制备技术：围绕大面积单层石墨烯薄膜的生长方法和规模化制备技术，开展了系统研究，突破了 15 英寸①以上石墨烯薄膜制备工艺，建设了年产 100 万平方米的石墨烯薄膜生产线。石墨烯薄膜的制备如图8－2所示。

(2) 研制了石墨烯宽波段红外探测器芯片：针对红外探测器件难以实现宽

① 1英寸≈2.54 厘米。

图 8-2 石墨烯薄膜的制备

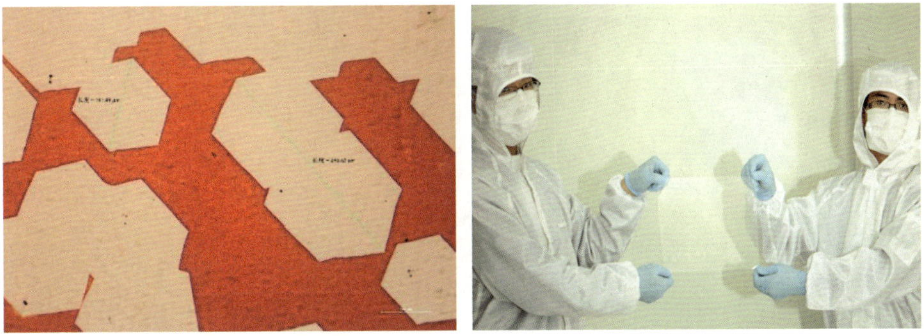

（a）铜箔上石墨烯成核与生长　　（b）PET 衬底的量产石墨烯薄膜

波段信号探测的瓶颈，围绕高迁移率石墨烯材料制备、高吸收率光学结构设计、红外传感芯片加工工艺等关键问题，突破了中红外、远红外双波段响应的红外焦平面阵列技术，研制宽波段红外探测器芯片，该芯片的响应波段可同时覆盖 3～5 μm 和 8～14 μm，在多个领域具有重要的应用前景。制备的石墨烯芯片成品如图 8-3 所示。

图 8-3 石墨烯芯片成品

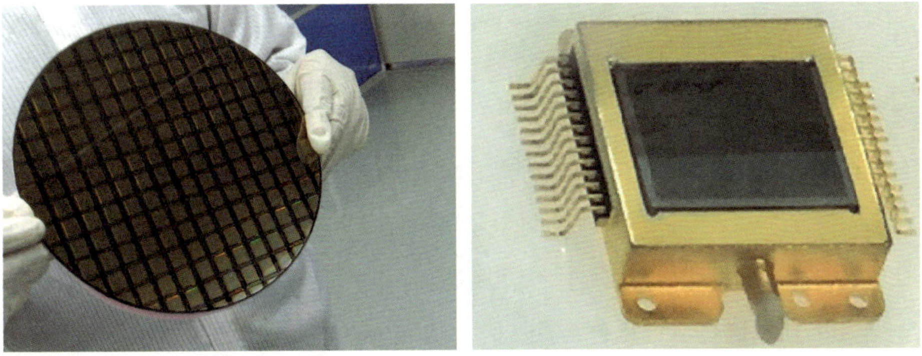

（a）CMOS 与石墨烯芯片　　（b）红外探测器芯片封装

(3) 开发了石墨烯基透明天线：基于石墨烯复合材料的高电导率和高光透过率，开发了透明天线，实现与传统金属天线可比拟的电磁辐射效率、宽谱（覆盖可见、红外）高效(90%以上)的光透过率、高效便捷的电磁可重构能力，在国家重大需求和通信领域具有很好的应用潜力。制备的石墨烯基透明天线如图 8-4 所示。

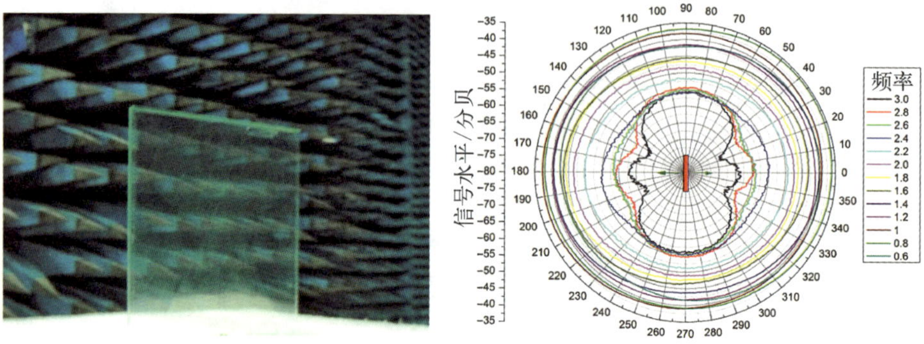

（a）石墨烯基透明天线　　（b）透明天线方向图

图 8－4　石墨烯基透明天线

8.2.3　中国科学院化学研究所

中国科学院化学研究所刘云圻课题组由中国科学院院士、博士生导师刘云圻负责。课题组长期从事分子材料与器件研究，发展高性能分子材料的设计思想和提出性能调控的新方法，合成具有优异光电性能的新型 π 共轭分子材料；研究生长高质量单晶石墨烯，制备氮掺杂的石墨烯以及调控石墨烯电学性能，发展在介电层上直接生长石墨烯的新方法；研究界面对器件性能的影响规律，以实现器件的多功能化。

主要研究方向：(1) 石墨烯的可控制备和性能研究，发展大面积高质量单晶石墨烯的制备技术，石墨烯的控制生长方法研究，石墨烯的生长机制研究等；(2) 分子材料的设计与合成，设计、合成具有 D－A 或 D－A－D 结构(D：电子给体；A：电子受体)的有机化合物，设计、合成综合性能优越的有机半导体和具有传感性能的材料；(3) 有机场效应晶体管及其有机微电子电路，制备高性能空气稳定的 P 型、N 型或者双极性有机小分子或聚合物场效应晶体管，制备超薄柔性晶体管电路，制备三元器件组成的超薄柔性有机光电探测器等。

8.2.4　中国科学院物理研究所

中国科学院物理研究所高鸿钧课题组目前主要展开有关纳米电子材料与器

件的制备与表征，纳米信息器件的构造与物性的基础研究。主要研究课题有：纳米电子器件基本功能单元的构造与物性；超高密度信息存储/分子存储的材料、技术及相关物理问题；有机—无机复合体系自组织结构的实验与生长动力学；UHV-STM研究固体表面纳米结构及其在表面上的自组织生长；低维生物体系的制备与物性；高质量石墨烯材料制备。

8.2.5 中国科学院宁波材料技术与工程研究所

中国科学院宁波材料技术与工程研究所（简称“中科院宁波材料所”）是我国较早开展石墨烯研究并进行成果转化的科研机构之一。主要布局新能源、新材料、电子信息、海洋工程和国防高技术5大石墨烯应用技术方向，围绕石墨烯高比能动力电池、石墨烯超级电容器、石墨烯重防腐涂料、石墨烯热界面材料、石墨烯柔性显示技术和石墨烯高频电子器件等技术领域开展工程化技术研发。

（1）动力锂电池工程实验室由博士生导师、刘兆平研究员负责。实验室2017年被认定为浙江省工程实验室，主要研究新一代高能量密度动力锂电池技术，重点开展富锂锰基正极材料、硅碳复合负极材料、石墨烯复合电极材料等的制备和应用技术研发，同时开展高能量密度锂金属二次电池的前瞻技术研究，旨在为500千米长续航电动汽车动力锂电池提供创新性解决方案。

（2）海洋功能材料课题组由薛群基院士和王立平研究员负责，课题组研制的石墨烯基重防腐涂料已实现规模量产并进入大规模示范应用阶段。批量产品已在国家电网沿海地区和工业大气污染地区的大型输电铁塔、西南地区的光伏发电支架、石化装备以及航天装备等领域进入规模示范应用阶段。

（3）功能炭素材料石墨烯应用课题组由博士生导师林正得研究员负责。课题组主要研究方向有：石墨烯导热应用、功能复合材料、生物医药传感器件；石墨烯导热应用方面，利用石墨烯优异的热导性能与聚合物基底复合，制备出高导热的石墨烯/聚合物复合材料以及导热垫片；生物医药传感器方面，利用化学气相沉积法生长出高质量单原子层石墨烯薄膜，通过其优异的电学特性，制备成石墨烯场效晶体管以及霍尔传感器，在表面修饰不同的探针分子，可检测多种待测物质。

8.2.6 中国科学院上海微系统与信息技术研究所

中国科学院上海微系统与信息技术研究所（简称“上海微系统所”）石墨烯研究团队主要由丁古巧研究员课题组、狄增峰研究员课题组、王浩敏研究员课题组、于广辉研究员课题组、吴天如副研究员课题组等多支科研团队组成。

（1）上海微系统所丁古巧课题组多年来致力于石墨烯材料的制备和应用研究，在高质量石墨烯材料、石墨烯量子点以及 C_3N 等石墨烯相关新型材料的创新制备和前沿应用探索方面取得进展。先后在国际期刊上发表 SCI 文章 100 余篇，累计引用次数超过 2 000 次，申请 PCT 国际专利和中国发明专利共 79 项，授权 42 项。

（2）上海微系统所狄增峰课题组重点开展晶圆级单晶石墨烯制备技术、制备机理和应用的研究。先后承担国家科技重大专项、中科院前沿重点项目、国家自然科学基金优秀青年科学基金等项目。在国际期刊发表 SCI 学术论文 100 余篇，获得授权国际发明专利 6 项，授权国内发明专利 84 项。主要从事绝缘硅(SOI)材料、电子器件及相关技术应用和基础研究工作，其中石墨烯材料方面的主要研究方向包括：锗衬底上晶圆级单晶石墨烯的制备；晶圆级单晶石墨烯转移技术研究；锗基石墨烯材料在超导、存储、磁学、光电等领域的应用；其他低维材料的制备和机理研究。

（3）上海微系统所王浩敏课题组工作重点聚焦在二维原子晶体纳米结构及器件研究方向。围绕以石墨烯为代表的二维原子晶体在微电子应用面临的主要科学问题进行原始创新，探索石墨烯微电子学应用的发展方向及技术路线。具体开展绝缘六角氮化硼表面石墨烯单晶形核机理、取向识别、气相催化、边界手性调控和纳米带可控制备等方面的研究。

（4）上海微系统所于广辉课题组由博士生导师于广辉研究员负责。长期从事宽禁带氮化物材料以及石墨烯基二维材料的研究工作，承担过“863”计划项目、“973”计划项目、国家重大专项、国家自然科学基金等科研项目10多项。研究方向：金属衬底上石墨烯中的微结构缺陷研究，通过采用氢氧刻蚀等破坏性方法实现对石墨烯等二维材料中的褶皱、点状缺陷、晶界、杂质等缺陷结构的分布规律的在宏观尺度直接观测分析，并揭示了其产生机理、调控方法等；金属衬底上的石墨烯单晶晶圆制备研究，通过采用特殊的金属衬底结构，实现晶圆级石墨烯单晶薄膜的制备；二硫化钼等过渡金属硫化物可控制备以及结构特性研究。

(5) 上海微系统所吴天如课题组由吴天如副研究员负责。研究小组从2009年开始研究新型低维材料形核控制与外延生长、范德瓦耳斯力异质结构构筑和二维电子器件应用领域的研究。依托国家集成电路重大专项[晶圆级石墨烯电子材料及器件研究(2011ZX02707)]等项目的相关支持，致力于高质量石墨烯材料生长、性能表征及器件集成工艺研究。近五年来在国际著名学术期刊上发表论文40多篇，申请与纳米功能材料与器件应用相关的专利70多项。

8.2.7 中国科学院山西煤炭化学研究所炭材料重点实验室

中国科学院山西煤炭化学研究所炭材料重点实验室是我国最早从事新型碳材料研发的机构之一。研究定位是从事高性能和多功能碳材料的应用基础研究。主要研究方向包括高性能碳纤维、极端环境下的碳基复合材料功能/结构一体化设计及其制备、碳质多孔功能材料、纳米碳材料的形貌控制合成等。

(1) 中国科学院山西煤炭化学研究所炭材料重点实验室709组由陈成猛研究员带头组建，是中科院煤化所重点培育的一支富有活力、多学科交叉的青年队伍，团队总人数为60人。坚持产学研合作，主要开展石墨烯、新能源材料、功能材料与电化学储能基础研究与应用技术攻关，先后完成石墨烯、电容炭中试及储能器件示范，打通“料、材、器、用”创新链。累计承担国家、中科院、地方和企业委托等项目20多项，发表论文120余篇，学术专著1部，授权专利18项，主持制定国际和国家标准6项。

(2) 中国科学院山西煤炭化学研究所炭材料重点实验室707组由博士生导师王俊中研究员负责。现课题组拥有科研人员14人，承担国家联合基金，国家自然科学基金，山西省科技重大专项以及石墨烯中试企业、中国科学院专项等多个项目。发表学术论文 40 篇。授权的中国发明专利 8 项，PCT 国际发明专利 2 项。发明了石墨烯的高效绿色低成本制备的差异化新方法新工艺，解决了高效非氧化剥离石墨制备石墨烯的难题，并获得了良好的社会效益。主要研究领域：石墨烯的电化学制备及应用技术；石墨烯功能膜材料、多孔材料和微纳器件；石墨烯基纳米材料在储能、热管理、分离膜和电催化领域的应用基础。

8.2.8 国家纳米科学中心

国家纳米科学中心（简称“纳米中心”）是由中国科学院和教育部共同建设，2003 年 12 月获中央机构编制委员会办公室批复成立的中国科学院直属事业单位。纳米中心定位于纳米科学的理论和应用基础研究，目标是建成具有国际先进水平的研究基地、面向国内外开放的纳米科学研究公共技术平台、中国纳米科技领域国际交流的窗口和人才培养基地。在努力为中国纳米科技发展提供支撑的同时，纳米中心还致力于促进国家纳米科技产业的标准化和规范化发展，以期为中国纳米科技的健康、有序发展做出贡献。

（1）纳米中心纳米标准与检测重点实验室由葛广路研究员负责，课题组针对纳米材料计量测试的物理化学基本问题，开发准确可靠的分析方法，致力于提高测量结果的一致性，支撑纳米新材料的研发和纳米制造产业。课题组自 2005 年以来，围绕半导体量子点、碳纳米管、磁性纳米颗粒等材料体系，运用紫外—可见吸收光谱、拉曼光谱、热重分析、荧光光谱等表征手段，在大量数据的基础上，建立了系列国内外分析测试标准。同时在低场核磁、等温滴定量热、离心沉降等方向开展了技术探索。课题组主持承担的主要科研项目：国家重点研发计划纳米科技重点专项项目“纳米产业技术标准的共性关键科学问题研究”；中科院 A 类战略先导专项“变革性纳米产业制造技术聚焦”中的“纳米技术的 EHS 评价体系”；国家重点研发计划国家质量基础重点专项项目“石墨烯等碳基纳米材料 NQI 集成应用”。

（2）纳米中心智林杰课题组由中国科学院大学特聘教授智林杰研究员负责。

课题组长期从事石墨烯、碳及富碳纳米材料的应用研究，在国际知名的学术刊物上发表研究论文200余篇，授权专利50多项，已有20多项专利成功实现技术转移与落地。课题组主要研究方向为基于石墨原材料的石墨烯的规模化制备以及石墨烯应用技术开发，包括石墨烯透明电极大面积制备技术及其在智能调光膜、触摸屏、发光器件等领域的应用技术；应用于高性能动力电池的石墨烯复合电极材料制备技术与石墨烯导电添加剂制备技术；应用于高能量密度超级电容器的石墨烯复合电极材料结构控制技术；应用于大健康产业的石墨烯基传感与生物应用技术等。

（3）纳米中心赵宇亮课题组由中国科学院院士、中科院高能物理研究所研究员、中国科学院纳米生物效应与安全性重点实验室中国科学院高能物理研究所多学科研究中心副主任赵宇亮担任。研究领域：纳米生物效应分析；放射化学；纳米生物效应与安全性；低毒性肿瘤治疗与诊断纳米药物；低毒性纳米材料的分子动力学设计与表面化学修饰；核能纳米技术。

8.2.9 中国科学院苏州纳米技术与纳米仿生研究所

（1）中国科学院苏州纳米技术与纳米仿生研究所李清文课题组由博士生导师李清文研究员负责，目前课题组有45人，在国际期刊发表学术论文230余篇，获得授权发明专利50多项。课题组主要研究方向：碳纳米管纤维、薄膜的批量制备与产业应用；纳米碳材料的可控组装与功能应用；石墨烯纤维、薄膜的可控制备、导热性能及多功能应用；单壁碳纳米管的手性分离与器件应用。

（2）中国科学院苏州纳米技术与纳米仿生研究所刘立伟课题组由博士生导师刘立伟研究员负责，承担过30多项国家、省、市及中科院项目，申请相关专利30多件，已获得授权专利12件。主要研究方向：高质量薄层石墨烯的可控制备；高质量薄层石墨烯在储能领域的应用；高质量薄层石墨烯在电磁防护领域的应用；高质量薄层石墨烯在涂料领域的应用；高质量薄层石墨烯在光电、传感器件中的应用。

（3）中国科学院苏州纳米技术与纳米仿生研究所南昌研究院张永毅课题组

由张永毅研究员负责，课题组以石墨烯、碳纳米管等新材料，微电子等领域纳米技术的研究、应用及服务为核心，以区域科技和产业需求为导向。主要研究方向：锂离子导电浆料、复合锂电导电浆料、水性浆料、石墨烯超级电容器导电浆料、石墨烯导电膜等；改性 PET、PP、PE、PU 及 PA 等；散热涂料、抗静电涂料、电热涂料、防腐涂料、屏蔽涂料、导电涂料等。

8.2.10 中国科学院半导体研究所

中国科学院半导体研究所陈弘达课题组由博士生导师、中国科学院半导体研究所副所长陈弘达研究员负责。课题组长期致力于石墨烯光电子与射频电子器件、硅基光电集成芯片、集成电路与系统的研究。

研究组围绕石墨烯在信息领域的应用，开展了石墨烯微电子、光电子器件及集成芯片的研究，率先研制了石墨烯光调制器、石墨烯光探测器、石墨烯光电混频器、石墨烯双光混频器、石墨烯倍频器、石墨烯光接收芯片等新型器件及集成芯片。研制的石墨烯的射频与光电器件及集成芯片展示了与传统半导体材料不同的优良特性，可用于射频、高速光通信、传感与成像等信息领域。主要研究方向：石墨烯光电探测器；石墨烯红外成像；石墨烯倍频器、混频器等射频器件；石墨烯柔性与传感器。

8.2.11 中国科学院过程工程研究所

中国科学院过程工程研究所李浩然课题组由李浩然副研究员负责，课题组隶属于中国科学院过程工程研究所生化工程国家重点实验室，完成国家长远发展专项、国家自然科学基金、“863”计划项目、水体污染控制与治理国家科技重大专项和“973”计划项目。主要研究方向：微晶石墨通过氧化还原制备还原石墨烯，氧化石墨烯的分散性特性与还原条件的关系，石墨烯对环氧树脂系防腐涂料耐腐蚀性能的影响及其在冶金设备中的应用；以膨胀石墨作为对象，采用液相剥离法制备石墨烯，并将石墨烯应用于防腐涂料中。膨胀石墨与石墨相比具有更大的层间距，更易剥离，液相剥离法制备石墨烯的工业化生产更具应用前景；高温条件下，高溶碳能力的金属基体，碳原子渗入金属基体内；低溶碳量的金属基体，碳原子将吸附在金属基体表面，使碳质薄膜生长在零部件表面，提高系统零部件的防腐、耐磨和润滑性能，延长使用寿命。

8.2.12 中国科学院福建物质结构研究所

中国科学院福建物质结构研究所吴立新课题组由吴立新教授负责，主要从事石墨烯跟高分子材料复合研究，包括：通过原位聚合法制备功能性石墨烯改性锦纶、涤纶纤维。具有阻燃、远红外、抗菌等功能；石墨烯改性水性环氧树脂及水性聚氨酯树脂涂料，提高涂料的抗腐蚀性能并赋予涂料功能性；高导热石墨/尼龙及石墨烯/酚醛树脂研究。可用于 LED 散热等领域。

8.3 我国部分高校石墨烯相关科研团队概况和科研进展

8.3.1 清华大学

（1）清华大学——任天令课题组。团队致力于研究突破传统器件限制的新型微纳电子器件，为新一代微纳电子器件技术奠定基础，尤其关注石墨烯传感器的基础研究与应用探索，在新型石墨烯声学器件和各类传感器件方面获得了多项重要创新成果，如柔性石墨烯发声器件、智能石墨烯人工喉、新型石墨烯阻变存储器、光谱可调的石墨烯发光器件、石墨烯仿生突触器件、可调石墨烯应力传感器等。团队承担了国家自然科学重点基金、国家重大科技专项、“863”计划、“973”计划等多项重要科研项目。主要研究方向为新型微纳电子器件与集成系统技术，包括：石墨烯及二维纳电子器件、智能传感技术、新型存储器、柔性微电子器件与系统等。在国内外重要学术期刊和会议发表论文 500 余篇，授权国内外发明专利 70 多项。

（2）清华大学深圳研究生院——康飞宇团队。团队依托广东省能源与环境材料创新团队和广东省本土科研创新团队（石墨烯储能创新团队），成功建设了碳功能材料国家地方联合工程实验室、广东省热管理工程与材料重点实验室、广东省先进电池与材料工程技术研究中心、深圳市石墨烯重点实验室、材料与器件检测中心（CNAS认可）等一系列科研平台。团队成员在国际期刊发表SCI论文500余篇，授权发明专利100余项。团队主要研究方向集中于石墨烯材料在高性能能量存储和转化器件中的基础科学问题和应用技术。具体方向包括：石墨烯的制备、改性及导电剂应用；高性能石墨烯基电极材料及其在锂离子电池、超级电容器、锂硫电池、钠离子电池等储能器件中的应用；石墨烯基高性能催化剂材料及其在燃料电池与锂空气电池等能源转换器件中的应用。

（3）清华大学——朱宏伟课题组。课题组近年来主要从事以石墨烯为代表的纳米材料多维多尺度可控合成及其在能源/环境/传感领域的应用基础研究。承担国家重点研发计划、国家自然科学基金、北京市科技计划重大项目、教育部博士点基金等30多项科研项目。获授权国家发明专利20多项，在国际期刊上发表论文200余篇。近年来在石墨烯制备、传感器、水处理膜材料等领域开展了广泛深入的合作研发，部分产品已实现示范应用。

（4）清华大学——曲良体课题组。课题组承担“973”计划项目，军口预研项目等多项课题，在国际期刊发表论文200余篇。主要研究方向：具有碳—碳共轭结构的纳微米材料研究，涉及碳纳米管、石墨烯、导电高分子等的可控制备、功能化修饰及其应用研究；具有碳—碳共轭结构的纳微米材料研究，涉及导电高分子、碳纳米管、石墨烯等的可控制备、功能化修饰及其应用研究，取得了系列创新性研究成果。

8.3.2　北京大学

北京大学刘开辉课题组。课题组的研究思路是发展一套有效的、可用于研究单个低维材料结构和性质的百飞秒原子级高精度表征技术，把低维材料的结构和性质直接关联起来。目前课题组的主要研究方向有高精度表征技术发展：

课题组提出并发展超快纳米光谱学与原位球差矫正透射电镜结合技术，在超高时空分辨精度对单个低维材料的结构和性质进行原位研究；低维材料层间耦合物理探索：低维材料中，层间范德瓦耳斯耦合强度受层间堆垛方式的影响，利用特定的高精度表征技术，来研究并调控低维材料层间间距和光学带隙变化的研究；二维单晶材料外延生长：利用表面科学技术实现了米级石墨烯单晶的超快外延生长。

8.3.3 浙江大学

浙江大学是我国较早开展石墨烯研究的高校之一，有着以高分子科学与工程学系纳米高分子课题组为代表的研究团队，目前建有石墨烯组装（A. Lab）、石墨烯复合材料（C. Lab）、新能源材料（E. Lab）3 个实验室。近年来，在国际期刊发表论文 150 余篇。

浙江大学纳米高分子课题组由浙江大学求是特聘教授、博士生导师、高分子科学研究所所长高超负责。课题组主要研究方向为石墨烯化学与宏观组装；铝—石墨烯电池、超级电容器、锂电池等新能源材料；石墨烯化学、液晶及宏观组装。受到生物群落效应的启发，该团队在国际上率先实现了系列高性能石墨烯宏观材料的制备及性能升级。相关材料包括：石墨烯纤维、石墨烯薄膜、石墨烯无纺布以及超轻石墨烯气凝胶。通过湿纺组装策略首次实现了连续高性能石墨烯纤维的制备，建立了从石墨出发制备高性能碳基纤维的新方法，发展了高强、高韧、高导电、高强多孔等石墨烯纤维品种。石墨烯纤维相关工作引起了广泛的关注和积极评价，文章曾被 *Nature News*、*Scientific American* 等作为亮点评价。

8.3.4 北京化工大学

（1）北京化工大学先进碳材料实验室由博士生导师、可控化学反应的科学与技术基础教育部重点实验室副主任宋怀河教授负责。课题组承担包括国家自然科学基金重点和面上项目在内的多项研究课题，在国际期刊发表 SCI 论文 190 余篇。主要开展前沿性先进碳材料的合成、形成机理、结构设计、性能及应用等方面的研究。研究方向包括：纳米碳材料（碳纳米管、石墨烯和碳包覆纳米金属等）的性能、可控制备及改性；基于能源存储和转化的碳和碳基复合材料；多孔炭材料；高导热碳及无机纳米材料；高隔热性能的碳及无机纳米材料。

(2) 北京化工大学毋伟课题组主要研究方向是石墨烯及其他二维材料的新颖规模制备及应用。主要采用超重力法、高速剪切法及电化学法规模制备石墨烯，其中水相剪切剥离法制备石墨烯技术完成了中试，实现了年产 2 t 的规模，该技术具有成本低、绿色环保及产品质量好的特点，达到了国内先进水平，通过了专家评审。对石墨烯在防腐涂料、海水淡化及超级电容器等方面的应用研究，也取得良好进展。

(3) 北京化工大学北京市先进弹性体工程技术研究中心由刘力教授负责，张立群教授和温世鹏副教授是该课题组在石墨烯/橡胶复合材料相关研究的杰出代表。主要研究方向包括高性能橡胶复合材料的制备、结构与性能研究，橡胶复合材料的疲劳机理研究等。

8.3.5 其他高校

其他高校关于石墨烯研究的相关情况见表 8-2。

表 8-2 其他高校关于石墨烯研究的相关情况

名 称	研 究 方 向	成 果
大连理工大学炭素材料研究室	功能炭素材料的制备及其应用；新结构高性能催化剂和新型催化反应；等离子体化学化工、生物基纳米功能材料；煤炭的高效洁净转化基础研究；无机膜材料及膜分离技术；太阳能电池/超级电容器/锂空气；锂硫电池/钠离子电池等技术领域	承担国家及省、市级各类基金项目 80 多项，在国内外学术刊物上发表论文 600 余篇，申请及授权发明专利 90 多项
南开大学陈永胜课题组	高效有机光伏材料的设计合成及器件制备；三维交联石墨烯宏观体相材料设计、制备及其在能源器件中的应用；石墨烯基复合材料的制备、结构调控及能源应用	在国际期刊上发表论文 300 余篇，承担多项重大项目
东南大学孙立涛课题组	石墨烯等新纳米材料原子尺度原位研究方法学；石墨烯等二维材料原子尺度按需构筑；石墨烯等纳米材料的各种特殊性能与结构之间的相关性；石墨烯等新型纳米材料在能源、环保和微纳器件上的应用	发表 SCI 论文 150 余篇（包括 *Science* 2 篇，*Nature* 及子刊 13 篇），申请专利 70 多项

续 表

名　称	研　究　方　向	成　果
复旦大学卢红斌课题组	主要从事低成本、高质量石墨烯纳米片及其复合材料的制备；探索新技术用于石墨烯基复合材料的结构和性能优化，从而得到高性能的储能和功能复合材料	承担了多项国家重大课题，在高质量石墨烯低成本制备技术和复合材料应用方面率先在国际上取得一系列突破性进展
天津大学先进碳和能源材料实验室	石墨烯等碳功能材料和先进电池研究；在致密储能和锂硫催化方面取得突破；在石墨烯的界面组装和电池应用方面取得重要进展；发明石墨烯低温负压解离制备技术和致密组装技术，首次将石墨烯应用于锂电导电剂；在石墨烯基高体积能量密度超级电容器和锂电池等领域取得突破	在国际期刊上发表 SCI 论文 200 余篇，在石墨烯制备和应用方面拥有国际授权发明专利 4 件，授权专利 40 多件
中国科学技术大学朱彦武课题组	石墨烯及其他新型碳材料的制备和表征；面向高性能能量转换和存储的碳界面研究	在国际期刊上发表论文 120 余篇
重庆交通大学纳米石墨烯功能与工程材料课题组	石墨烯在水相、油相中的高效分散技术及其功能化材料复合技术；特别是对石墨烯和氧化石墨烯在水相等介质中的分散技术做了大量深入研究；发展了石墨烯类在特定水泥水化介质中的稳定分散技术	发表 SCI 论文 20 多篇，与重庆某企业合作研发石墨烯润滑油进入规模化量产和市场销售阶段
青岛大学曲丽君课题组	低成本、规模化氧化还原法石墨烯制备方法与技术；石墨烯改性导电纤维研发及产业化；功能性石墨烯复合纤维及纺织品研发及产业化；石墨烯智能可穿戴设备及智能服装；结合可穿戴材料、检测技术以及信号处理等技术，开发智能可穿戴装备及智能服装	发表 SCI 收录论文 30 多篇；授权发明专利 20 多项，转让 7 项
中国石油大学(华东)新型碳材料研究室	重质油的绿色化高附加值转化应用基础研究；功能炭素材料的制备及其应用；新结构高性能催化剂和新型催化反应；等离子体化学化工、生物基纳米功能碳材料；超级电容器/锂离子二次电池等技术领域	—
华侨大学福建省石墨烯粉体及复合材料工程技术研究中心	石墨烯及其复合材料的研究及产业化；石墨烯的基础与应用；功能高分子材料；光电功能材料等	与多个企业形成良好的产学研合作
湖南大学陈卓课题组	新型石墨烯纳米材料的可控合成与生物医学应用；已可控合成多种石墨烯包裹金属的石墨纳米囊复合材料	在杂志、期刊上发表论文 70 多篇，并有发明专利 6 项，承担多项国家自然科学基金
西安交通大学韩晓刚课题组	二维多孔石墨烯制备	与国内外从事石墨烯研究的科研单位以及公司合作，目前承担石墨烯相关项目 7 项，包括 5 项纵向项目和 2 项横向项目
西安科技大学张亚婷课题组	煤基纳米碳材料(煤基石墨烯、碳量子点等)的制备与应用研究；基于纳米碳素材料的高性能催化剂及电极材料的制备研究；二氧化碳光催化还原技术研究；固体燃料电池用电极材料的研究；煤炭高效洁净转化基础及相关技术研究	承担基金项目 20 多项，在期刊和会议上发表论文 60 多篇，申请及授权发明与实用新型专利 20 多项

续 表

名　　称	研　　究　　方　　向	成　　果
西安邮电大学苗瑞霞课题组	主要从事二维材料与器件研究；开展石墨烯 CVD 制备研究；石墨烯射频器件性能研究；石墨烯纳米带性能调控研究；氮化硼材料制备及性能调控等研究	发表 SCI 论文 30 多篇
西北工业大学李铁虎课题组	石墨烯、碳纳米管及其复合材料的制备、结构及性能研究；改性沥青及其新型碳一石墨材料的应用基础研究；石墨烯及其复合材料在航空航天领域的应用技术研究；石墨烯材料在新能源及智能交通领域的应用技术研究	发表论文 300 余篇，其中 SCI 收录 150 余篇，包括 *Nature* 及 *Nature Communications*，*AM*、*ACS Nano*、*JACs*、*AFM* 等顶级期刊
哈尔滨工业大学高波课题组	纳米材料的时空分辨成像和超快激发态动力学研究；石墨烯等二维材料的 CVD 制备、修饰和性质调控；新型光学成像技术和应用研究；无标记生物成像和细胞检测	—
大同大学炭材料研究所赵建国课题组	石墨烯规模化制备的技术研究；石墨烯增效复合肥在农、林产业中的应用；石墨烯水性防腐涂料应用技术的研究；石墨烯增强受电弓滑板应用技术的研究；石墨烯智能电热产品的研制与开发	发表学术论文 100 余篇，申请国家发明专利 25 项，其中已有 20 项获得授权
广西科技大学周铭课题组	机械表面/界面摩擦与润滑行为及新型润滑材料的应用：研究宽幅温度范围、高载荷苛刻极压磨损、大范围速度变化等工况条件下，以石墨烯、离子液体新材料为代表的新型减摩润滑、载流摩擦材料的可控制备、减摩润滑机理及产业化应用。机械系统中电化学能量传输行为及新型能源材料的应用：面向新一代长寿命、高倍率、长续航能力的锂电池、铅炭电池、燃料电池对导电剂、负极材料等能源材料的需求，研究机械系统中电化学能量传输行为，牵引以石墨烯、碳纳米管、活性炭及其复合材料的三维形态可控构筑，进而研究其在能源电池上的示范性应用	—
昆明理工大学低维纳米材料真空实验室	利用超高真空分子束外延低温/变温扫描探针显微镜联合系统进行石墨烯等二维原子晶体的制备和本征物理特性研究，包括结构原子级精确、带隙可调的石墨烯及类石墨烯二维原子晶体的制备及其电子结构特性研究；利用各式化学气相沉积设备制备大面积单层石墨烯等二维原子晶体，包括在金属基和绝缘基底上的大面积单层石墨烯的制备；利用超算服务器对低维纳米材料相关物性进行计算与模拟；各种石墨烯复合材料制备与表征及其产业转化，包括石墨烯制备设备、石墨烯粉体、薄膜、纳米带、量子点，及其金属基和非金属属基复合材料	发表文章 70 多篇
兰州大学物理学院拜永孝课题组	从事高品质石墨烯及其类石墨烯二维纳米材料的前沿制备方法及其自组装研究；石墨烯导电、导热和发热材料的制备；石墨烯基纳米复合功能与智能体系构筑；石墨烯强韧化高分子复合材料制备；石墨烯基可穿戴功能和智能结构设计；石墨烯纳米储能材料及器件等领域的基础研究、技术开发和产业应用方面的研究工作	在期刊上发表 60 多篇 SCI 研究论文，申请了 30 余项中国发明专利，其中 15 项已获得授权
西南大学化学化工学院郭鸣明课题组	智能型水溶性高分子材料的分子设计与可控聚合、定向组装、纳米化学调控等为手段，以解决水溶性聚合物基多组分材料体系的界面增容、离子相互作用，高性能化和功能应用为出发点，面向能源材料、环境保护、水处理、土壤处理，农业纳米技术、疾病诊断治疗等研制新材料；新型碳纳米材料的制备及其与高分子纳米复合材料的制备及应用，以解决烧结、剥离、分散、界面相互作用为出发点，以大幅提高分子纳米复合材料的电、光、热及综合力学性能为目的，面向能源材料、新型工程材料，智能制造、汽车、高铁轻量化材料等研制新材料	—

8.4 部分获得国家科学技术奖的石墨烯项目

我国对石墨烯材料的重视程度日益提高。2007—2018年,中国国家自然科学基金关于石墨烯的资助项目多达上千项。随着国际石墨烯研究和工业化开发的进程,国内石墨烯研究和产业化进程逐渐展开,且在主要研究领域均有涉猎,整体接近国际先进水平,部分领域处于领先水平并掌握了自主知识产权。这些成果的取得与我国对石墨烯科研经费的支持是分不开的,2016—2018年获得国家科学技术奖的石墨烯项目多达6项,详见表8-3。

表8-3 2016—2018年获得国家科学技术奖的石墨烯项目

序号	项目名称	主要完成人	获得奖项
1	化学修饰石墨烯可控组装与复合的基础研究	石高全、徐宇曦、李春、白华、吴穹	2016年 国家自然科学二等奖
2	高性能锂离子电池用石墨和石墨烯材料	康飞宇、杨全红、李宝华、黄正宏、贺艳兵、吕伟	2017年 国家技术发明二等奖
3	高质量石墨烯材料的制备与应用基础研究	任文才、成会明、陈宗平、吴忠帅	2017年 国家自然科学二等奖
4	低维碳材料的拉曼光谱学研究	张锦、刘忠范、童廉明、彭海琳	2017年 国家自然科学二等奖
5	面向能源转化与存储的有机和碳纳米材料研究	陈永胜、万相见、黄毅、田建国、王成扬	2018年 国家自然科学二等奖
6	石墨烯微结构调控及其表界面效应研究	吴明红、潘登余、曹傲能、涂育松、王海芳	2018年 国家自然科学二等奖

8.4.1 化学修饰石墨烯可控组装与复合的基础研究

该项目主要研究了化学修饰石墨烯的大分子行为,建立了石墨烯化学修饰、可控组装与复合的新方法,研制了系列石墨烯功能材料并探索了其在能源领域中的应用,为揭示化学修饰石墨烯结构与性能的关系、构建新型石墨烯功能材料、推进石墨烯的工业化进程,提供了知识积累、理论基础与技术支撑。

8.4.2 高性能锂离子电池用石墨和石墨烯材料

该项目基于我国储量丰富、成本低廉的天然石墨，在对碳/石墨相关科学问题长期深入研究的基础上，发明了天然石墨系列精细加工技术，在此基础上发展了基于天然石墨的低成本可快速充电负极材料和高性能正极导电剂材料制备技术，实现了成果的技术转化和产业化。

该项目发明了过氧化氢/浓硫酸共插层天然鳞片石墨改性和微膨化技术，获得了可以快速充电、低硫、碳包裹微膨鳞片的石墨负极材料，显著提高了商用天然鳞片石墨负极的快速充电性能、使用温度范围和循环寿命。发明了表面碳包裹和间隙碳钉扎层微晶石墨复合改性技术，获得了具有优异高倍率充放性能和高首周库仑效率的微晶石墨负极材料，推动了天然微晶石墨负极的商业化应用。发明了低温负压制备石墨烯并在石墨烯片上打孔的制备技术，开发了可快速充放电锂离子电池的正极导电剂，可大幅降低导电剂的用量，提高电池的体积能量密度。

8.4.3 高质量石墨烯材料的制备与应用基础研究

该项目自2007年起深入系统地开展了CVD法和化学氧化剥离法制备高质量石墨烯材料及其在储能、光电和复合材料领域应用的基础研究，取得了多项原创性成果：提出了以多孔金属为生长基体的模板导向CVD方法，制备出高导电、柔性的石墨烯三维网络结构材料，并研制出基于该材料的高性能弹性导体和轻质高效的柔性电磁屏蔽材料，拓展了石墨烯的物性和应用。揭示了石墨烯边界依赖的生长动力学，率先制备出毫米级高质量单晶石墨烯，发明了普适的电化学气体鼓泡无损转移方法，为石墨烯在光/电子器件中的应用奠定了基础。

8.4.4 低维碳材料的拉曼光谱学研究

碳纳米管和石墨烯等低维碳材料有望在未来半导体、微纳电子和能源等领域发挥核心作用，是主导未来高科技产业竞争的战略材料。对其基本结构与性质的深入研究是能否取得引领性和原创性研究突破的关键环节。拉曼光谱技术在低维碳材料的发现以及结构与性能的研究中发挥了不可替代的重要作用。该项目以低维碳材料的拉曼光谱学研究为主线，关注低维碳材料结构与物性的微区拉曼表征、石墨烯增强拉曼散射和低维碳材料能带调控中的电子—声子耦合特征等基本科学问题。主要成果是发展了单壁碳纳米管的结构控制制备方法及其结构与物性的微区拉曼光谱表征技术；发明了石墨烯增强拉曼光谱技术；发展了低维碳材料能带调控与拉曼光谱的研究方法。

8.4.5　面向能源转化与存储的有机和碳纳米材料研究

有机太阳能电池是解决环境污染、能源危机的有效途径之一，其在质轻、柔软、半透明、可大面积低成本印刷、环境友好等方面都远远优于传统太阳能电池，被认为是具有重大产业前景的新一代绿色能源技术。如果能够利用地球上最丰富的元素（碳）为基本原料，实现高效、低成本、绿色无污染的能源技术，将对解决人类共同面临的能源难题具有重大意义。

研究团队围绕高性能能源转化和储存有机与碳纳米功能材料开展了系统研究，提出了具有确定分子结构的寡聚光伏材料和具有石墨烯本征性质的三维交联石墨烯体相材料的设计理念，设计发展了多种新型有机光伏、碳纳米及高分子复合材料；系统研究了分子单元、骨架构建、连接方式等对材料性能的影响，阐明了相应的结构—性能关系；获得了多种高效新材料，构筑了多个系列的高效有机太阳能电池及能量存储与转化器件，并多次刷新了有机光伏领域的光电转换效率纪录，率先实现了石墨烯在能源存储和转化器件中的应用。

8.4.6　石墨烯微结构调控及其表界面效应研究

项目聚焦于石墨烯材料的前沿基础研究及应用研发，在石墨烯微结构调控与表界面效应方向上取得了一系列创新性成果：实现了石墨烯及其衍生物微纳结构的可控制备、尺寸及表面特性的系统调控，在高质量单晶石墨烯量子点的宏量制备以及石墨烯表界面效应的科学问题上取得了重要突破；首创了制备石墨烯量子点的化学裁剪法和分子融合法，并被国际同行广泛采用，相关研究成果在新能源、环境、生物医药等领域产生了重要的学术影响。其核心技术具有极大的产业应用前景，为解决能源转化与存储、海水淡化、污染物高效治理、纳米生物医药等重大问题提供了新的解决思路及途径。

第9章

石墨烯材料的应用

9.1 石墨烯及其在储能领域中的应用

9.1.1 石墨烯储能应用的发展概况

LIBs能量密度大(150～200 W·h/kg)、循环寿命长,是目前在消费电子领域应用最广泛的储能器件,但是其功率密度不能满足实际应用的需求(1 kW/kg),在纯电动车领域的应用碰到了充电难题,充满电池需要几个小时。超级电容器(SCs)功率密度高(10 kW/kg),但能量密度低(0～5 W·h/kg),无法满足续航要求,不能单独用于电动车或其他储能设备。石墨烯用于LIBs有望满足能量密度和功率密度要求,开启储能技术新纪元。并且,石墨烯及其复合材料在钠离子电池(SIBs)、锂硫电池(LSBs)等领域的应用也逐步成为研发热点。而在电容器方面,由于石墨烯具有极高的理论比表面积,是独立存在的单层石墨晶体材料,故石墨烯片层的两边均可以富集电荷形成双电层,可以极大地提高能量密度;石墨烯片层所特有的褶皱以及叠加效果,可以形成的纳米孔道和纳米空穴,有利于电解液离子的扩散,赋予SCs良好的功率特性。

尽管石墨烯有广泛的应用前景,但目前尚不清楚石墨烯是否有可能彻底改变我们生活的某些方面。近年来,大量出版物讨论了石墨烯在电化学储能器件中的应用,但是这些讨论总是突出石墨烯的优点,而缺乏对其局限性及其缺点的客观分析。石墨烯的使用是否仅限于小众应用,或下一代电池和电容器是否以石墨烯为基础?石墨烯的性质因生产方法的不同差异很大,使用当今可用的技术可以生产哪种类型的石墨烯?这些材料能否明显优于最先进的材料?此外,哪些性能指标更适用于预测石墨烯在电化学储能器件中的潜在用途?这些问题都值得我们去研究。

9.1.2 石墨烯在二次电池中的应用

石墨烯可作为活性组分和非活性组分用于二次电池电极材料。虽然石墨烯可单独作为活性物质用作电极材料，但是在多数情况下，无论作为活性组分还是非活性组分，石墨烯都是和其他活性物质复合使用的。

如图 9-1 所示，目前石墨烯和活性物质组成的复合电极材料的结构大致可分为 6 种基本模型。(1) 封装型：单个活性物质微粒由石墨烯封装，石墨烯用作活性组分(如 LIBs 负极)或非活性组分(如 LIBs 正极)。(2) 混合型：石墨烯和活性物质分别合成，并在电极制备过程中机械混合，在该结构中，石墨烯可以用作活性组分(如 LIBs 负极)或非活性导电基质(如 LIBs 正极)。(3) 包覆型：活性物质微粒由多个石墨烯片层包覆，该结构可以用作金属离子电池正极或负极，其中石墨烯是非活性组分或活性组分。(4) 锚定型：这是石墨烯复合材料最常见的结构，其中电化学活性纳米颗粒锚定在石墨烯表面，该结构材料多用于金属离子的电池负极以及金属离子电池正极和 LSBs 中，其中石墨烯分别用作活性组分和非活性组分。(5) 三明治型：石墨烯用作模板以产生活性物质/石墨烯三明治型的夹层结构，该材料多用于 LIBs 负极。(6) 分层型：活性物质纳米颗粒与石墨烯片层交替形成复合层状结构，其于金属离子电池正极和负极材料的应用已受到广泛研究。

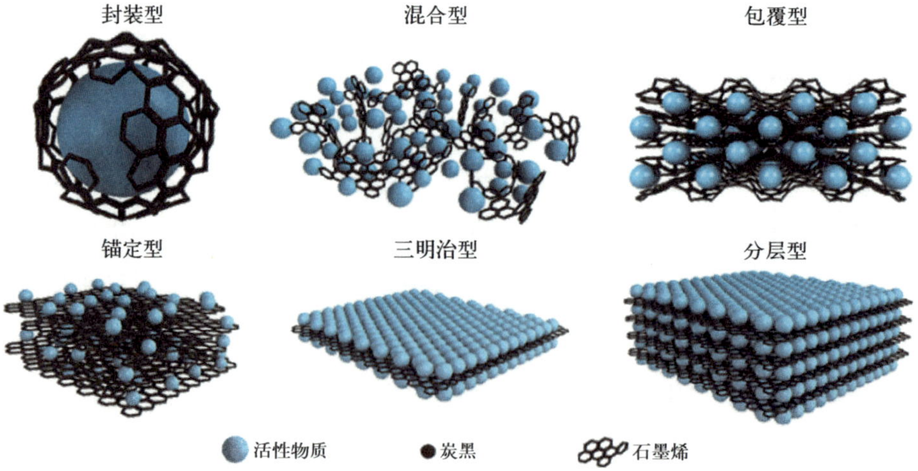

图 9-1 石墨烯和活性物质复合电极材料的不同结构模型

1. 石墨烯作为活性组分

石墨烯参与二次电池储能机制时，可视为一种活性组分。它可以容纳离子

（如 Li^+ 或 Na^+），或者在金属—空气电池中充当催化剂。

（1）锂离子电池（LIBs）

LIBs 由于锂储量丰富、能量密度高、安全无污染等优点已经实现了小到手机和家电电池，大到公共场所应急备用电源和汽车动力电池的大规模商业化应用。LIBs 未来将有希望成为电动交通工具和储能领域的能源主体。

如图 9－2(a)，LIBs 的结构主要包括正极、负极、电解液和隔膜，这四大基本材料决定了电池的基本性能。正极材料一般为可以稳定脱 Li^+ 的锂金属氧化物（如钴酸锂、镍酸锂、锰酸锂和三元材料）和锂金属聚阴离子化合物（如磷酸铁锂、磷酸锰锂、磷酸钒锂）；负极材料多为能够嵌入 Li^+ 的石墨、中间相沥青碳微球等碳材料；电解液的溶剂主要是乙烯碳酸酯（EC）、二乙基碳酸酯（DEC）和二甲基碳酸酯（DMC）的混合物，溶质为特定的锂盐（$LiClO_4$、$LiPF_6$ 等）；隔膜一般为聚烯烃系树脂，常用单层或者多层的聚丙烯（PP）和聚乙烯（PE）微孔薄膜。

以负极材料为石墨为例，图 9－2(b) 大致描述了 LIBs 充放电过程的基本工作机理，即 Li^+ 在正负极之间来回“摇曳”的过程。当对其充电时，正极的含锂化合物有 Li^+ 脱出，经过电解液到达负极，并嵌入负极材料碳层之间，嵌入的 Li^+ 越多，则充电容量越高；当对其放电时，嵌入负极的 Li^+ 脱出，又回到正极，回正极的 Li^+ 越多，则放电容量越高。每克电极材料承载 Li^+ 的能力决定了电池的容量，进而决定了 LIBs 的储能能力。

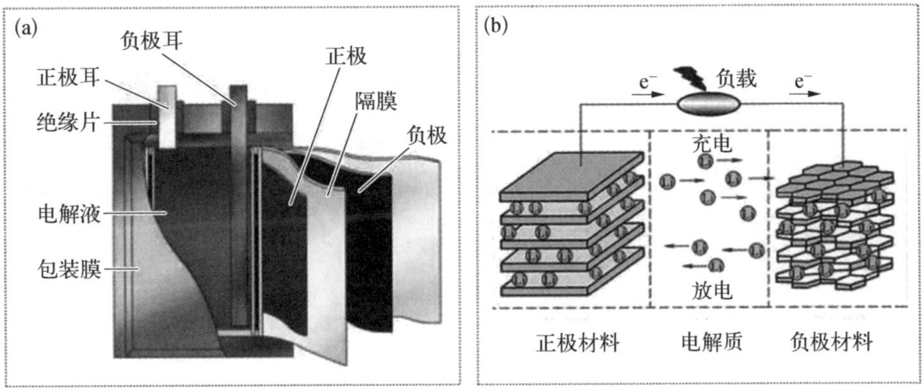

图 9－2　锂离子电池

（a）LIBs 结构示意图　（b）LIBs 工作机理图

与石墨类似，多层石墨烯可作为嵌入 Li^+ 的负极材料，也可作为碳质基体与其他可储存 Li^+ 的材料一起使用。相比于其他碳质材料，多层石墨烯是以单原子厚度的碳原子片层无序松散聚集形成的，这种结构有利于 Li^+ 的插入。石墨烯的两侧可以同时储存 Li^+，从而形成 Li_2C_6 化合物，其理论比容量为 744 mA·h/g，是石墨理论容量(372 mA·h/g)的两倍。而单层石墨烯不同于将 Li^+ 嵌入石墨的堆叠层之间。理论上，单层石墨烯可以通过吸附机制将 Li^+ 储存在其表面以及随机排列的片层("纸牌屋"模型)之间形成的纳米孔中，同时，石墨烯自然形成的皱褶表面也为 Li^+ 提供了额外的存储空穴。但类似于其他无序型碳，这种过程主要发生在低电位(相对于金属锂的电极电位小于 0.5 V)。而且，由于石墨烯提供了电子和几何上的不等效对称，因此其充放电循环也不同于石墨脱/嵌 Li^+ 的特征型分阶段过程，不存在显著的充放电平台。因此，石墨烯的微观形貌和结构很大程度上决定了石墨烯作为 LIBs 负极材料的电化学性能。由于以上独特的机制，石墨烯负极材料储锂的能力更加地依赖于材料和电极的制备方式。

Song 等研究者以人造石墨为原料，通过 Staudenmaier 法和快速热膨胀制备了石墨烯纳米片材料，该材料用于 LIBs 负极材料时，表现出优异的储能性能。首次放电曲线在 0.7 V 左右出现平台，归因于电解质与石墨烯表面官能团发生反应，后续充放电过程中无明显平台。首次充放电容量分别为 1 233 mA·h/g 和672 mA·h/g，循环 30 次后容量保持在 502 mA·h/g，并且电荷转移阻抗由 113.6 Ω 下降至8.2 Ω，表明石墨烯的片层结构及其双面吸附的储锂机制有利于电荷的转移过程。

此外，研究多聚焦于 rGO 作为 LIBs 负极材料，其拥有较高的首次放电容量，然而类似于其他碳负极材料，rGO 也在首次充放电过程中存在极大不可逆性，其高比容量在首次嵌 Li^+ 后并未得到完全释放，首次库仑效率低。这种现象主要是由于首次充放电过程中，电解质不可逆分解，从而使其与电极材料在固液相界面发生反应，并在活性电极材料上形成表面钝化层，即 SEI(Solid Electrolyte Interphase)膜。其形成受到活性材料比表面积的极大影响。而且，与普通石墨相比，石墨烯具有极高的比表面积(理论值达 2 630 m^2/g)，能提供更多的反应活性位点形成 SEI 膜，使其首次库仑效率较低。

石墨烯在脱/嵌 Li^+ 时存在较大的电压滞后，从而导致电池能量效率较差。电压滞后现象是由 Li^+ 嵌在材料边缘或者含氧和氢的表面基团等缺陷处引起的。

含氧基团（如羧基、羰基等）的逐渐还原导致石墨烯层的重新堆积，从而降低了重复充放电循环的比容量值。

由于石墨烯的堆积密度非常低，导致体积性能不理想，这在很大程度上限制了其实际化应用。

综上所述，所有这些因素都会影响石墨烯直接作为电极材料的性能，使其难以与商业化的 LIBs 石墨负极相比，难以直接作为 LIBs 负极材料使用。

针对以上四种问题，我们必须制订有效策略来防止充放电循环过程中初始 Li^+ 消耗和石墨烯片层的重新堆积。预锂化、可控表面功能化和复合材料的制备是极具前途的策略。尤其近年来，石墨烯复合材料应用于 LIBs 电极材料成为一大研究热点，在石墨烯中添加金属/金属氧化物纳米粒子等电化学活性组分，通过复合材料的可逆合金化（如二氧化锡）、插入（如二氧化钛）、转化（如氧化铁、氧化钴）等类型的储能形式，从而使其比纯石墨烯作为电极材料具有更高的储能容量以及循环稳定性。石墨烯复合材料能克服两种材料单独使用时的缺点，充分发挥石墨烯与复合组分之间的协同效应。(1) 在复合材料制备过程中，石墨烯可作为电化学活性纳米材料生长的支撑结构，其表面的活化位点能控制在其表面生长的金属氧化物颗粒保持在纳米尺寸，使 Li^+ 和电子的扩散距离变小，改善材料的倍率性能；电化学活性纳米材料通过降低石墨烯层间的范德瓦耳斯力而有效避免片层重新堆积，因此可以有效缓解电极制备和电池充放电循环过程中石墨烯片层重新堆叠而导致的比容量衰减。(2) 石墨烯片层构筑的交联互穿的导电网络保证了复合材料的导电性，并有效缓冲了金属氧化物组分在合金化或转化等电化学过程中的体积效应，抑制了金属颗粒的团聚和粉化，从而改善材料的循环稳定性。

除了上述的金属/金属氧化物之外，还可以通过一些非金属材料与石墨烯复合来提高储能器件的电化学性能，这其中以硅最具有代表性。硅在自然界含量丰富，理论容量高（4 200 mA · h/g），堆积密度与锂相似，体积性能良好。此外，

硅的脱嵌 Li^+ 电位高，可有效避免锂析出，提高电池的安全性。但由于硅不具备石墨材料的层状结构，其储锂机理是通过硅锂的合金化和去合金化进行的，导致充放电过程中巨大的体积效应（膨胀率＞300%），影响稳定 SEI 的形成，阻碍离子的扩散，增大界面阻抗，破坏电极结构稳定性。与金属氧化物/石墨烯复合材料相似，制备硅/石墨烯复合材料，利用石墨烯的片层将硅纳米粒子包裹，可以有效抑制硅的体积膨胀，增强电极循环稳定性，同时石墨烯可以保证复合材料整体的导电性能。

即使石墨烯复合负极材料具有以上优异的性能，但与纯石墨烯类似，在首次充放电循环过程中仍会产生 30%～50% 的不可逆比容量的损耗。为了获得 LIBs 更加优良的电化学性能和循环稳定性，复合材料的结构布置和质量比分布的优化仍然是必须解决的关键问题。与此同时，轻质便携的柔性 LIBs 器件最近受到广泛关注，其需要轻质超薄的活性材料，必将受益于石墨烯及其复合材料的使用。

（2）钠离子电池（SIBs）

与 LIBs 工作机理相似，SIBs 主要依靠 Na^+ 在正负极之间的来回移动进行充放电循环工作。LIBs 的广泛研究与商业化应用为 SIBs 的发展提供一定的经验，促进了 SIBs 的快速发展。目前，SIBs 还处于开发的早期阶段，但由于钠的自然资源丰富且成本很低，因此有望实现大规模的储能应用。

金属钠和锂同属第一主族元素，具有相似的物理化学性质，这是 SIBs 可以借鉴 LIBs 研发经验的基础。但是钠的质量是锂的 3 倍，而且还原电势（相对于标准氢电极为 2.71 V）略低于锂（相对于标准氢电极为 3.04 V），导致 SIBs 的电压窗口、理论容量和能量密度都低于 LIBs。此外，Na^+ 的半径比 Li^+ 大 0.3 Å，这就要求 SIBs 的电极材料必须具有足够大的 Na^+ 插层空间和传输通道。作为商业 LIBs 的负极材料，传统石墨的层间距为 0.34 nm，而 Na^+ 插层的最小层间距为 0.37 nm；而且 Na^+ 与石墨无法形成稳定的 Na－C 化合物。以上两点导致石墨无法作为负极材料应用于 SIBs。因此，寻找一种合适的 SIBs 负极材料成为近年来的研究热点。在这方面，具有乱层结构的硬炭、软炭、活性炭等非石墨化碳材料成为 SIBs 负极材料的理想材料。

2013年，rGO作为负极材料应用于SIBs首次得到报道，其表现出良好的电化学性能、循环寿命和倍率性能。这种优异的性能与缺陷的存在（如含氧基团、孔隙、边缘位等）有关，缺陷扩大了石墨烯的层间距离。然而，正如前文所介绍的，缺陷的存在也降低了SIBs的循环稳定性和首次库仑效率。最近，Ding等利用生物质材料合成了少层的石墨烯并将其作为SIBs负极材料。然而，他们发现Na^+嵌到石墨烯的机理受到合成温度（600～1 400 ℃）的影响。在较低温度下，获得一般质量的石墨烯，其储Na^+能力和rGO类似；在较高的温度时可以形成质量更好的石墨烯，层间距为0.38 nm，可以实现Na^+的更好嵌入。尽管石墨烯用作SIBs负极材料的首次充放电的库仑效率仍然很差，但其表现出高达300 mA·h/g的比容量和良好的循环性能，揭示了石墨烯材料用作SIBs负极材料的可行性，为石墨烯在SIBs中的成功应用带来了希望。此外，石墨烯作为负极材料输入电位较低，使其在提高器件比容量方面更具优势。

与LIBs类似，石墨烯复合材料用作SIBs电极材料比纯石墨烯具有更优异的电化学性能。例如，研究者制备了rGO/SnS_2复合材料并用于SIBs负极，在0.2 A/g的电流密度下比容量为630 mA·h/g；在电流密度增加至2 A/g时，其比容量仍达到544 mA·h/g；经过400次充放电循环后，容量保持在500 mA·h/g。他们将rGO/SnO_2良好的电化学性能归因于以下几个方面：（1）SnS_2层间距大，有利于Na^+的嵌入和脱出，并利于对循环过程中电极材料的体积变化起到缓冲作用；（2）rGO形成的导电网络可以加速电子转移；（3）rGO对循环过程中反应生成的中间产物Sn以及Na_xSn的聚集有抑制作用。SnS_2/rGO负极材料的研究也为石墨烯与其他金属氧化物的复合材料应用于SIBs提供了经验。

（3）锂—空气电池（LABs）

随着对能源需求的不断增长，能量密度更高的新型储能器件也在不断发展。在这方面，理论能量密度高达5 200 W·h/kg的LABs成为最具代表性的研究热点之一。尽管锂—空气化学在1976年就被提出，但直到2006年，可充电的LABs才由Bruce等提出，并引起了科学界的关注。

尽管不同的LABs可以采用不同类型的电解液，但它们的电极材料通常一致，一般负极为金属锂，正极为多孔碳材料。如图 9－3，LABs 的可再充电性依赖于在放电（氧化—还原反应）过程中形成还原产物（Li_xO_2，主要是 Li_2O_2），以及充电过程中（氧气释放反应）Li^+ 转变回原始 Li 的金属状态。实际应用中，整个系统的能量转化效率低，倍率性能较差，有研究报道在保持比容量为 1 000 mA・h/g 的情况下最多只能实现 100 次循环，远远达不到实际需求。在影响 LABs 性能的各种因素中，正极（空气电极）材料的形态对于获得高比容量尤其重要，尤其是比表面积和孔隙率决定了放电产物的形态和数量。已有报道证明，rGO 用于 LABs 电极时，首次放电比容量可达到 8 700 mA・h/g，远高于其他碳基材料（1 000～2 000 mA・h/g）。另外，rGO 中原本存在的缺陷和官能团也可以对放电产物的形成起到催化作用，使得 rGO 成为 LABs 的理想电极材料之一。

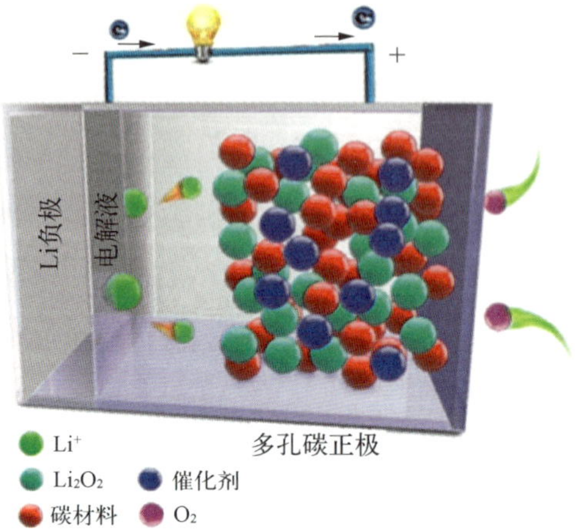

图 9－3 LABs 工作原理图

石墨烯用于 LABs 的一些作用机理目前仍不清楚，需要进一步研究。并且，在我们评估石墨烯在 LABs 中的有效性之前，需要对石墨烯在其电解质中的稳定状态进行进一步研究。到目前为止，即使实现 LABs 的理论能量密度仍然很遥远，但使用 rGO 作为 LABs 正极材料或在正极中作为其他活性材料的催化剂，已经使 LABs 的性能得到了明显改善。

（4）钠—空气电池（SABs）

尽管 SABs 的理论能量密度仅为 LABs 的一半，但由于其原材料钠的储量丰富、生产成本低，在过去的几年中 SABs 受到越来越多关注。与锂相比，钠在放电过程中能够可逆地形成具有低电位的稳定超氧化物 NaO_2，这使 SABs 能够在首次放电之后以 80%～90% 的充电效率进行循环。然而，更稳定的过氧化物（Na_2O_2）形成过程的反应动力学慢，严重制约了充放电过程的速率，因此需要合适的催化剂加速电极反应的进行。

已有报道证明，在干燥空气条件下，rGO对Na_2O_2的形成具有显著的催化作用，这也是常规碳材料所不具备的特性。另外，石墨烯电极的微观结构是影响SABs比容量的关键因素之一。Liu等的研究发现，rGO可以作为氧还原和氧气释放反应的催化剂。此外，他们还研究了N掺杂的rGO纳米片，发现N掺杂引入的缺陷部位可以使放电产物的尺寸更小并且分布更均匀，因此相对于未掺杂N的rGO具有更高的比容量。虽然石墨烯用于SIBs技术还处于发展的早期阶段，但近几年的一系列研究发现证实了其广阔的研究前景。

2. 石墨烯作为非活性组分

即使不参与电化学反应，石墨烯也能在电化学储能器件中发挥重要作用。由于石墨烯具有良好的导电性(电导率大于$2\sim3\times10^4$ S/cm)，因此常被用于金属离子电池电极材料的导电剂以及LSBs电极中碳基体的包覆材料，从而在添加量较低的情况下，仍能使电极材料具有较高的导电性，这样可以使活性物质在电极中的质量分数达到最大，更好地发挥电极的优异性能。除了能使电子进行有效的传输外，石墨烯优异的导热系数(1 000～1 500 W/m·K)还有助于设备在大电流负载或特殊条件下散热，从而提高其安全性。

(1) 锂离子电池(LIBs)

在复合电极中引入低成本的导电剂(如炭黑)是解决电极材料导电性能差的主要方法。天然石墨、Super P、乙炔黑等是常用的电极材料的导电剂，然而它们的导电性相对于石墨烯等结晶性碳材料来说相对较低。例如，将石墨烯或者其他碳质导电剂添加在不同形貌的硅纳米材料(例如阶纳米线)中，石墨烯作为导电剂的改性效果明显优于天然石墨和乙炔黑。Song等以人造石墨为原料，通过Staudenmaier法和快速热膨胀制备了石墨烯纳米片材料，作为导电剂与人造石墨混合制备负极材料。通过实验证实，由于其本身的电化学活性以及片层构建的导电网络结构，以石墨烯作为导电剂可以显著提高负极材料的容量和倍率性能。达到相同性能的前提下，使用石墨烯可以减少导电剂的添加量，有利于提高器件能量密度，减轻器件质量。但相比于传统的乙炔黑导电剂，石墨烯的高比表面积和表面官能团使其作为导电剂时的首次库仑效率下降。

此外，近年来也有研究者开始探索用石墨烯作为辅助材料来改性正极材料，包括钴酸锂、锰酸锂和磷酸铁锂等。石墨烯拥有高比表面积、特殊的二维结构以及优异的电子传输能力，能解决正极材料局部电压过高所产生的极化问题，并有效改善正极材料的导电性能、循环性能和低温稳定性。在这些研究中，大部分都是利用 GO 作为形成石墨烯导电网络的来源，而且多数是将 GO 还原为 rGO，并利用“一步法”将 rGO 与正极材料前驱体混合生成石墨烯复合材料。不同于在电极制备过程中将导电添加剂与正极活性材料研磨混合的传统方式，这种原位制备方法有利于形成小尺寸的正极材料微粒，而直接附着于 rGO 基体。其中小尺寸微粒也利于提高 Li^+ 的扩散能力；rGO 形成的三维导电网络能够防止正极活性材料在充放电过程中的溶解，从而延长电池的循环寿命。测试结果表明，与传统的碳质添加剂相比，rGO 可以更加显著地提高正极材料的倍率性能；并且根据活性正极材料的不同，其最高可提高 160%的放电容量(以相同的电流速率)。然而，也有少数研究表明，在电极制备过程中以类似于传统方式将 rGO 与正极材料混合时，会对 Li^+ 的迁移速率产生负面影响，从而恶化复合正极材料的电化学性能。尽管如此，在大多数报道中，石墨烯用于正极材料时，与其他活性材料间的相互作用机理尚不完全明确；另外，炭黑更便宜，也更容易处理，因此 rGO 能否取代炭黑仍须不断探索。

(2) 钠离子电池(SIBs)

如 9.1.2 中所介绍的，Na^+ 相对于 Li^+ 较大的离子半径限制了可用于 SIBs 负极材料的选择，并且 SIBs 正极材料的选择也存在同样的问题。针对这种现象，最近研究开发出的层状氧化物用于其正极材料，表现出优异的电化学性能。然而，与用于 LIBs 的效果类似，它们通常具有较差的本征导电性，从而限制了 SIBs 的倍率性能。到目前为止，只有少数研究报道了可用于 SIBs 正极材料的石墨烯复合材料。尽管相关工作仍在研究进行中，但 rGO 的添加对材料整体的导电性的确有所改善，从而使其与单一正极材料相比，循环稳定性和倍率性都得到提高，这也在一定程度上证实了石墨烯作为 SIBs 正极材料添加剂应用的可行性。

(3) 锂硫电池(LSBs)

LSBs 通过金属锂(负极)和单质硫(正极)的氧化还原反应进行储能，理论上可以提供高达 2 600 W・h/kg 的能量密度。尽管硫资源丰富、元素成本低、毒性低、理论容量高(1 672 mA・h/g),但 LSBs 目前仍存在许多问题:(1) 硫单质的氧化还原反应动力学缓慢;(2) 能量转化效率低;(3) 反应中间产物(多硫化物)在电解质中溶解使得活性物质损失,器件循环性能差;(4) 电化学反应过程中硫的体积效应显著。石墨烯具有高导电性和捕获充/放电产物的能力,因此通过在电极材料中添加石墨烯有望成为解决这些问题的有效途径。有研究报道 rGO 和 GO 可以作为硫微米/纳米颗粒的沉积基底,尤其 GO 中环氧基和羟基的存在有利于含硫组分的锚定,从而有效抑制多硫化物的溶解。另外有研究发现,石墨烯/聚合物/硫复合材料用作 LSBs 的电极材料时,即使尚未实现循环性能和使用寿命的明显改善,但这种复合材料表现出高于 1 000 mA・h/g 的高容量。最近合成的石墨烯/硫复合物用于 LSBs,测试分析其在比容量、库仑效率和循环稳定性方面都表现出良好的性能。从这些结果来看,石墨烯可能是在 LSBs 正极上封装硫的一种候选材料。以后研究的方向在于改进硫/石墨烯界面,以实现稳定的电化学性能。

3. 最新石墨烯用于二次电池的发展

石墨烯在电化学储能领域的快速发展应用,极大促进了镁离子电池(MIBs)等新型电池的研究应用。MIBs 是金属离子电池家族的最新成员之一,具有高能量密度和环境友好的特性,有望成为 LIBs 的替代品。目前,关于 MIBs 的研究还处于早期探索阶段,但已经有学者尝试将石墨烯复合材料作为正极材料使用。尽管到目前为止,MIBs 的相关研究取得的成果不尽如人意,但这些工作都为 MIBs 中的研发打下基础,也是石墨烯用于 MIBs 研究的开端。目前已有一些基于石墨烯作为活性电极材料的可充电 MIBs 的专利出现,也为石墨烯在 MIBs 中的研究起到推进作用。

另外,也有研究者将石墨烯用于改进钒氧化还原电池(VRFBs)。VRFBs 利用酸性电解液分别在负极(V^{3+}/V^{2+})和正极([VO^{2+}]/[VO_2^{+}])中的氧化还原反应进行储能。石墨布或石墨毡等碳材料,由于优异的电化学稳定性和广泛的操作潜力而常被用作 VRFBs 电极材料。然而,尽管它们具有高的比表面积,但这些电极材料并不具有达到满足市场需求的电化学性能。因此，有人提出使用石墨烯复合材料来改善这种电极材料的电导率、动力学可逆性和电化学活性。在过去的几年中，针对石墨烯（包括 GO、rGO）复合材料作为 VRFBs 电极的研究均显示出石墨烯负载碳电极具有良好的电化学性能，特别是在高峰值电流密度、降低过电位和降低电荷转移电阻等方面的作用效果显著。另外，最近有学者已成功将 GO 和商业石墨烯作为 VRFBs 离子交换膜中的添加剂，降低了 VRFBs 工作过程中钒的渗透，并能防止离子的交叉混合。

石墨烯在电池方面的应用成果不断促进着高性能新型二次电池的不断探索开发，虽然其市场化仍然很遥远，但发展前景十分广阔。

9.1.3 石墨烯在电容器中的应用

电化学电容器，也可称为超级电容器（SCs），作为大功率储能器件，因具有充电时间短、使用寿命长、功率密度高、安全系数高等优点而受到广泛关注。尤其近年来，电动汽车、电子存储设备、家用电器、航天航空等领域的快速发展，对高功率储能器件的需求激增，SCs 的研发和应用可以弥补其他动力器件（二次电池、燃料电池）的不足。因此开发高性能 SCs 是今后储能领域发展的一大趋势。

1. SCs 简介

SCs 的组成结构与电池非常相似，主要部件包括正负电极、电解液、隔膜、集流极。SCs 常用的活性材料根据储能机理的不同，大致包括活性炭材料、过渡金属氧化物、高分子导电聚合物等。电解液主要分为水系电解液、有机电解液和离子液体三类。根据采用的电解液不同，集流体的材料可使用钛、镍或铝等材料。隔膜通常为纤维素等材料，可允许电解质中的正、负离子通过，而不允许电子通过。在所有组成中，电极材料对 SCs 的电化学性能起到决定性作用，因此研发高性能的电极材料是满足 SCs 实际应用需求的根本途径，也是近年来电容器研究领域的热点。

按照工作机理，SCs 可分为三类：双电层电容器（EDLCs）、赝电容器和混合电容器。如图 9-4，EDLCs 储能原理是在电极表面吸附电解质离子，在电极和电解质界面形成双电层来实现能量存储，是一种纯物理静电吸脱附的充放电机制，因此具有极高的循环稳定性和倍率性能。EDLCs 的电极材料通常为具有超大比表面积和多孔结构的活性炭，以提供充足的离子吸附位点。但活性炭的堆积密度通常很低（$<0.2\ g/cm^3$），导致电极和器件的体积性能很差，并且由于单位比表面电容的贡献值低，使得活性炭的比容量为 200～300 F/g，远远不能满足实际应用的需求。赝电容器则通过电极活性材料表面发生的可逆快速法拉第反应进行电化学储能。在相同电极面积的情况下，赝电容器容量是 EDLCs 电容量的 10～100 倍。赝电容的活性物质包括过渡金属氧化物、导电聚合物等具有赝电容效应的组分，这类活性材料具有高的容量，但本征导电性较差，且电化学反应动力学相对较慢，使得赝电容的循环和倍率性能下降。因此，研发兼具容量高、循环稳定性好、倍率性能好的电极材料仍存在很大挑战。

图 9-4 电容器工作机理示意图

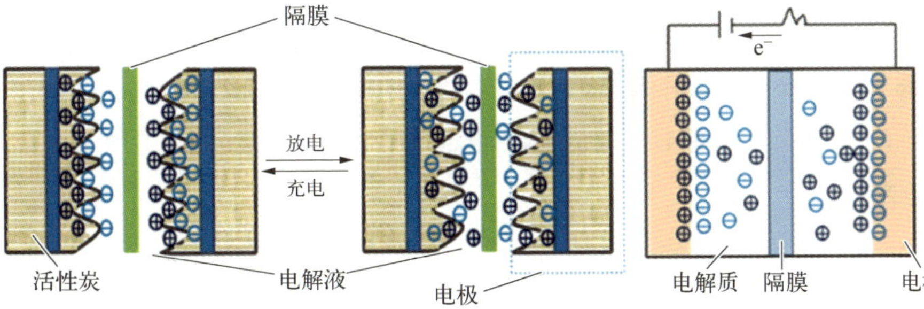

（a）EDLCs （b）赝电容器

为改善 SCs 的能量密度，目前通常采用的策略是制备具有特定结构和组成的电极材料：(1) 设计合成分级多孔纳米材料，并在不降低导电性的前提下，增大比表面积，有利于提供丰富的电化学活性位点和离子传输通道；(2) 将提供赝电容的材料（如金属氧化物、导电聚合物、杂原子或官能团）与碳材料复合，保证材料整体的导电性，同时提高储能容量。

2. 石墨烯在 SCs 中的应用

目前，研究和应用最广泛的 SCs 电极材料主要是炭质材料，包括活性炭

(AC)、活性炭纤维(ACF)、碳纳米管(CNTs)等。其中,AC具有比表面积高、价格低廉等优势,是EDLCs电极中应用最成熟的活性材料,已经占据了绝大部分商业市场。但由于AC本身导电性较弱,增大了电极或整个电容器的等效串联电阻,从而降低了其在高电流密度下的充放电速率和比容量,倍率性能也受到限制。近年来,石墨烯本身具有比表面积大、电子导电性高、力学性能好的特点,利用石墨烯制备多孔结构材料以及复合材料是最有效的途径之一。

(1) 双电层电容器(EDLCs)

EDLCs储能完全是一个物理储能的过程,其电化学性能与电极材料的电导率、比表面积和孔结构密切相关。每单位质量(F/g^{-1})、体积(F/cm^3)或面积(F/cm^2)储存的电荷量与可用于形成双电层的表面积即接触电解质的面积成正比。石墨烯的理论比表面积为2 620 m^2/g,理论电容为550 F/g。然而,在实践中并非如此,因为制备接近其理论比表面积的石墨烯难度非常大,而且在电极制造和充放电循环期间都极其容易发生石墨烯片层的重新堆叠,这严重影响了石墨烯材料在电解质中的分散性和表面可浸润性,从而降低了有效比表面积和电导率,能量密度更无法达到理论值。例如目前rGO的比表面积平均值为300～1 000 m^2/g,导致其实际容量较低(水系电解质中为100～270 F/g,有机系电解质中为70～120 F/g)。

Ruoff等通过化学活化的方式将rGO组装成具有介孔和微孔的3D网络结构,比表面积高达3 100 m^2/g,高度弯曲的石墨烯片层可防止其在充放电循环过程中重新堆叠。另外,可以通过优化电极制造工艺来减轻石墨烯片层重新堆叠。例如,可以调控rGO片层沿着垂直于集流体表面的方向排列,以缓解石墨烯片层的重新堆叠趋势,赋予其更高的有效比表面,并且这种垂直排列的方式能够实现更高的填充密度,也利于增大器件的体积能量密度。也有研究者利用各种表面活性剂,如四丁基氢氧化铵(MSDS)、十二烷基苯磺酸钠(SDBS)、十六烷基三甲基溴化铵(CTMAB)等嵌入GO片层中,缓解GO在还原过程中的堆叠现象,而且表面活性剂的存在还提高了石墨烯材料的分散性和表面浸润性,有利于提高容量。即使通过活化造孔、结构组装、定向排列、引入插层剂等方式能够有效改善石墨烯材料的电化学性能,但目前制备的绝大多数的石墨烯材料在性能和使用成本上还不能与AC竞争。而且，目前应用于EDLCs电极的石墨烯材料大都密度较低，其具有大量的孔隙，尤其是大孔。这些孔隙被电解质填充，使器件的质量和体积增加，不利于EDLCs的小型化和轻质化。

近年来，随着小型化、便携化、可穿戴化电子设备以及电动汽车的迅速发展，体积性能成为一种相对更可靠、更精确地评价SCs储能能力的参数。在防止石墨烯片层紧密堆叠和聚集的前提下，构建高密度多孔型石墨烯成为提高EDLCs体积性能的关键。目前，研究人员根据石墨烯组装的原理，设计不同的方案来解决此类问题。如图9-5所示，石墨烯组装可以分为面对面平行组装（路线一）以及边缘和面/边缘随机组装（路线二）。前者虽然堆积密度高，但紧密堆积的片层结构也使离子通道不足，材料的倍率性能下降；后者由于随机的3D组装产生大量的孔隙，因此有足够的离子通道，但其疏松的结构也导致其堆积密度较低。针对路线一的问题，可以首先通过控制石墨烯片层定向分布制备石墨烯水凝胶（CCG），再经过真空过滤形成CCG膜，之后通过毛细管压缩过程将非挥发性物质、硫酸或离子液体与水置换进入石墨烯片层间，从而形成液体介导的致密型石墨烯基薄膜。在此方法基础上，研究人员又在真空中筛选出多孔石墨烯薄膜，并将其组装成3D结构。这两种方法分别构造了平行和垂直于石墨烯片层的离子通道，极大促进了石墨烯用于EDLCs电极材料体积性能的改善。最近，对石墨烯进行修饰处理的方法也得到广泛研究。如采用上述两种路线相结合的策略，制备多孔石墨烯/CNTs构成的三明治结构材料，层间CNTs的加入和石墨烯本身多孔结构的协同效应，使得复合材料达到高密度和丰富离子传输通道的平衡。针对路线二的问题，采用GO自组装法制备3D石墨烯水凝胶，然后通过特定的方法去除其中的水。不同的除水方式可以得到不同微观结构的石墨烯组装体。通过冷冻干燥过程中的快速升华，使得石墨烯凝胶保持疏松的形貌，得到低密度的石墨烯泡沫；利用蒸发干燥的方法，可以诱导片层紧密堆积搭接得到致密多孔块状石墨烯材料（HPGM）。这两种不同的材料具有相似的比表面积和质量比电容，但由于它们的堆积密度相差很大，其体积比容量的差异明显。蒸干法得到的HPGM在水系电解质中拥有376 F/cm^3的高体积比电容，这是迄今为止报道的最高值之一。此外，机械压缩法、真空辅助自组装的方法都有明显效果。

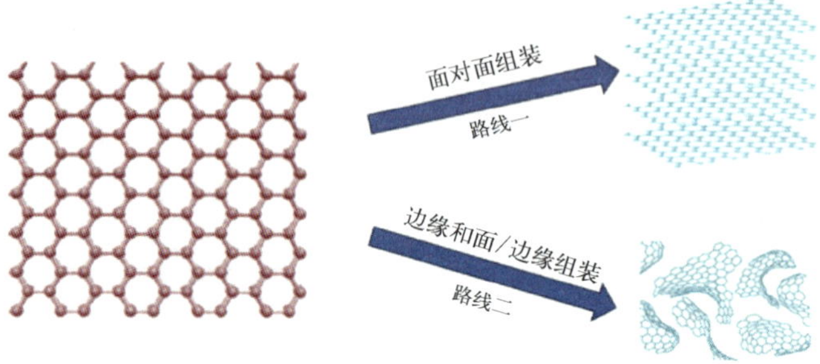

图 9-5　石墨烯片层组装的两种典型模型

针对 AC 在 EDLCs 电极材料中的成熟应用，并且受到石墨烯与 CNT 组装的启发，研究人员也尝试研制具有纳米片形貌的石墨烯/AC 复合材料。将具有高比容量、高稳定性能的石墨烯引入活性炭材料中，提高活性炭超级电容器的充放电性能、倍率性能以及循环寿命。Zhang 等利用葡萄糖溶液和 GO 经过 KOH 两步活化法制备得到多孔石墨烯/AC 纳米复合材料。其中石墨烯可以提供电子传输网络，显著提高复合材料的整体导电性；包覆在石墨烯表面的多孔炭层不仅可以抑制石墨烯片层团聚，还可以提高填料密度，从而改善体积性能。该复合材料拥有高填充密度（0.3 g/cm^3）和比表面积（2 106 m^2/g^1），并且含有大量的介孔。在水系电解质中比电容可达 210 $F \cdot g^{-1}$，在有机电解质中比电容可达 103 $F \cdot g^{-1}$，5 000 次循环后容量保持率为 94.7%。

综上所述，尽管石墨烯及其复合材料用于 EDLCs 已经取得了一定的成效，但石墨烯电极材料的产业化还存在很多问题，其关键在于有效减少石墨烯片层聚集和堆叠并构建多孔致密结构以获得良好的体积性能。而且以目前的研究成果来看，石墨烯将更可能用于小型 SCs，如下一代可穿戴和微电子设备。

(2) 赝电容器

目前赝电容器电极材料研究主要集中在杂原子掺杂碳材料、导电聚合物和过渡金属氧化物。由于充放电过程中存在法拉第反应，赝电容具有比 EDLCs 更高的能量密度。然而，由于活性材料本征导电性差，电化学反应动力学相对较慢，赝电容器在功率密度和循环寿命方面不如 EDLCs。通过对石墨烯进行官能团修饰改性以及制备石墨烯复合电极材料，进而改善赝电容器的电化学性能具有一定可行性。

虽然GO的导电性较低，但由于其含有大量含氧基团，其赝电容效应比rGO更显著。然而，如9.1.2中所述，这些基团可能导致循环稳定性和可逆容量的下降，从而对电极材料的电化学行为产生负面影响。于是，各种石墨烯/导电聚合物和石墨烯/金属氧化物复合材料作为赝电容器电极受到广泛关注。复合电极材料能够提供石墨烯基体和电化学活性物质的协同效应。石墨烯作为支撑基体使电化学活性物质在纳米尺度上进行生长，通过增加复合材料的导电性和机械稳定性来提高电化学性能；电化学活性物质能优化石墨烯片层的空间定向。另外，最近许多研究面向石墨烯与金属有机框架（MOFs，如ZIF-67、ZIF-8）基多孔材料的复合，MOFs多孔材料阻碍了石墨烯片层的重新堆叠，石墨烯又防止了MOFs多孔材料的团聚，使其电化学性能得到充分发挥。因此要充分挖掘石墨烯在赝电容器电极材料中的应用潜力，关键在于对其复合材料进行进一步的研究开发。

9.1.4 石墨烯在储能领域的应用企业

随着世界经济的飞速发展，人们对能源的需求越来越多，因而促进了对不同新型能源的开发与应用。随着高质量石墨烯材料的量化制备，使得石墨烯应用于储能领域变为可能，众多企业开展了石墨烯在储能领域应用产品的研究并开发出一系列相关的产品，详见表9-1和表9-2。

表9-1 我国部分石墨烯锂离子电池应用企业及其相关产品

公司名称	相关产品
宁波墨西科技有限公司	锂电池用石墨烯复合导电浆料
	锂电池用石墨烯复合导电粉料
	石墨烯涂层铝箔集流体
	集流体涂覆用石墨烯导电浆料
重庆墨希科技有限公司	铜箔衬底的石墨烯薄膜
上海碳源汇谷新材料科技有限公司	石墨烯基锂离子电池
	石墨烯基正负极材料

续 表

公 司 名 称	相 关 产 品
北京旭碳新材料科技有限公司	石墨烯基锂离子电池
山东玉皇新能源科技有限公司	石墨烯基锂离子电池
山东奥冠新能源科技有限公司	石墨烯导电剂
山东冠华新材料有限公司	石墨烯导电剂
青岛海大海烯新材料有限公司	电池、电容电解质添加剂
青岛昱金硒新材料有限公司	锂离子电池负极材料
内蒙古欣源石墨烯科技有限公司	锂离子电池负极材料
深圳贝特瑞新能源材料股份有限公司	电池负极材料
深圳本征方程石墨烯技术股份有限公司	石墨烯复合电池材料
深圳第四能源石墨烯科技有限公司	石墨烯电池
广东东莞市天润电子材料有限公司	电池壳内壁用导电涂料
	电池用纳米石墨导电剂
广东深圳铭晶科技有限公司	石墨烯电极材料
方大炭素新材料科技股份有限公司	石墨烯基正负极材料
常州鸿昌高科新材料有限公司	石墨烯基复合电极材料
宁波艾能锂电池材料科技股份有限公司	高性能磷酸铁锂/石墨烯复合正极材料
天津普兰纳米科技有限公司	石墨烯改性钛酸锂负极材料
	快充型超级电池单体、模组和应用系统
烯晶碳能电子科技无锡有限公司	单体圆柱形电池
	单体软包叠片电池
	模组电池
江苏锦宏石墨烯科技有限公司	石墨烯电池

表9-2　我国部分石墨烯超级电容器应用企业及其相关产品

公 司 名 称	相 关 产 品
宁波墨西科技有限公司	石墨烯涂层铝箔集流体
	集流体涂覆用石墨烯导电浆料
上海碳源汇谷新材料科技有限公司	石墨烯基移动电源
北京旭碳新材料科技有限公司	石墨烯超级电容器
中车株洲电力机车有限公司	大功率石墨烯超级电容器
北京北方国能科技有限公司	石墨烯杂化物
宁波中车新能源科技有限公司	石墨烯/活性炭复合电极超级电容器
	石墨烯纳米混合型超级电容器
浙江碳谷上希材料科技有限公司	石墨烯纤维超级电容器
	石墨烯—氧化锰纤维非对称超级电容器
	石墨烯碳管—凝胶电解质同轴纤维超级电容器

续 表

公 司 名 称	相 关 产 品
天津普兰纳米科技有限公司	高性能超级电容器薄膜电极极片
	各种规格超级电容器的单体、模组和应用系统
四川能宝电源制造有限公司	超级电容器
常州立方能源技术有限公司	超级电容器
四川聚能仁和新材料有限公司	超级电容器
烯晶碳能电子科技无锡有限公司	超级电容模组管理系统
青岛储能产业技术研究院	超级电容器
威海三合永新能源科技有限公司	超级电容器
恒力盛泰(厦门)石墨烯科技有限公司	超级电容器

9.1.5 石墨烯及其在储能领域的前景分析

科学界对石墨烯应用的研究探索仍在继续。在政府相关政策支持下，世界各国不断加大研究力度，加之新能源汽车市场的快速崛起，石墨烯在储能领域的开发应用正逐步推进，其满足市场性能要求的产品也不断涌现。

石墨烯独特的结构和性能使其有望大幅提高实际储能系统的能量密度和功率密度，并有望推进下一代储能器件的开发。然而，到目前为止，并未发现真正的突破性成果。与过去许多新型材料的开发利用情况一样，现在的主要任务是缩小石墨烯实验室研究与实际应用之间的差距。由于其独特的性质，石墨烯的电化学性能严重依赖于其生产方法，因此它在储能器件中的应用发展也受到生产工艺的限制。如今，绝大多数基于石墨烯的材料是通过液相剥离法将 GO 还原为 rGO 而生产的。这种方法成本低，具有规模性生产潜力，但引入了内在和外在缺陷，这些缺陷极大影响了材料的电化学性能。总体来看，石墨烯具有很高的电导率、良好的机械强度、柔韧性、化学稳定性以及很高的比表面积，尤其是化学转化的石墨烯具有较大比例的官能团，决定了其非常适合作为复合电极材料的基体。石墨烯与其他电活性物质(导电聚合物、金属氧化物等)复合制备石墨烯复合材料，其中石墨烯可作为电化学活性组分和非活性组分。因此，近年来针对石墨烯应用于储能器件电极材料的研究不再局限于纯石墨烯，而更多地关注石墨烯复合材料。

在二次电池电极材料中，石墨烯作为活性组分，理论上可以极大提高材料的能量密度，但由于材料本身的缺陷以及充放电循环中的重新堆积造成其拥有较差的可逆比容量，因而材料的循环寿命及倍率性能也受到限制。例如，即使基于rGO的LIBs电极具有良好的首次放电容量，但与应用成熟的石墨电极相比，其循环寿命有限，体积比容量很低，因此无法与其竞争。石墨烯作为非活性组分应用于LIBs、SIBs、LSBs，其优异的导热、导电性能，赋予电极材料优异的倍率性能和安全性能。事实上，越来越多的对于石墨烯应用于LIBs的研究成果证明了石墨烯对储能应用的价值。而且，在用于电极材料时，石墨烯复合材料已经发挥真正的作用，在LIBs、SIBs和LSBs中表现出优异的性能。其中，石墨烯片层与电化学活性微粒起到协同作用，前者起到导电基质以及固定后者的作用，可以使材料最大限度地缓冲体积变化，后者有助于避免石墨烯片层重新堆叠。其电化学性能完全得到开发的关键在于复合材料的纳米结构控制，如果具备了先进的纳米级工艺技术，石墨烯复合材料必然会在储能应用的进程中发挥至关重要的作用。

低能量密度阻碍了SCs向商业阶段的转变。而石墨烯超高的理论比表面积使其具有极高的理论电容，石墨烯用于SCs电极材料成为可能。近年来小型便携式装置的发展应用使通过质量数据评估SCs性能的常见做法可能会导致误导性结论。对于低密度和几微米厚的电极电化学性能的相关报道，体积数据肯定更具实际价值。那么有效减少石墨烯片层堆叠和聚集并获得高密度多孔型结构成为提高EDLCs体积电容的关键。通过活化造孔、结构组装、定向排列、引入插层剂等方式可在一定程度上缓解石墨烯的堆叠。在此基础上，利用液体介导法，冷冻干燥以及蒸发诱导干燥法，真空辅助自组装等方式可以构建高密度多孔型石墨烯。此外，赝电容的引入可以使能量密度进一步提高。通过官能团修饰或者与导电聚合物、金属氧化物和金属氢氧化物复合引入赝电容，并充分发挥石墨烯本身的特性，这种石墨烯复合材料之间的协同作用能有效提高其能量密度。总之，如何有效发挥石墨烯作为电极材料的高比电容，实现电极材料与电极制备过程的有效放大是今后石墨烯用于SCs基础研究的方向。

综上，鉴于世界各地不断增加资金和人力资源投入，在不远的将来可能看到期望的石墨烯应用于储能器件的商业价值。通过与其他活性材料复合构造石墨烯复合材料并用于二次电池或电容器的电极是极具前景的方式。石墨烯能有效地降低活性材料的尺寸，防止纳米颗粒的团聚，提高复合材料的电子、离子传输能力以及机械稳定性，充分发挥石墨烯及相关材料间的协同效应，从而使电极材料具有高容量、良好的倍率性能以及长循环寿命等优异的电化学性能。近年来石墨烯及其复合材料作为电极材料的研究已取得较丰富的成果，但为了能够满足在实际运用中对储能器件的循环寿命、快速大电流充放电、高比容量等需求，应该加强以下几个方面的研究：(1) 为材料的商品化大规模生产应用，需注重石墨烯的制备工艺的低成本化，设计大规模生产石墨烯的制备工艺；(2) 深入研究石墨烯的储能机理及其复合材料中的微观形貌与电化学性能之间的关系，以及石墨烯的尺寸、结构、缺陷以及孔径等对电化学性能的影响；(3) 通过纳米结构控制工艺技术充分发挥石墨烯与其相关材料两者的协同效应，提高石墨烯及其复合电极材料的高倍率性能和长循环寿命，使其能满足实际应用需求。

9.2 石墨烯在复合材料领域中的应用

复合材料是指由两种以上不同性质的材料，通过物理或化学的方法，在宏观(微观)上组成具有新性能的材料。在复合材料中，通常有一相为连续相——基体，另一相为分散相——填充体。石墨烯独特的二维片层结构和巨大的比表面积，使其成为一种优良的基体材料。从实际应用的角度看，将石墨烯与其他物质进行复合，制备具有电学、光学、力学等特征结构与功能的石墨烯复合材料，具有更深远、广泛的应用价值。值得一提的是，石墨烯制备过程中不可避免产生的缺陷或官能团，为与其他物质进行复合提供了有利条件，因此，这种石墨烯基复合材料能够充分发挥不同组分的优势，赋予复合材料不同于单组分的优异特性，进而实现其在储能、催化、光学、力学、生物环境等领域的广泛应用。

石墨烯具有独特的属性，例如量子霍尔效应、载子移动率、大比表面积、高透光性、高杨氏模量和良好的导电性。由于石墨烯具有这些突出的特性，石墨烯复合材料拥有良好的力学性能、导热性能、电学特性和阻燃性等，因此石墨烯与其他的物质的复合，能满足实际生产生活中各种需求。如以石墨烯为载体负载纳米粒子，可以提高这些粒子的催化性能、传导性能；利用石墨烯较好的韧性，将其添加到高分子中，可以提高高分子材料的机械性能和导电性能。同时也可以对石墨烯进行改性处理，提高石墨烯与基体材料的界面结合性，提高复合材料的力学性能、导电导热性等。石墨烯复合材料这些优异的性能使得其在航空航天、生物医药、新能源、光电材料等领域有着光明的应用前景。

9.2.1 石墨烯基无机纳米复合材料

将无机纳米材料（金属纳米材料、半导体和绝缘纳米材料）分散在石墨烯纳米层表面可合成石墨烯基无机纳米复合材料。无机纳米粒子的加入可减小石墨烯片层间的相互作用，而石墨烯与特定纳米粒子相结合，使该类复合材料在催化剂、光学等领域具有广泛的应用前景。

在催化剂领域，氮掺杂的石墨烯复合材料，具有的超薄二维结构、高的比表面积、良好的导电性和化学稳定性，使其不但有利于均匀负载金属类催化剂，增加其有效电化学活性比表面积，而且在石墨烯表面存在大量的吡啶态氮、吡咯态氮、石墨态氮等活性位点，这些活性位点不仅可以直接催化氧化还原反应，还可以成为金属催化剂的活性位点。Mullen 课题组在氮掺杂石墨烯复合材料表面负载纳米金属氧化物，在制备的氮掺杂三维石墨烯气凝胶表面二次负载纳米 Fe_3O_4 颗粒。研究发现，氮掺杂石墨烯负载纳米 Fe_3O_4 颗粒催化剂，对氧的还原具有很高的催化活性。

在光学领域，石墨烯量子点是石墨烯的重要衍生物，石墨烯量子点是零维的纳米级碳材料，其量子的限域效应和尺寸边缘效应显著，具有优异的光学传输特性和高载流子迁移率的电学特性。Geng 等研究了一种石墨烯量子点/CdSe 复合材料，并以此制备了可弯曲的透光导电膜器件，其光感敏感度与单纯的 CdSe 量子点相比增强了 3 倍，而光电转换效率则提高了近 10 倍。

9.2.2 石墨烯聚合物复合材料

石墨烯独特的单原子层结构使其具备优异的力学、电学和热学性能，赋予复合材料新的性能，因而受到诸多研究者的关注。同时，石墨烯具有独特的二维平面结构，在组成上与高分子聚合物具有相似之处，复合后在性质上有很强的互补性，因此常被用作聚合物复合材料中的功能相或增强相。聚合物/石墨烯纳米复合材料被认为是石墨烯有望得到最快应用的方向之一。目前针对石墨烯复合材料研究比较多的也是石墨烯/聚合物的复合材料，石墨烯的加入可以改善聚合物的多种性能，拓宽其应用范围。

根据石墨烯与聚合物的相互作用方式不同，可将石墨烯聚合物复合材料分为石墨烯填充聚合物复合材料、层状石墨烯聚合物复合材料和功能化聚合物复合材料。

1. 石墨烯填充聚合物复合材料

石墨烯填充聚合物复合材料是以石墨烯为填充物填充到聚合物基体中，石墨烯作为分散相与作为连续相的聚合物发生相互作用从而影响复合材料的性能。

2. 层状石墨烯聚合物复合材料

与石墨烯填充聚合物复合材料不同，石墨烯衍生物也可与聚合物复合形成层状结构材料，这种层状结构材料可以用在定向负载承重膜和光伏器件等领域中。

3. 功能化石墨烯聚合物复合材料

石墨烯及其衍生物也可通过聚合物修饰的共价或非共价功能化形成功能化石墨烯聚合物复合材料。石墨烯衍生物的共价功能化主要是通过聚合物官能团和氧化石墨烯表面的含氧官能团发生反应实现。而发生反应的共价界面可以提高复合材料的力学和热学性能，因此在增强材料领域和导电、导热领域都有广泛的应用。

9.2.3 石墨烯复合无机非金属材料

陶瓷材料是重要的耐高温结构材料，也是最为常见的无机非金属材料之一。石墨烯作为增强相，应用于提高机体陶瓷材料的韧性，改善陶瓷易碎等制约陶瓷材料应用的主要问题。氮化硅是重要的耐高温结构陶瓷材料，可应用于 1 500 ℃高温。Jia 等以热膨胀氧化石墨烯为原料，将石墨烯纳米片与氮化硅粉体混合，采用等离子体烧结方法，在 1 650 ℃可有效降低烧结时间至 5 min，减小对石墨烯的热损耗，获得石墨烯增强氮化硅复合材料，其断裂韧性杨氏模量从 2.5 MPa 提高到 6.6 MPa，为原来的 164%。

石墨烯增强陶瓷基复合材料的制备，一般采用高温烧结的工艺，需 1 500 ℃以上的高温环境，石墨烯的热损耗严重、成本高，难以推广，相关研究尚处于实验室阶段。

9.2.4 石墨烯金属基复合材料

与传统填充材料如碳纳米管、无机填料相比，石墨烯具有更好的强度、导电性和导热性，将石墨烯引入金属基复合材料中，将为金属基复合材料的设计和性能提升带来巨大的影响。石墨烯的发现，为提高金属材料性能提供了新的方向。其特点在于石墨烯的添加量微小，在满足一种特性要求的同时对其他性能指标损失有限，对于某些性能还有协同提高作用，石墨烯增强金属材料的机理，与碳纳米管增强机理相近，即通过有效阻止位错滑移提高机体强度。目前石墨烯增强金属复合材料的基体有 Cu、Al、Mg 等有色金属和 Ni，其中对 Al 和 Cu 的研究最集中。增强相包括未经处理的石墨烯和功能化石墨烯，主要的制备方法有粉末冶金工艺、铸造工艺、电镀工艺和摩擦焊工艺，制备过程都需要经过石墨烯增强相与金属基粉体的预混过程。

9.2.5 石墨烯在其他复合材料中的应用

1. 电磁防护材料

石墨烯是零价带的半金属材料，其作为电磁屏蔽复合材料填料的主要性能优势是具有优异的导电、导热性以及超高的比表面积和强力学性能。石墨烯复合材料对电磁波的屏蔽，主要是通过吸收电磁波，并将能量转化为热能来实现的，对电磁波的反射效能较小，在某种程度上讲，可被称为吸波复合材料。在电磁屏蔽领域，石墨烯的引入顺应了屏蔽材料向高能化、轻型化、柔性化发展的趋势。

2. 防腐涂料

石墨烯具有特殊的碳六元环结构，所有的气体和盐都无法通过，是潜在的完美防腐蚀材料。早在石墨烯被发现之前，已经展开富勒烯等材料应用于防腐的研究，但这些材料具有吸水性，不适合作为防腐涂层。石墨烯与这些材料最大的区别在于石墨烯具有大的比表面积，并且具有超疏水性能。石墨烯材料除了可单独作为防腐涂层外，还可以添加到高分子材料中作为防腐涂料。

3. 导热材料

石墨烯是通过特殊的声子模式进行传递的，声子以弹道—扩散的方式传递热量。石墨烯的导热具有各向异性，由于面内 sp^2 碳原子之间的共价键作用，与面向热流量受限于较弱的范德瓦耳斯力作用的差别，使得面向导热率相比于面内低 2～3 个数量级。这些特异的性能，使得石墨烯可以作为复合材料的填料，来提高材料的热学性能，从而应用于复合材料导热性能的强化。

9.2.6 石墨烯复合材料领域前景分析

与传统填充材料如碳纳米管、无机填料相比，石墨烯具有更好的强度、导电性和导热性，将石墨烯引入块体金属基复合材料中，将为金属基复合材料的设计和性能提升带来巨大的影响。然而，石墨烯的密度小、分散性差以及与金属基体之间的界面结合、界面热稳定性等问题都是限制其发展的主要瓶颈。尽管如此，还是有研究者利用不同的方法制备出了块体金属基石墨烯增强体复合材料。

石墨烯作为性能优异的新型材料可以应用在包括导电、导热复合材料，增强复合材料，柔性电子复合材料在内的多个高科技领域。目前，石墨烯在复合材料产业中的应用已经逐步走出了实验室，并且正在向工业化应用方向迈进。

9.3 石墨烯在环保领域的应用

石墨烯，特别是氧化石墨烯具有比表面积大且表面官能团种类丰富等诸多特点，其表面上含有的如羟基、羧基、羰基和环氧基等对于环境中的重金属离子、有机污染物等都具有良好的吸附能力，且石墨烯作为吸附剂使用时对其本身的质量要求并不高，因此，将石墨烯应用于环保领域成为近些年的研究热点。

从结构上来看，石墨烯是由单层碳原子以 sp^2 杂化形式形成的二维结构，其理论厚度和理论表面积分别为 0.335 nm 和 2 630 m^2/g，巨大的比表面积可使石墨烯具有负载大量分子的能力，这就使得石墨烯在催化剂负载及污水净化领域具有巨大的应用潜力。值得一提的是，石墨烯表面具有独特的 $\pi-\pi$ 键吸附特性，因此对于含有芳香环的有机污染物会有很高的吸附容量和吸附速率，这就使得石墨烯及其一系列衍生物及复合物在污染物特别是有机污染物吸附净化领域具有很好的应用前景。

9.3.1 石墨烯在水处理中的应用

随着全球气候变化及城市化进程的推进，我国环境污染问题日益凸显。城市水污染问题作为环境污染治理的一个重要方面，由于污染水体中可能含有的污染物种类繁多且许多污染组分（如有机化合物、重金属离子等）难以用常规方法去除，因此，加强城市水污染治理成为目前我国城市综合治理的重要方面之一。寻找新型环保材料治理水污染问题已成为促进我国可持续发展的必由之路。石墨烯，作为目前发现的最薄并且单位强度最高的二维材料，在污水处理方面蕴藏着巨大的潜力。就结构而言，石墨烯是由碳原子以 sp^2 轨道杂化形成的六边形二维平面结构，因此可通过 $\pi-\pi$ 键作用对含有苯环的芳香族化合物进行有效吸附，这就使得石墨烯在污水处理吸附领域大有作为。目前，作为吸附剂，首先，石墨烯主要用来吸附水中的有机污染物、金属离子污染物和阴离子污染物三类；其次，由于石墨烯及其衍生物存在缺陷部位，允许小分子透过，因此研究者通过特定的方法在石墨烯表面"刻蚀"孔洞，使其具有筛分作用。基于此原理，科学家们研究出了石墨烯在水处理方面的第二个应用——海水淡化。

1. 海水淡化

英国曼彻斯特大学的科学家在 2017 年 4 月 3 日的 *Nature* 杂志中发表的最新研究成果称他们已成功开发出一种新型的氧化石墨烯薄膜，该石墨烯薄膜可以更加高效地淡化海水中的盐分，从而实现盐和水的分离。科研人员通过利用环氧树脂对石墨烯薄膜表面进行修饰，成功地在石墨烯薄膜"两个表面"上形成"阻隔墙"，有效地降低了石墨烯薄膜在浸水工作状态下产生的膨胀作用，从而避免了因薄膜孔径变大而造成微小盐粒子的透过作用，大大提高了海水的淡化效率。科学家称，该方法不但能够提高海水盐分的分离效率，而且通过对石墨烯薄膜表面微孔径大小的调控，可进一步精确调控海水中盐分的过滤程度。也就是说，粒径较小的水分子可以自由通过石墨烯薄膜，而粒径较大的氯化钠等盐类分子则被阻隔在薄膜的另外一端，不能够通过。

南京工业大学的金万勤教授研究团队与上海应用物理研究所、上海大学、浙江农业大学等单位开展关于海水淡化课题的研究，并设计出通过水合离子精密调控层间距的叠层氧化石墨烯薄膜，实现盐溶液中水分子与不同离子间的精确筛分。由于海水中钾离子是具有最小水合半径的离子，因此该课题重点关注了包括钾离子在内的盐类分离。通过将石墨烯薄膜预先浸泡在钾离子溶液中，成功实现了对盐溶液中包括钾离子本身在内的盐类离子的高效截留。

2. 有机污染物吸附

由于石墨烯表面含有的官能团种类众多，因此易于和多种有机物质发生相互作用并形成一系列稳定的化合物或螯合物，从而实现有机污染物从本体中的分离，达到净化的目的。因此，作为有机污染物的吸附剂，石墨烯材料吸引了国内外科学家的研究兴趣。

石墨烯由于特殊的石墨表面和高的比表面积，显然可以作为一种性能良好的吸附剂，Liu 课题组首次发现了石墨烯对水中的亚甲基蓝和亚甲基橙等有机染料有较强的吸附能力，研究表明其中的作用力主要有分子间作用力与静电相互作用，石墨烯对于两种有机染料的最大吸附容量可以达到 153.85 mg/g。这展示了石墨烯强大的吸附性能，而对于可降解性极差的四环素类抗生素来说，石墨烯具有比活性炭更强的吸附作用，其吸附机理主要是分子间作用力与静电作用力。

3. 重金属离子吸附

近年来，随着城市工业的不断发展，大量含有铅、铬、铜等重金属离子的工业废水在未经处理的条件下排入自然水体。这些水中的重金属污染离子具有毒性大、不易降解且化学性质能够长期保持稳定等特点。由于重金属离子可以通过食物链进行富集，因此会对自然生态系统以及人体健康产生严重毒害作用。其石墨烯拥有独特的二维结构和孔径分布、相当大的比表面积，其表面易于修饰，在重金属离子的吸附方面具有重要的研究价值和应用前景。

石墨烯（主要是氧化石墨烯）对重金属离子吸附是通过表面官能团与金属离子的静电作用或配位作用。Zhao 等利用片状的氧化石墨烯富集水相的二价铅离子，最大吸附量高于目前所报道过的所有吸附剂，甚至对铀离子的吸附也显著高于其他吸附剂，为处理核废料污染提供了新思路。

9.3.2 石墨烯在气敏传感器领域的应用

近年来，随着我国城市化进程的推进，废气或有毒气体排放所导致的空气污染不断加剧。总的来说，有毒废气具有易燃易爆、毒性及腐蚀性强、容易产生恶臭或刺激性气味等特点。根据行业的不同，有毒气体的组分可在较大范围内发生变化。具体来说，这些有毒气体通常包括氮氧化物、SO_2、H_2S、NH_3、CO和挥发性有机化合物（VOC）等。目前，吸附法是去除有毒气体的重要方法之一。

在很多关于石墨烯的报道中，以石墨烯为基质进行气敏传感器方面的研究，已经成为气敏传感器领域非常重要的分支。2004年，对石墨烯吸附二氧化氮等进行了理论模拟，已经有报道指出，用石墨烯可以构成单分子气密性传感器，从而开辟了石墨烯以及石墨烯基的气敏材料，在气敏传感器领域的理论计算和实验研究。石墨烯以及还原氧化石墨烯一般被视为p型半导体材料，对氢气、一氧化碳、二氧化氮、水、氨气、乙醇、丙酮、二硝基甲苯和有机溶剂等都有很好的气敏传感特性。在气敏测试的过程中，一般采用测量材料的电阻、电导或者电流的变化，以此衡量气敏响应。

9.3.3 石墨烯在土壤治理领域的应用

石墨烯在土壤治理与改善方向的应用研究处于探索起步阶段。

研究表明，氧化石墨烯对微生物环境具有灭菌作用，在土壤环境中，氧化石墨烯和经过功能化处理的石墨烯对微生物环境和细菌群落的分布也有明显的影响。功能化负载二氧化钛的石墨烯基复合材料催化剂具有良好的吸附性能，可对土壤中的污染物进行催化降解。同时由于石墨烯具有高导电性，能确保电子高速传输，使电子的传输更加通畅，从而提高催化剂的再生性能。

9.3.4 石墨烯在环保领域的前景分析

石墨烯是碳原子以sp^2杂化形成的单原子二维有序结构。由于其具有较大的比表面积，且表面π电子丰富，易于和有机物等形成π－π键作用，同时材料本身蕴含巨大数量的微小孔道，因此无论是在海水淡化或是液体污染物和气体污染物的吸附治理等环保领域，石墨烯都大有作为。目前，鉴于石墨烯本身的水溶性较差，石墨烯复合物成为未来石墨烯吸附材料的发展方向。我们有理由相信，在未来的环保领域中，将会有更多的基于石墨烯材料的相关产品问世。

作为一种新兴的且极具潜力的吸附材料，石墨烯在海水淡化、水污染物中的重金属离子、有机污染物分离等领域具有十分广阔的应用前景。在处理过程中，通过离子交换、静电作用及π-π键的结合作用，石墨烯可有效吸附多种液体及气体污染物。首先，科学家将相关工作的重心更多地转移到对石墨烯复合材料的改性方面，通过对其生物相容性和稳定性的改善，以期发现种类更多、吸附效率更高的石墨烯吸附材料；其次，在石墨烯对于水中的重金属离子、有机污染物、有毒气体吸附等研究领域中，对于石墨烯材料吸附机理的研究还有不足，如何从吸附机理的层面上解释仍是一个挑战；另外，若想走入实际应用，石墨烯吸附材料的循环利用也是一个值得关注的问题，只有真正高效且低成本、低能耗的吸附材料才是对实际应用最为有利的；最后，要持续关注石墨烯及其相关材料的生物安全性。对于石墨烯吸附材料在生产、运输、使用及循环利用过程中对于环境及生物体的不利影响要给予足够重视。

9.4 石墨烯在生物医药领域中的应用

石墨烯作为一个具有单层、二维碳纳米结构的新型材料，具有极大的比表面积和优异的电子、化学和机械性能，并具有很好的生物相容性，其在酶的直接电化学、生物小分子的电化学检测和在生物及环境电分析中都具有极其优异的性能。除了大比表面积、原子厚度这些特性之外，石墨烯具有可改性的化学性能和分子结构，使得抗体功能化的石墨烯片可用于制造生物装置。基于石墨烯的生物传感器及器件对于多种生物小分子、蛋白质（包括病毒和癌症标记物等）和DNA等的检测都显示了很好的灵敏度和选择性，是用于构建高效、快速、灵敏检测的生物医药领域的理想材料，具有很广泛的市场前景。石墨烯在医学领域的应用取得了巨大进展，如生物传感和药物传输等方面。

9.4.1 石墨烯在生物传感领域的应用

石墨烯独特的化学、光学、电学和电化学特性，使其成为制造生物传感器的绝佳材料，科学家在这一方面的努力取得了丰硕的成果。例如，由于氧化石墨烯可溶于水，氧化石墨烯多色脱糖核糖核酸探测器可用于探索溶液中的脱氧核糖核酸，这些探测器探测速度快，灵敏度高，能够在溶液中有选择地探索脱氧核糖核酸。此外，科学家还尝试将石墨烯复合材料用于电化学传感生物分子中，如葡萄糖和蛋白质等，由于超高比表面积和高电子迁移率，石墨烯设备的灵敏度非常高。拥有大比表面积、高导电性、轻薄质地、高强度的石墨烯，必然有助于研发快速有效的生物电传感装置，用以监测葡萄糖、血红素、胆固醇等生物分子，甚至脱氧核糖核酸的检测。石墨烯材料在生物传感领域的应用方法主要分为荧光分析法和电化学分析法。

1. 荧光分析法

具有荧光特性的石墨烯量子点与金纳米粒子结合，作为一种新型的荧光标记物，可用于制备生物光学传感器。

Liu 等通过蛋白质交联剂碳二亚胺，将探针 DNA 修饰到氧化石墨烯表面，制备了 DNA/石墨烯阵列，当探针 DNA 与被金纳米粒子标记的互补 DNA 链发生交联时，由于氧化石墨烯的荧光能量会转移到金纳米颗粒上，可导致荧光淬灭。以此制备的 DNA/石墨烯生物传感器，可通过检测荧光强度的显著变化对待测 DNA 进行分析检测，实现对特定 DNA 序列及病原体的检测。利用同样的原理，Jung 等将高选择性的抗体修饰在氧化石墨烯表面，组成抗体/氧化石墨烯阵列，同样当待测样品中含有备金纳米颗粒标记的抗原时，抗原与抗体发生特异性免疫反应，由于荧光能量转移而发生荧光淬灭，以此将高灵敏度的荧光测试与高选择性的免疫反应结合在一起，制备高灵敏度、高选择性的生物传感器。

2. 电化学分析法

石墨烯是一种由 sp^2 杂化碳原子通过共价键连接形成的平面六方晶格材料，其独特的电子结构特征和物理化学性质，使其在电化学检测和电分析等方面显示出独特的优势，可用于制备灵敏度高、选择性好、电流响应快、检测范围宽、检测限低的生物分析和环境检测的电化学传感器。同时，由于石墨烯的良好生物相容性，与其他物质复合制备的生物复合材料，广泛应用于生物药品、癌细胞检测等领域。

将纳米钯、纳米铂沉积在石墨烯表面，制备石墨烯/纳米金属复合材料生物电化学传感器，通过不同药物产生的电化学信号，可以检测血液、尿液中药物的浓度以及检测癌细胞。最近，有科学家利用层层组装技术，在聚烯烃基体上，将带正电荷的聚烯丙基二甲基氯化铵与带负电荷的石墨烯进行层层组装，并加入纳米二氧化钛，制备了非标记的生物传感器，可直接用于检测肺癌肿瘤细胞标记物。此外，将石墨烯与离子液体复合制备石墨烯—离子液体复合溶胶，将这种复合溶胶修饰到玻碳电极上，便可以制备出尿酸生物电化学传感器。利用电化学响应信号，可以直接对血清中的尿酸进行检测，检测线很低，响应时间仅为 8 s。Sun 等通过自组装的方法，将 1.7 nm 的 Pt 纳米粒子均匀地吸附在经过酸处理的氧化石墨烯片层表面，然后将制备的石墨烯/Pt 纳米颗粒复合材料修饰在铂电极上，由于高分散、高催化活性的石墨烯/Pt 纳米颗粒复合材料，对抗坏血酸、尿素、多巴胺存在强响应，因此制备的石墨烯/Pt 纳米颗粒复合材料生物传感器，可以同时检测溶液中的抗坏血酸、尿酸、多巴胺等物质浓度。

9.4.2　石墨烯在药物载体方面的应用

在发现石墨烯 4 年后，生物科学家开始探索纳米石墨烯应用于生物医学的可能性，如作为癌症药物的载体。2008 年，国外科学团队首次将石墨烯用于药物传送领域。药物传输中使用的石墨烯涂有具备生物相容性的端氨基分枝型聚乙二醇，能轻易与分子进行功能化。研究发现，通过 $\pi-\pi$ 堆积，可以有效实现在石墨烯表面大量负载抗癌药物和阿霉素，从而在细胞内进行药物传输，同时石墨烯的比表面积大，每个原子都暴露在表面，因而具有极高的载药量。

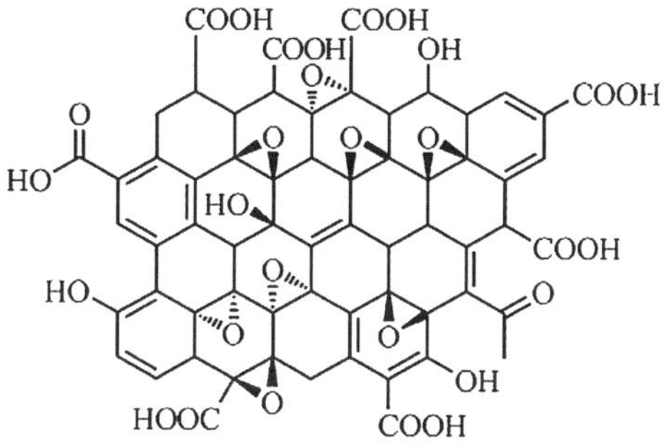

图 9-6　氧化石墨烯的化学结构式

功能化氧化石墨烯（Functionalized Grapheneoxide）是在石墨烯的基础上通过进一步氧化、改造得到的，其表面富含羟基、羧基、环氧基等功能基团，通过对石墨烯进行修饰，可制备出具有特定功能的生物材料，氧化石墨烯的化学结构式如图 9－6 所示。Dai 课题组首次研究了氧化石墨烯纳米片在细胞成像与药物传输方面的应用。通过聚乙二醇（PEG）对氧化石墨烯纳米片进行修饰，制备的 PEG/氧化石墨烯纳米片复合材料，具有良好的分散性和生物相容性，即使在缓冲液或血清中也不会发生团聚。由于氧化石墨烯纳米片在可见光与红外区，具有光致发光效应，特别是在红外区，背景干扰小，因此修饰后的 PEG/氧化石墨烯复合材料可以直接用于活体细胞成像和抗癌药物输送。PEG/氧化石墨烯纳米片复合材料中的石墨烯，在π－π键的作用下，通过物理吸附附着在抗癌药物 14－羟基柔红霉素上，抗体存在特异性使得这种石墨烯基复合材料可以将药物准确输送到癌细胞部位，然后释放抗癌药物，并有选择性地杀死癌细胞。此外，国内科学家将抗癌药物紫杉醇与石墨烯量子点复合，并将其与 Fe_3O_4 纳米颗粒用二氧化钛包覆，具备了一种多功能的药物缓释胶囊，通过磁性靶向控制，超声破碎二氧化钛壳层来控制药物释放，并且可以利用石墨烯量子点的荧光特性，对这一过程进行实时观察。

9.4.3　石墨烯在生物医药领域的前景分析

近年来，石墨烯在生物医学领域已经取得了诸多进展，但目前大多相关石墨烯研究仍处于起步阶段，存在不够系统、不够深入等缺点。要实现石墨烯在该领域的实际应用，还面临着许多的困难和挑战。

随着国家政策的导向和支持，石墨烯生物医药技术领域的研究人群在不断扩大，更多的研究者投入此项工作中，推动生物医药产业的现代化、国际化，相信在不久的将来，石墨烯在生物医药行业的应用将快速发展。保守估计，中国石墨烯在生物医药行业的市场规模将占据非常大的比例，相应的生物医药行业的市场份额也会不断提升，并对整个医药行业产生变革性影响。

9.5　石墨烯在民生领域的应用

石墨烯因其优异的性能被大众所熟知，人们希望将其添加到多种产品中以期使产品获得更好的性能。石墨烯导电性能好，导热速率快，人们将其加入加温材料中，可生产出发热温度为 10～200 ℃调节控温的石墨烯电发热产品。基于石墨烯这一优异的特性，“烯健康”产业迅猛发展，更多适应消费者需求的多种石墨烯加温产品走进人们的生活。

9.5.1　将石墨烯应用在智能取暖领域的企业及相关产品

烯旺新材料科技股份有限公司由冯冠平教授创办，是石墨烯产业化应用的高新技术企业，在深圳等地设有 7 家控股分子公司。旗下产品覆盖保暖理疗、智能服饰、智能家纺、家庭供暖和石墨烯粉末涂料等多个领域。应用远红外理疗原理研发出石墨烯理疗护具、石墨烯发热服饰、石墨烯智能家纺、石墨烯家庭供暖等系列产品。

北京绿能嘉业新能源有限公司创立于 2014 年，是专注于石墨烯水性碳纳米发热材料研究与应用，集研发、生产、销售于一体的国家高新技术企业。目前在河北省沧州高新区、河北省衡水市枣强县、江苏省镇江市丹徒区建立了 5 个品类超过 3 万平方米的生产基地。该公司先后参与了北京市、河北省、河南省、山西省、陕西省、甘肃省等省、自治区、直辖市的煤改电工程，在煤改电工程中成功应用 20 万片自主研发生产的石墨烯发热板产品。

夹江县盛世东方陶瓷有限公司推出石墨烯保暖产品，盛世东方创建于2000年，是一家集建筑陶瓷研发、生产、销售、服务和石墨烯新材料应用于一体的综合型企业。企业拥有面积较大、服务设施较完善的营销展厅、石墨烯研发应用中心、建筑陶瓷艺术中心等，年产石墨烯发热膜1 000万平方米。产品主要包括陶瓷产品、艺术陶瓷、石墨烯保暖材料、远红外采暖芯片、合金发热板、发热地板、采暖器、穿戴类发热产品及地暖产品等。

9.5.2　将石墨烯应用在纺织领域的企业及相关产品

2017年10月，第十四届中国国际纺织纱线（秋冬）展览会在上海举行，由强生石墨烯科技有限公司带来的凯瑞纳石墨烯系列特种纱线，因突出的抗菌、灭螨、远红外和抗紫外线等功能特点，显得格外亮眼。目前强生凯瑞纳石墨烯复合纤维的生产线高效且稳定，公司正在研发的导电纤维、强力抗紫外纤维、防火阻燃纤维以及呼吸器石墨烯复合滤芯等，也都取得了很大进展。值得一提的是，用凯瑞纳石墨烯锦纶纤维织造的面料，经复合处理，极限氧指数达到34.6%，已接近35%的最高不燃等级；而采用强生石墨烯复合活性炭技术制成的呼吸器滤芯，不但集有机和无机气体过滤于一体，比普通滤芯更加安全，而且因为具有抑菌效果，可避免二次污染，使用寿命能比同类产品延长1倍左右。

济南圣泉集团股份有限公司始建于1979年，是涉足生物质、高性能树脂及复合新材料、大健康、生物医药等四大领域的创新型企业集团。近年来公司加大创新力度，致力于石墨烯领域的产品研发，目前已研发的产品包括石墨烯内暖纤维材料、石墨烯涂料、石墨烯导电纤维材料等。

七匹狼实业股份有限公司推出智能温控羽绒服和休闲裤，在30秒内迅速升温，且有35～55 ℃三挡温度可以一键调节，同时释放远红外线，让人在漫长严冬中再也不必担心羽绒服的保温效果。

2017年12月，北京创新爱尚家科技股份有限公司发布新品石墨烯科技智能眼罩，这款产品采用22姆米（1姆米＝4.305 6克/平方米）真丝外观，通过加热内芯升温，促进眼部的血液微循环，缓解黑眼圈和眼袋现象。其他石墨烯应用产品有石墨烯智能发热护腰、石墨烯智能发热马甲、石墨烯智能发热护肩等。

9.5.3 将石墨烯应用在电子产品领域的企业及相关产品

重庆墨希科技有限公司成立于2013年，是国家级高新技术企业，致力于石墨烯薄膜材料规模化生产、石墨烯薄膜材料规模化制备成套装备及系统解决方案研发、石墨烯应用产品开发。公司主营业务有石墨烯薄膜系列产品和石墨烯薄膜终端产品。终端产品包括：石墨烯轻颜嫩肤仪、石墨烯轻颜眼周仪、石墨烯电子书和石墨烯手机系列。

无锡格菲电子薄膜科技有限公司成立于2012年，是一家专门从事CVD石墨烯薄膜研发、生产、销售的高科技企业，为常州第六元素材料科技股份有限公司全资子公司。公司在触控传感器、触摸屏和智能加热膜等领域，取得多项技术成果：2012年10月完成Film型石墨烯电容式触控传感器试制；2013年1月成功开发出G+F型石墨烯电容式触摸屏并批量应用于终端；2013年12月建成年产8万平方米的石墨烯薄膜生产线及石墨烯触控传感器和触摸屏生产线，年产触控产品达两千万片。已经开发出多类核心产品，包括：石墨烯触控产品（工业商用触摸屏、触控传感器）、石墨烯心电智能健康手表等。

9.5.4 将石墨烯应用在汽车领域的企业及相关产品

青岛华高墨烯科技股份有限公司成立于2012年12月，致力于复合材料、安全防护、环境工程等方向上石墨烯的技术与产品开发。自主研发了石墨烯粉体、氧化石墨烯粉体及分散液、石墨烯复合导电浆料、石墨烯导静电轮胎等12个牌号的高品质石墨烯材料及应用产品。并开发出石墨烯导静电轮胎实现了全时段、连续、可靠地导出车体静电。

黑龙江省华升石墨股份有限公司是一家依托优质石墨资源，从事高端石墨产品、石墨烯新材料、石墨烯应用产品的研发、生产、销售三位一体的国家高新技术企业。研制出多款石墨烯润滑油产品并成功将其推向市场。

第 10 章

我国石墨烯产业存在的问题和政策建议

10.1 石墨烯产业存在的问题

10.1.1 政府层面

1. 缺少融合引导性政策。石墨烯作为一种材料，其产业发展涉及多学科多领域，需要协同发展，目前国家政策以技术引导为主，缺乏鼓励上下游领域融合的引导政策。另外，在成果转化及后续产业化方面也缺乏引导支持。

2. 研发经费投入不足。目前国家对石墨烯研发投入以国家自然科学基金、“973”计划为主，研发经费整体投入不大，缺少对产业研发的支持。

3. 地方项目上马轻率。为了促进产业发展，国家各部委出台了一系列政策文件，地方政府在政策引导下积极布局石墨烯产业，但是由于地方政府之间缺乏沟通，立项前缺乏谨慎调研，导致不少新建的产业园定位不明确，缺乏地方特点，甚至出现简单重复建设产业园等问题。

10.1.2 研究机构层面

1. 研发机制不畅。我国从事石墨烯研究的主力仍为高校和科研院所。高校及科研院所研究成果以学术为主，单纯的学术成果对产业指导能力有限；现有产学研机制不畅，产业牵引力有限，导致成果转化受限，使得整个石墨烯产业研发能力不强。

2. 高质量研发成果有限。在院校为主的石墨烯研发体系下，我国石墨烯论文及专利数量遥遥领先，但是重复性、边缘成果较多，缺乏核心技术专利及高质量论文。

10.1.3 企业层面

目前国内石墨烯企业良莠不齐，以初创期的小微企业居多，有实力的大企业实质性参与极少；大多数企业停留在低端产品生产和概念炒作的阶段，真正投入力量参与石墨烯研发的企业较少；急功近利的心态导致企业对未来石墨烯产业化核心技术的关注不足。

1. 市场预判不足。部分民企在市场引导下迅速介入石墨烯领域，对总体市场预判不足，盲目上马项目，致使生产线产能过剩。

2. 产品缺少核心技术。现有石墨烯产品多以添加改性为主，进入门槛不高，企业在研发和生产过程中缺乏工匠精神，成果质量不高，加之企业对知识产权重视不足，相关行业标准缺失，导致低端产品恶性竞争，产品良莠不齐，影响行业发展。

3. 研发能力不强。我国从事石墨烯生产的企业仍以小规模私企为主，受困于经济实力及市场抗压能力，研发资金持续投入能力较差，科研成果质量不高，且缺乏核心技术布局规划。涉足石墨烯的国企和大型私企以石墨烯为主营业务的较少，研发方面整体投入不高。

4. 产品绝对性能提升不大，下游破冰难度大。石墨烯产业发展关键在于下游应用，但是现有下游领域供应链完善，石墨烯相关产品在性能上没有大幅提升的情况下，取代现有产品进入下游领域的难度很大。

5. 部分企业过度依赖政府，自我生存能力差。国家鼓励发展石墨烯产业，政企开发热情高涨，地方政府往往通过政策引导和提供资金的形式对企业进行支持，部分企业依赖政府支持，自身市场化能力不强，在政策不稳定的情况下，生存能力堪忧。

10.1.4 资本层面

2003—2007 年，石墨烯成为资本追逐的热点，上市公司、各类基金纷纷涌向石墨烯，产业融资环境较好，对产业发展有一定的促进作用，但是大量资金的涌入也致使石墨烯行业资本炒作现象突出，行业研究浮躁现象显现，不利于产业的健康发展。近年来市场资金收紧，对石墨烯预期提高，导致产业融资困难，很多项目难以为继。石墨烯产业目前处于产业发展初期，资本对产业的冲击及行业发展影响很大。

目前投资石墨烯的资金多为社会资本，社会资本一般投资周期较短，并带有附加条件，对处于产业发展初期的石墨烯产业存在一定的隐患。

石墨烯作为前沿新材料需要一定的培育，政府引导基金是有效的手段。虽然一些地方政府为推动行业发展，设立了社会资本参与的政府引导基金，但是投资条件较为苛刻，目前对产业推动的作用有限。

10.2 石墨烯产业建言

作为一种基础工业材料，石墨烯的应用领域非常广泛，有望对现有很多个关乎国计民生的重要产业产生颠覆性的变革，应该对其给予足够的重视。

1. 政府应从战略层面高度重视，并制订产业发展规划。深度整合优势资源，从研发、应用两端把握制高点，制订具有可操作性的产业规划。明确石墨烯产业发展的阶段目标、重点领域、资金来源、政策体系等重大问题，确立合理的组织框架，推动材料、设备、工艺、应用齐头并进，促进上下游的协同创新。

2. 政府在产业初创期应给予适当引导，对全国发展情况进行评估并综合布局，综合各地的产业实际，错位经营、精准扶持重点企业，明确产业定位、突出区域特色、优化资源配置，建立良性引才体系，更新细分的行业标准，助推产品市场运用，避免一哄而上造成产能过剩。

3. 政府应加大石墨烯资金投入力度。加大投入研发经费，一方面鼓励产学研平台的建立，让科研院所与企业联手进行石墨烯技术成果转化；另一方面鼓励产业化研发，加大对产业化研发的扶持。加大对优质企业的扶持力度，把对企业的立项前扶持转为运营后补贴，把经费集中在产品质量好、有市场能力的企业的扶持；重视初创型科技企业扶持，加大产业基金投资力度。充分发挥政策和资金的引导作用，鼓励社会资本参与，共同设立产业基金，建立完善的投资和培育机制，筛选优质企业，对企业进行支持。

4. 鼓励企业研发高质量产品，精细化布局。石墨烯企业不应该都是“大而全”的企业，应该鼓励“小而精”的企业，让这些企业，具有德国企业模式的精细、高端、高品质、高利润的特质。

5. 鼓励开展石墨烯高端应用研究和创新应用研究，组织优势力量开展重大项目和重点应用的技术攻关，对有可能突破的技术领域给予资金和政策支持。培养一批科技型的综合实力比较强的龙头企业，促进人才、资源、资金等向优势企业集中，集中力量办大事。

6. 提升专利质量，鼓励核心专利和国际专利的申请。目前中国在石墨烯领域申请了大量专利，但这并不表明中国在该技术领域处于领先位置。中国的很多专利并非核心专利和国际专利，专利含金量低，应整合优势力量对石墨烯在关键领域的应用进行技术攻关，鼓励科研院所和企业开展高端应用研发，避免产业和产品低端化。

7. 完善标准体系，强化公共服务，加快石墨烯材料和产品的国家标准、行业标准和团体标准建设，完善石墨烯标准体系。尤其对下游应用较为成熟的复合材料、涂料、锂电池等应用领域，尽快完善相关产品定义、检测和使用标准；加快研究制定石墨烯行业规范条件，从产业布局、生产工艺与装备、清洁生产、质量管理等方面加以规范。

8. 推动上下游结合，同时推出一批“应用示范项目”，引导市场化应用。石墨烯在实际的应用存在认知度不足的问题，“不知道”“不敢用”“不知怎么用”是目前应用中普遍存在的问题，为此需要开展石墨烯试用推广，以示范带动产业，鼓励开展具有示范性、导向性的行业应用，培植一批先导用户，逐步推广，对示范应用企业给予政策支持，进一步培育市场，拉动产业发展。

9. 鼓励平台间的合作交流，建立有序健康的行业沟通体系。目前石墨烯行业组织较多，各自为政的格局导致会议活动繁多，重复性严重，交流效果不佳，浪费行业资源。应鼓励各平台之间的沟通，联合优势力量共同开展高质量的活动，为行业提供有序的高质量服务，推动行业健康发展。

附录

2013—2019年石墨烯产业大事记

时　间	事　　件	详　　　　情
2013 年 2 月	上海南江集团接手上海新梅股权	上海南江集团接手上海新梅 8.06% 股权，成为其第三大股东。自此，上海南江集团旗下拥有上海新梅、华丽家族、ST 南江 B 三家上市公司股权，并与乐通股份展开了石墨烯研发方面的深度合作
2013 年 2 月	上海南江集团重金投资石墨烯，打造宁波、重庆两大产业化基地	上海南江集团与中科院重庆绿色智能研究院在重庆签订了大面积单层石墨烯产业化制备技术合作协议，上海南江集团出资 2.67 亿元投资中科院重庆研究院项目
2013 年 7 月	中泰化学收购厦门凯纳	中泰化学公告收购厦门凯纳涉足石墨烯材料后，厦门凯纳的注册资本将由 100 万元增加至 153.85 万元。中泰化学此次的投资总额为 1 412.78 万元，持有厦门凯纳增资后注册资本的 35%
2013 年 7 月	中国石墨烯产业技术创新战略联盟成立	中国石墨烯产业技术创新战略联盟成立，联盟由清华大学、中科院金属研究所、南京科孚纳米技术有限公司、中科院宁波材料技术与工程研究所等 26 家单位发起，旨在构建以企业为主体、市场为导向、产学研相结合的石墨烯产业技术创新体系，推动我国石墨烯产业发展
2013 年 7 月	江苏省石墨烯产业技术创新战略联盟成立	江苏省石墨烯产业技术创新战略联盟成立，联盟由江南石墨烯研究院、二维碳素、无锡格菲电子、南京大学等单位联合发起，旨在为江苏省石墨烯企业架起政府与企业沟通的桥梁，同时也把产业链、创新链与服务链的各方资源集聚在一起，为江苏省石墨烯产业发展做出积极贡献
2013 年 5 月	常州石墨烯薄膜和粉体生产线投产	常州二维碳素科技有限公司年产 3 万平方米石墨烯透明导电薄膜生产线投产。同年 11 月 18 日，常州第六元素材料科技股份有限公司年产 100 吨氧化石墨（烯）/石墨烯粉体生产线投产
2013 年 12 月	重庆石墨烯产业园正式揭牌	重庆石墨烯产业园在金凤电子信息产业园正式揭牌，同时，重庆墨希科技有限公司投资 5 亿元建设的年产 1 000 万片大面积单层石墨烯薄膜生产线一期项目正式量产
2014 年 2 月	IBM 研究人员制造出世界上最先进的基于集成电路的石墨烯射频接收器	*Nature Communications* 介绍了 IBM 研究人员打造的一片基于石墨烯、并且比现有方案好 10 000 倍的电路成品。IBM 研发团队将石墨烯集成到了射频接收器中，将无线电波调制解调成双边可理解信息的装置，首次证实了石墨烯器件能够媲美硅技术，实现现代无线通信功能的尝试
2014 年 3 月	英国启动一项 250 万英镑的投资用于石墨烯应用的加速推进	英国技术战略委员会（TSB）和工程部以及物理科学研究委员会（EPSRC）启动了一项 250 万英镑（折合 410 万美元）的投资用于石墨烯应用的加速推进
2014 年 5 月	2014 石墨烯高峰论坛在清华深圳研究生院举办	2014 石墨烯高峰论坛在清华大学深圳研究生院举办，论坛旨在为石墨烯材料、其他二维材料、碳纳米管等领域的国内外杰出科学家与企业家搭建一个交流与合作的平台。论坛邀请了 2010 年诺贝尔物理学奖获得者英国曼彻斯特大学 Andre Geim 教授在内的约 20 名世界知名科学家参会
2014 年 9 月	2014 中国国际石墨烯创新大会在宁波召开	“2014 中国国际石墨烯创新大会”在宁波召开。大会按照各行业对石墨烯产业的应用需求设置 20 多个分会场，以报告和研讨相结合的形式展开，力求让科研人员和企业家就该领域的产业化前景实现深入交流和对话

续 表

时 间	事 件	详 情
2014 年 11 月	石墨烯概念公司——第六元素登陆新三板	常州第六元素材料科技股份有限公司(以下简称"第六元素")在全国中小企业股份转让系统举行挂牌仪式,正式宣告成功登陆新三板,成为国内第一家真正以石墨烯产品为主营业务的上市公司
2014 年 11 月	《关键材料升级换代工程实施方案》发布	国家发改委、财政部、工信部、科技部、国家知识产权局、中国"两院"(中国科学院和中国工程院)等部门和单位联合制定了《关键材料升级换代工程实施方案》并发布。提出了到 2016 年要实现 20 种左右的重点新材料批量生产和应用,石墨烯位列其中
2014 年 12 月	首个石墨烯新材料高新技术产业化基地获国家科技部批准	常州国家石墨烯新材料高新技术产业化基地是全国首个"国字头"石墨烯产业化基地,落户于西太湖科技产业园。该产业园有 25 家石墨烯相关企业,将授权的 21 项发明专利成功转化成了高性能人工石墨膜、高比表面积石墨烯、石墨烯电缆、石墨烯涂料等产品。该园区有一家石墨烯企业登陆新三板,两家石墨烯企业正在积极争取登陆海内外资本市场
2014 年	第一批石墨烯国家标准获立项	国家薄层石墨材料标准工作组在常州市成立。我国首批 4 个石墨烯标准《石墨烯材料的术语、定义及代号》《石墨烯层数测定 扫描探针显微镜法》《光学法测定石墨烯层数》《拉曼光谱法表征石墨烯层数》获国家标准管理委员会正式立项。石墨烯相关标准被业内称为石墨烯产业的助航灯,将推动行业向标准化、秩序化和正规化前进
2015 年 3 月	全球首批量产石墨烯手机中国首发	全球首批 3 万部量产石墨烯手机在重庆发布。这是一种采用最新研制的石墨烯触摸屏、电池和导热膜的新型手机,具备了更高的触控性能,更长的待机时间和更优的导热性能。该手机由中科院重庆绿色智能技术研究院和中科院宁波材料技术与工程研究所研发,重庆墨希科技有限公司量产
2015 年 5 月	全球首个石墨烯指数发布	国家金融信息中心指数研究院在江苏省常州市发布了全球首个石墨烯指数。指数评价结果显示,全球石墨烯产业综合发展实力排名前三位的国家分别是美国、日本和中国
2015 年 9 月	《〈中国制造 2025〉重点领域技术路线图(2015 版)》发布	《〈中国制造 2025〉重点领域技术路线图(2015 版)》正式发布,路线图中指出石墨烯材料集多种优异性能于一体,是主导未来高科技竞争的超级材料,广泛应用于电子信息、新能源、航空航天以及柔性电子等领域
2015 年 10 月	华为宣布与曼彻斯特大学合作开发石墨烯技术	华为宣布与英国曼彻斯特大学合作研究石墨烯的应用,共同开发信息通信技术(ICT)领域的下一代高性能技术。该项目合作期初定为两年,研究如何将石墨烯领域的突破性成果应用于消费电子产品和移动通信设备
2015 年 10 月	2015 中国国际石墨烯创新大会在青岛召开	由青岛国家高新技术产业开发区与中国石墨烯产业技术创新战略联盟共同举办的"2015 中国国际石墨烯创新大会"在青岛国际会展中心隆重举行。此届大会以"石墨烯的商业化解决方案"为主题,来自全球 20 余个国家和地区的政府、科研机构、企业、投资机构代表 1 500 余人参加会议
2015 年 11 月	三部委印发《关于加快石墨烯产业创新发展的若干意见》	为引导石墨烯产业创新发展,助推传统产业改造提升、支撑新兴产业培育壮大、带动材料产业升级换代,工信部、发改委、科技部等三部门印发《关于加快石墨烯产业创新发展的若干意见》。提出要以问题为导向,以需求为牵引,以创新为动力,着力石墨烯材料高质量稳定生产,着力石墨烯材料标准化、系列化和低成本化,着力构建石墨烯材料示范应用产业链,着力引导提高石墨烯材料生产集中度,加快规模化应用进程,推动石墨烯产业做大做强

续 表

时 间	事 件	详 情
2015 年 11 月	中国宝安设立深圳市先进石墨烯应用技术研究院	深圳市先进石墨烯应用技术研究院挂牌成立，该研究院是由中国宝安集团子公司贝特瑞、深圳市新材料协会、南方科大、北大深圳研究院、深圳惠科电子等单位共同发起的。该研究院是深圳市第一家针对石墨烯应用的专业化研究院
2016 年 4 月	手机可以弯曲，首款石墨烯可弯曲手机问世	在第十二届重庆高新技术成果交易会上由重庆墨希科技有限公司研发的石墨烯柔性屏手机出现在中科院展区，这款手机是全球首款石墨烯柔性屏可弯曲智能手机，吸引众多参观者前来体验试戴，在为期四天的重庆高交会上赚足了人气
2016 年 4 月	四部委出台《关于加快新材料产业创新发展的指导意见》	工信部、发改委、科技部、财政部四部委联合出台了《关于加快新材料产业创新发展的指导意见》，指出了积极开发前沿材料。其中特别提出要加强石墨烯与增材制造材料、智能材料、超材料等材料领域的基础研究与技术积累，加快在前沿领域实现重大原创性突破
2016 年 6 月	石墨烯入选“国家质量基础的共性技术研究与应用”重点专项	科技部公示了“国家质量基础的共性技术研究与应用”重点专项拟进入审核环节的 2016 年度项目信息，一共 45 个项目名列在内，其中《石墨烯及碳纳米材料 NQI 技术研究、集成与应用》入选
2016 年 6 月	道氏技术：1.78 亿收购石墨烯导电剂生产商青岛昊鑫	广东道氏技术股份有限公司以自筹资金 1.18 亿元向董安钢和王连臣购买其持有的青岛昊鑫新能源科技有限公司 35% 的股权。本次交易完成后，公司将持有昊鑫新能源 55% 股权。这是继 5 月份以自筹资金 6 000 万元人民币向青岛昊鑫增资仅一个月后，道氏技术再次大手笔继续购买其 35% 股权，可见公司对该标的发展前景的看好
2016 年 7 月	东旭光电全球首款石墨烯基锂离子电池产品“烯王”发布	东旭光电举行石墨烯基锂离子电池产品发布会，推出全球首款石墨烯基锂离子电池产品——“烯王”
2016 年 8 月	国务院印发《“十三五”国家科技创新发展规划》，石墨烯入选	国务院在印发的《“十三五”国家科技创新规划》的新材料技术目录中，明确提出要以石墨烯等前沿新材料为突破口，发挥石墨烯对新材料产业发展的引领作用，抢占材料前沿制高点。同时提到的其他材料有以高端碳纤维为代表的先进碳材料、超导材料、智能 /仿生 /超材料、极端环境材料等
2016 年 7 月	全球石墨烯指数报告发布，中国石墨烯产业综合发展实力跃居世界首位	新华社中国经济信息社发布了《新华（常州）全球石墨烯指数报告(2016)》，该指数从竞争潜力、竞争行为和竞争绩效三个维度综合评价一个国家石墨烯产业发展的实力。结果表明：中国在 2015 年石墨烯产业的发展产生了质的飞跃，在全球石墨烯产业综合发展实力榜上居首位，已超越欧美等发达国家。前三名依次为中国、美国和韩国
2016 年 8 月	北京市启动《石墨烯科技创新专项（2016 年—2025 年）》并成立专家组	北京市科委组织召开“北京市石墨烯科技创新专项专家委员会成立大会”，宣布正式启动《北京市石墨烯科技创新专项(2016 年—2025 年)》，成立北京市石墨烯科技创新专项专家委员会，北京大学刘忠范院士、中科院化学所刘云圻院士、清华大学魏飞教授等 19 位专家入选。专家委员会分为薄膜与器件组、粉体与应用组、特种复合材料组、装备与检测组等 4 个专业组，并由各分组专家组长等形成总体组专家
2016 年 7 月	北京航空材料研究院(BIAM)和曼彻斯特大学的国家石墨烯研究院(NGI)签署 5 年合作项目开发飞机和高铁用石墨烯材料	研究内容将致力于探究石墨烯复合材料增强体在机械性能、电导率和热导率等方面的表现，以及石墨烯和基体材料的兼容性问题。此项研究可以在减轻材料质量的同时，赋予材料更加出色的性能，这将促进石墨烯在航空航天领域不同材料和部件中的应用。同时，此项研究同样也对高速列车和工业设备中传统材料的替代产生重要影响

续 表

时 间	事 件	详 情
2016年7月	深交所出手整顿针对石墨烯等热点题材的炒作	深交所通过官方微博发布公告称，对虚拟现实、石墨烯、人工智能、PE+上市公司、资本系或合伙企业入主上市公司等热点题材，保持高度敏感。深交所称，将督促公司准确、完整地披露具体情况和对公司的影响，并对存在的风险进行充分揭示，同时细化停牌冷却、内幕交易核查制度，果断遏制市场炒作
2016年8月	超威黑金高能量电动汽车电池发布	超威集团宣布将石墨烯技术运用于铅酸电池合金板栅中，研发出超威黑金高能量电动汽车电池。据了解，超威黑金高能量电动汽车电池采用了世界领先的石墨烯合金技术，将石墨烯技术运用于铅酸电池合金板栅中，并实现工业化的规模生产
2016年8月	浙江中车30000F石墨烯超级电容器电车惊艳亮相	在广州新能源车展上，浙江中车携12米超级电容储能式现代电车升级版惊艳亮相，该车最大的亮点就是采用了最新的30000F石墨烯纳米混合型超级电容器，充满一次电后的续驶里程从5公里提升到了10公里
2016年8月	《中国制造2025》五大工程实施指南发布，要实施石墨烯应用一揽子工程	工信部、发改委、科技部、财政部四部门联合发布了《中国制造2025》五大工程实施指南，其中新材料领域的重点是：增材制造材料、石墨烯、超导、智能仿生与超材料等中小批量纯化制备、调控与分离成套装备，细化了未来5到10年的具体目标和发展路径。石墨烯作为工业强基工程的实施重点，要立足材料独特性能，引导生产、应用企业和终端用户联合研制各类石墨烯功能齐备、可靠性好、性价比优的产品
2016年9月	恒力盛泰(厦门)科技有限公司年产100吨石墨烯量产项目投产	恒力盛泰(厦门)石墨烯科技有限公司召开新闻发布会，宣布年产100 t的石墨烯量产化基地在厦门正式投产。2018年产能将达到1 000 t规模，2020年提升到5 000 t规模
2016年9月	石墨烯导静电轮胎成功下线	石墨烯导静电轮胎在青岛森麒麟轮胎股份有限公司正式投产运行并下线，此生产线是森麒麟与华高墨烯就石墨烯导静电轮胎合作集成创新向纵深发展
2016年10月	华西能源大举进军石墨烯产业，13.5亿元入股恒力盛泰	华西能源发布公告，拟以13.5亿元现金收购恒力盛泰(厦门)石墨烯科技有限公司15%的股权。同时，公司终止了筹划的重大资产重组收购计划。业内人士分析，从公告来看，华西能将重大资产重组“降格”为一般收购方案，或是基于当前市场实际情况而优选的“折中”方案，不排除公司后续继续推进重大资产重组，实现控股恒力盛泰的可能
2016年11月	中关村石墨烯产业联盟正式成立	该联盟由中关村发展集团、中关村丰台园、北京大学、京东方、烯碳新材等单位联合发起，历时半年筹备，在中关村管委会指导下，经北京市民政局审批成立。中关村石墨烯产业联盟将以构建产业生态、推动行业内产学研资紧密结合为宗旨，积极推动大学与科研机构研发的领域核心技术成果向生产企业的转化，积极推动国内石墨烯产业健康发展
2017年1月	宝泰隆年产100 t石墨烯工业化生产线正式投产	黑龙江七台河宝泰隆公司100吨/年石墨烯工业化生产项目完成所有设备调试，打通了所有生产环节，顺利产出石墨烯产品。这也是国内首套自动化、连续式100吨级工业化制备石墨烯生产线，为七台河石墨深加工产业发展创造了良好开端。也标志着七台河向构建支撑转型发展的现代产业体系迈出了具有里程碑意义的关键一步
2017年1月	国标委主任田世宏：以标准加速石墨烯科技成果产业化	国家质检总局党组成员、国家标准委主任田世宏出席石墨烯标准化推进工作组成立大会并讲话。田世宏强调，石墨烯作为新兴材料产业，正处于科研与产业化并举阶段，现阶段的主要任务是促进新技术、新产品推广和应用，迫切需求标准研制与科技研发同步，以石墨烯标准加速石墨烯科技成果产业化，已成为石墨烯产业界和学术界的高度共识

续 表

时间	事件	详情
2017年6月	"石墨烯防腐应用推进工作组"成立	小组由中国工程院薛群基院士为组长，干勇等5名院士为顾问，组员涵盖中石化、中石油、中海油、巨化集团、中集集团、河钢集团、银亿集团、第六元素、圣泉集团等30多家涉及防腐涂料研发、生产和工程应用单位
2017年7月	常州武进区设立25亿元碳专项资金推进碳材料产业发展	常州市武进区发布《关于进一步加快先进碳材料产业创新发展的若干意见》，明确2017—2020年，将设立25亿元"碳专项资金"，其中20亿元为先进碳材料产业发展基金、5亿元为产业扶持基金，加快先进碳材料产业创新发展，进一步巩固武进在国内石墨烯产业的地位
2017年7月	常州石墨烯小镇蓝图初绘，未来实现"六个一"目标	常州石墨烯小镇对外推介发展蓝图。常州石墨烯小镇位于西太湖科技产业园中部片区，规划面积约为3.3平方公里。西太湖科技产业园是目前全国唯一的国家石墨烯新材料高新技术产业化基地，初步形成了涵盖设备制造、原材料生产、下游应用、科技服务的完整产业链，累计招引石墨烯领域领军型创新创业团队30多个，聚集超100家石墨烯相关企业，其中6家为上市企业
2017年8月	全国纳米技术标准化技术委员会低维纳米结构与性能工作组(SAC/TC279/WG9)成立	会议在江苏省泰州市召开，负责组织协调全国低维纳米技术领域的标准化工作
2017年10月	全球第一个石墨烯国际标准出台	由英国国家物理实验室(NPL)领导制定的世界上第一个ISO石墨烯标准已经出版。该标准定义了用于描述许多不同形式的石墨烯和相关2D材料的术语，为石墨烯行业提供一致的标准，为石墨烯的测试和验证提供依据和标准，并加速以石墨烯为代表的二维材料的商业开发
2017年11月	石墨烯标准被列入《国家工业基础标准体系建设指南》重要任务	国家标准化管理委员会、工业和信息化部发布《国家工业基础标准体系建设指南》。其中明确指出：要开展石墨烯及制品等产品性能与检验方法标准研制
2018年2月	国内首个国家石墨烯产品质量监督检验中心通过验收	国家石墨烯产品质量监督检验中心在无锡顺利通过国家质检总局专家组现场验收。国家石墨烯产品质量监督检验中心位于无锡惠山经济开发区，是我国第一个批准筹建的国家级石墨烯质检中心
2018年2月	石墨烯发热服惊艳亮相冬奥会闭幕式"北京8分钟"	在平昌冬奥会闭幕式上，"北京8分钟"惊艳亮相。表演现场温度较低，表演人员穿着石墨烯发热服增加身体温度
2018年3月	石墨烯改性涂料企业麦思威尔A轮融资上千万	永柏资本旗下永柏领中创投基金宣布领投石墨烯改性材料企业麦思威尔，A轮融资总额达数千万元人民币。除深耕水性涂料之外，麦思威尔的优势更在于对石墨烯纳米材料的研究和应用，从改性水性涂料到军用特种纤维，麦思威尔都能提供完整的解决方案和迅速产业化的技术路径
2018年3月	华为首次将石墨烯导热技术运用于固态硬盘，散热能力提升500倍	在2018世界移动通信大会(MWC)上，华为发布了高端智能全闪存存储OceanStor Dorado18000 V3，率先将GDT(石墨烯导热技术)运用于固态硬盘散热，结合闪存系统自身的动态均热算法，让热传导散热能力提升500倍，帮助固态硬盘延长20%的寿命
2018年3月	石墨烯引领光伏技术变革，正信光电发布光伏新产品	新三板挂牌企业正信光电(838463)在京发布了石墨烯12栅常规、石墨烯12栅双玻组件、石墨烯5栅常规与双玻组件等系列新品，该系列产品凭借良好的透光率、超强亲水性以及独特的自清洁能力等众多差异化核心竞争力成为业内关注焦点
2018年3月	新奥集团年产1 000吨石墨烯粉体工程开工	新奥(内蒙古)石墨烯材料有限公司5 000吨石墨烯项目一期年产1 000吨石墨烯粉体工程开工。项目规划总投资20亿元，计划于2022年建成，建成后年实现产值20亿元、利税4.5亿元。建成后可实现"连续、绿色、低成本"的规模化生产，并将逐步形成完整的石墨烯上下游产业链

续 表

时 间	事 件	详 情
2018年6月	曼彻斯特大学和英国品牌Inov-8联合推出石墨烯运动鞋	英国曼彻斯特大学官网发布消息将和英国品牌Inov-8联合推出世界上第一款利用石墨烯制造的运动鞋。曼彻斯特大学Aravind Vijayaraghavan博士说："使用石墨烯，我们开发了G-SERIES外底橡胶，经过科学测试，其强度比之前提高了50%，弹性提高了50%，硬度提高了50%
2018年7月	投资3亿元年产3 000吨石墨烯正极材料项目在宁夏银川投产	投资3亿元的石墨烯三元正极材料和导电浆料一期项目在银川经济技术开发区投产，宁夏石墨烯新材料应用技术研究院同期在银川IBI育成中心揭牌。宁夏石墨烯新材料应用技术研究院是由汉尧公司、北京石墨烯技术研究院和银川开发区三方共同建设，以汉尧公司落地的石墨烯储能材料项目为基础，以北京石墨烯技术研究院技术团队为支撑，以服务宁夏石墨烯产业发展需求为方向，在银川开展高水平的科技研发、成果转化等创新活动
2018年8月	道氏技术拟1.8亿元收购青岛昊鑫剩余股权，导电剂市场增长强劲	道氏技术披露重组草案，拟向王连臣和董安钢发行股份、向魏晨支付现金购买其合计持有的青岛昊鑫45%股权，交易价格1.8亿元。交易完成后，佳纳能源和青岛昊鑫将成为公司的全资子公司。青岛昊鑫主要产品包括石墨烯导电剂、碳纳米管导电剂等产品，其中石墨烯导电剂主要用于磷酸铁锂正极，碳纳米管导电剂主要用于三元正极，下游主要客户为比亚迪及国轩高科
2018年9月	世界第一输电高塔披上石墨烯防腐外衣	在500千伏浙江舟山大陆联网工程的金塘岛现场，3名工作人员在地面上完成第1 064根钢管塔的新型石墨烯重防腐涂料的喷刷工作，这标志着由国网宁波供电公司与中科院宁波材料技术与工程研究所联合研发的新型石墨烯重防腐涂料在世界最高输电铁塔的喷刷工作完成。据了解，此次所用的新型石墨烯重防腐涂料，可使输电铁塔寿命延长6年以上。在历时10个月的施工过程中，涂料总用量达27吨，涂装面积为32 000平方米
2018年11月	中关村石墨烯产业联盟发布《2018中国石墨烯产业名录》	为了全面了解国内石墨烯产业动态，梳理行业发展脉络，推动产学研用结合，中关村石墨烯产业联盟自2018年5月启动收录汇总行业信息，历时半年整理编撰出版了《2018中国石墨烯产业名录》。该名录全面收录了国内石墨烯相关高校及科研院所的研发团队、产业园、检测机构、石墨烯上下游企业、设备企业的详细信息，形成了石墨烯行业基础信息覆盖最全、最真实有效的行业信息名录
2018年11月	BGI"大面积单晶石墨烯薄膜"获高交会"优秀产品奖"	为期五天的中国国际高新技术成果交易会在深圳会展中心落下帷幕。BGI作为北京市高新技术的优秀代表参与了此次盛会，其参展项目"大面积单晶石墨烯薄膜"项目荣获优秀产品奖。BGI采用"磁控溅射+固相外延重构"的方法，在蓝宝石单晶晶圆上制备了四英寸的Cu(111)单晶，并采用常压化学气相沉积，在Cu(111)单晶薄膜上生长了取向一致度达到99%以上的石墨烯畴区，最终实现了晶圆尺寸石墨烯单晶的制备，这种方法得到的石墨烯没有褶皱、迁移率高
2018年12月	更轻、更强！空客公司利用石墨烯复合材料制备机翼	欧盟Graphene旗舰合作伙伴Aernnova，GrupoAntolin-Ingenieria联合空客公司Airbus使用石墨烯制造了空中客车A350飞机的机翼前缘。石墨烯增加了机翼前缘的机械性能，使其更薄，质量更轻。石墨烯复合材料可以明显节省燃料、降低飞行成本、增加飞机的使用寿命、减少排放
2018年12月	石墨烯润滑油等6种材料入选国家《重点新材料首批次应用示范指导目录(2018年版)》	为进一步做好重点新材料首批次应用保险补偿试点工作，工业和信息化部通告了《重点新材料首批次应用示范指导目录(2018年版)》，其中石墨烯改性防腐涂料、石墨烯润滑油等6种材料入选
2018年12月	我国石墨烯领域首个国家标准正式发布	国家市场监督管理总局、国家标准化管理委员会发布了《纳米科技 术语 第13部分：石墨烯及相关二维材料》国家标准，该标准界定了石墨烯及相关二维材料的术语和定义，包括制备方法、特性及其表征，旨在促进与石墨烯及相关二维材料相关的产业界、政府组织、社会人士及相关各方在研究、产业化过程中的相互交流

时 间	事 件	详 情
2019 年 1 月	《新材料技术成熟度等级划分及定义》国家标准正式发布	在借鉴其他领域技术成熟度评价标准的基础上,《新材料技术成熟度等级划分及定义》充分考虑了材料从实验室研制到工业批产各个阶段的实际情况,将新材料的技术成熟度划分为实验室、工程化和产业化三个阶段的九个等级,同时界定了成熟度划分的等级条件、划分依据、判定规则等内容
2019 年 2 月	石墨烯产业发展战略研究调研在京启动	为详细了解国内石墨烯产业现状,摸清行业发展脉络,倾听石墨烯企业成长中存在的问题,为国家未来石墨烯战略规划提供支撑,由第十三届全国政协常委、北京市政协副主席、BGI 院长刘忠范院士牵头,北京石墨烯研究院、工信部赛迪研究院、北京新材料发展中心、《经济》杂志社、《中国战略新兴产业》杂志社、中关村石墨烯产业联盟、中国国际石墨烯资源产业联盟共同参与的“石墨烯产业发展战略研究调研”在京正式启动
2019 年 3 月	江苏省石墨烯创新中心正式揭牌	2018 年年底,江苏省石墨烯创新中心正式获批试点建设,省工信厅同意依托由江南石墨烯研究院、常州第六元素科技股份有限公司、常州二维碳素科技有限公司等 18 家股东共同出资组建的江苏江南烯元石墨烯科技有限公司作为石墨烯创新中心试点建设载体。该公司在管理架构上采用“公司 + 联盟”的新模式,凝聚中国电子科技集团 55 所、中科院苏州纳米所、常州大学等知名高校、院所和上下游企业共同参与创新中心建设,以实现资源共享、优势互补
2019 年 4 月	国际标准化组织(ISO)发布全球首个石墨烯检测标准矩阵	ISO 发布标准 ISO/TR 19733: 2019,“纳米技术— 石墨烯和相关二维(2D)材料的性质和测量技术矩阵”。该矩阵将石墨烯和相关二维(2D)材料的关键特性与商业上可实现的测量技术联系起来。该矩阵包括用于表征石墨烯和相关 2D 材料的化学、物理、电学、光学、热学和机械性质的测量技术
2019 年 4 月	广东省石墨烯创新中心成立	广东省石墨烯创新中心是由清华大学牵头,联合政府产业平台、高校与科研机构、民营企业和社会资本共同成立的混合所有制新型创新平台,采取“公司 + 联盟”的运作模式。创新中心首届技术专家委员会由 1 位诺奖获得者、11 位国内外院士和 28 位著名专家组成,将打造“石墨烯制造 + 计量检测 + 装备制造 + 终端应用”的全产业链,目标是到 2025 年建成具有国际领先水平、引领石墨烯技术创新和产业发展的国家级石墨烯创新中心
2019 年 4 月	石墨烯赋能纺织产业论坛在上海召开,中关村石墨烯产业联盟发布《石墨烯行业诚信自律公约》	由中关村石墨烯产业联盟、中国纺织品商业协会主办的 2019 石墨烯赋能纺织产业论坛暨中国纺织新材料应用大会在上海新国际博览中心召开。为提倡诚信经营,杜绝虚假夸大宣传、炒作石墨烯概念等现象,维护石墨烯行业的良好声誉,保护知识产权,加强行业自律,中关村石墨烯产业联盟牵头发起的《石墨烯行业诚信自律公约》在论坛上发布。这是国内发布的首个石墨烯行业自律公约
2019 年 4 月	烯旺科技正式并购格菲电子,在石墨烯医疗应用领域发力	烯旺科技并购格菲电子签约仪式在无锡圆满举行。此次石墨烯行业的重大并购事件,标志着烯旺科技正式进入石墨烯产业链上游,成为集研发、原材料加工、投资、设计、生产、制造及销售为一体的石墨烯全产业、全价值链企业,预示着石墨烯行业迈入整合发展阶段。烯旺科技乃至中国石墨烯行业的国际竞争力进一步增强
2019 年 5 月	北大彭海琳/刘忠范团队全球范围率先实现石墨烯单晶晶圆的规模化制备,年产 1 万片	彭海琳教授、刘忠范院士联合团队循着外延衬底制备—石墨烯外延生长这一研究思路,首先制备了 4 英寸 CuNi(111)铜镍合金单晶薄膜,并以其为生长基底实现了 4 英寸石墨烯单晶晶圆的超快速制备。同时,该团队与合作者自主研发了石墨烯单晶晶圆批量制备装备,实现了单批次 25 片 4 英寸石墨烯单晶晶圆的制备,设备年产能可达 1 万片,在世界范围内率先实现了石墨烯单晶晶圆的可规模化制备
2019 年 4 月	石墨烯铝合金锭坯在上海成功下线,可用于国产大飞机	上海市石墨烯产业技术功能型平台和上海交通大学金属基复合材料国家重点实验室共建的上海市烯碳金属基复合材料工程中心举行了第一批大规格烯碳铝合金锭坯成功下线仪式。该产品的问世解决了传统铝合金刚度偏低的问题,有助于我国航空、高铁、汽车等高端制造领域步入轻量化时代

续 表

时 间	事 件	详 情
2019年5月	2019中国石墨烯产业高质量发展论坛顺利召开，北京石墨烯研究院—长三角研究中心落户无锡	由中关村石墨烯产业联盟、江苏省无锡惠山经济开发区管委会、江苏省特种设备安全监督检验研究院、国家石墨烯产品质量监督检验中心等单位联合主办的2019中国石墨烯产业高质量发展论坛在江苏无锡顺利召开。论坛开幕式上，“北京石墨烯研究院—长三角研究中心”正式揭牌
2019年6月	宁波墨西“万吨级石墨烯导电浆料生产线建设项目”正式通过验收	宁波墨西组织石墨烯材料的研发、制备、应用等相关领域专家对新建的年产万吨级石墨烯导电浆料生产线建设项目进行了验收
2019年6月	中科院石墨烯工程实验室正式揭牌，10家研究所共建	中科院石墨烯工程实验室在中科院宁波材料所召开了第一届理事会第一次会议。宁波材料所、上海微系统与信息技术研究所、上海硅酸盐所等10家共建单位以及石墨烯产业链上下游企业参加会议
2019年10月	“北京石墨烯论坛2019”隆重召开	本次论坛上，北京石墨烯研究院与中国石油大学（北京）、苏州大学、长春工业大学、中科院苏州纳米所合作共建的4个协同创新中心，以及BGI与中蓝晨光化工研究设计院有限公司、中国航空制造技术研究院、中国航发北京航空材料研究院共建的3个联合实验室正式成立

参考文献

[1] 刘云圻.石墨烯　从基础到应用[M].北京：化学工业出版社，2017.

[2] Geim A K，Novoselov K S. The rise of graphene[J]. Nature Materials，2007，6(3)：183－191.

[3] Meyer J C，Geim A K，Katsnelson M I，et al. The structure of suspended graphene sheets[J]. Nature，2007，446(7131)：60－63.

[4] Fasolino A，Los J H，Katsnelson M I. Intrinsic ripples in graphene[J]. Nature Materials，2007，6(11)：858－861.

[5] Bolotin K I，Sikes K J，Jiang Z，et al. Ultrahigh electron mobility in suspended graphene[J]. Solid State Communications，2008，146(9－10)：351－355.

[6] Du X，Skachko I，Barker A，et al. Approaching ballistic transport in suspended graphene[J]. Nature Nanotechnology，2008，3(8)：491－495.

[7] Lee C，Wei X，Kysar J W，et al. Measurement of the elastic properties and intrinsic strength of monolayer graphene[J]. Science，2008，321(5887)：385－388.

[8] Balandin A A，Ghosh S，Bao W，et al. Superior thermal conductivity of single-layer graphene[J]. Nano Letters，2008，8(3)：902－907.

[9] Ghosh S，Bao W，Nika D L，et al. Dimensional crossover of thermal transport in few-layer graphene[J]. Nature Materials，2010，9(7)：555－558.

[10] Nair R R，Blake P，Grigorenko A N，et al. Fine structure constant defines visual transparency of graphene[J]. Science，2008，320(5881)：1308－1311.

[11] Bonaccorso F，Sun Z，Hasan T，et al. Graphene photonics and optoelectronics[J]. Nature Photonics，2010，4(9)：611－622.

[12] Novoselov K S，Jiang D，Schedin F，et al. Two－dimensional atomic crystals[J]. Proceedings of the National Academy of Sciences of the United States of America，2005，102(30)：10451－10453.

[13] Blake P，Brimicombe P D，Nair R R，et al. Graphene-based liquid crystal device [J]. Nano Letters，2008，8(6)：1704－1708.

[14] Li X，Wang X，Zhang L，et al. Chemically derived，ultrasmooth graphene nanoribbon semiconductors[J]. Science，2008，319(5867)：1229－1232.

[15] Lotya M，Hernandez Y，King P J，et al. Liquid phase production of graphene by

exfoliation of graphite in surfactant/water solutions[J]. Journal of the American Chemical Society, 2009, 131(10): 3611-3620.

[16] Zhao W, Fang M, Wu F, et al. Preparation of graphene by exfoliation of graphite using wet ball milling[J]. Journal of Materials Chemistry, 2010, 20(28): 5817-5819.

[17] Stankovich S, Piner R D, Chen X, et al. Stable aqueous dispersions of graphitic nanoplatelets via the reduction of exfoliated graphite oxide in the presence of poly(sodium 4-styrenesulfonate)[J]. Journal of Materials Chemistry, 2006, 16(2): 155-158.

[18] Brodie B. Sur le poids atomique du graphite[J]. Annales de Chimie et de Physique, 1860, 59(466): 472.

[19] Staudenmaier L. Verfahren zur darstellung der graphitsaure[J]. Berichte der deutschen Chemischen Gesellschaft, 1898, 31: 1481-1499.

[20] Jr W S H, Offeman R E. Preparation of graphitic oxide[J]. Journal of the American Chemical Society, 1958, 80(6): 1339.

[21] Abraham G Cano-Márquez, Fernando J Rodríguez-Macías, Campos-Delgado J, et al. Ex-MWNTs: graphene sheets and ribbons produced by lithium intercalation and exfoliation of carbon nanotubes[J]. Nano Letters, 2009, 9(4): 1527-1533.

[22] Jiao L, Wang X, Diankov G, et al. Facile synthesis of high-quality graphene nanoribbons[J]. Nature Nanotechnology, 2010, 5(5): 321-325.

[23] Liang X, Fu Z, Chou S Y. Graphene transistors fabricated via transfer-printing in device active-areas on large wafer[J]. Nano Letters, 2007, 7(12): 3840-3844.

[24] Wang X, Xing W, Zhang P, et al. Covalent functionalization of graphene with organosilane and its use as a reinforcement in epoxy composites[J]. Composites Science and Technology, 2012, 72(6): 737-743.

[25] Seger B, Kamat P V. Electrocatalytically active graphene-platinum nanocomposites. Role of 2-D carbon support in PEM fuel cells[J]. The Journal of Physical Chemistry C, 2009, 113(19): 7990-7995.

[26] He X, Zhu B, Zang Y, et al. Dynamic tracking of pathogenic receptor expression of live cells using pyrenyl glycoanthraquinone-decorated graphene electrodes[J]. Chemical Science, 2015, 6(3): 1996-2001.

[27] Li Y, Lu Q, Liu H, et al. Antibody-modified reduced graphene oxide films with extreme sensitivity to circulating tumor cells[J]. Advanced Materials, 2015, 27(43): 6848-6854.

[28] Meyer J C, Geim A K, Katsnelson M I, et al. On the roughness of single- and bi-layer graphene membranes[J]. Solid State Communications, 2008, 143(1-2): 101-109.

[29] Zhang C, Lv W, Tao Y, et al. Towards superior volumetric performance: design and preparation of novel carbon materials for energy storage[J]. Energy & Environmental Science, 2015, 8(5): 1390-1403.

[30] Paton K R, Varrla E, Backes C, et al. Scalable production of large quantities of defect-free few-layer graphene by shear exfoliation in liquids[J]. Nature Materials, 2014, 13(6): 624 - 630.
[31] Tour J M. Layered materials: scaling up exfoliation[J]. Nature Materials, 2014, 13 (6): 545 - 546.
[32] Raccichini R, Varzi A, Passerini S, et al. The role of graphene for electrochemical energy storage[J]. Nature Materials, 2014, 14(3): 271 - 279.
[33] Dahn J R, Tao Z, Liu Y, et al. Mechanisms for lithium insertion in carbonaceous materials[J]. Science, 1995, 270(5236): 590 - 593.
[34] Winter M, Besenhard J O, Spahr M E, et al. Insertion electrode materials for rechargeable Lithium batteries[J]. Advanced Materials, 1998, 10(10): 725 - 763.
[35] Guo P, Song H, Chen X. Electrochemical performance of graphene nanosheets as anode material for Lithium-ion batteries[J]. Electrochemistry Communications, 2009, 11(6): 1320 - 1324.
[36] Caballero Á, Morales J. Can the performance of graphene nanosheets for lithium storage in Li-ion batteries be predicted? [J]. Nanoscale, 2012, 4(6): 2083 - 2092.
[37] Li X, Zhi L. Graphene hybridization for energy storage applications[J]. Chemical Society Reviews, 2018, 47(9): 3189 - 3216.
[38] Zhou J, Song H, Chen X, et al. Diffusion of metal in a confined nanospace of carbon nanotubes induced by Air Oxidation[J]. Journal of the American Chemical Society, 2010, 132(33): 11402 - 11405.
[39] Zhang S, Zhu L, Song H, et al. Enhanced electrochemical performance of MnO nanowire/graphene composite during cycling as the anode material for lithium-ion batteries[J]. Nano Energy, 2014(10): 172 - 180.
[40] Zhang S, Zhang D, Sysoev V I, et al. Wrinkled reduced graphene oxide nanosheets for highly sensitive and easy recoverable NH_3 gas detector[J]. RSC Advances, 2014, 4(87), 46930 - 46933.
[41] Zhang X, Zhou J, Song H, et al. "Butterfly Effect" in CuO/graphene composite nanosheets: a small interfacial adjustment triggers big changes in electronic structure and Li-ion Storage performance[J]. ACS applied materials & interfaces, 2014, 6 (19): 17236 -17244.
[42] 牛津,张苏,牛越,等.硅基锂离子电池负极材料[J].化学进展,2015,27(9): 1276 - 1292.
[43] Niu J, Zhang S, Niu Y, et al. Direct a mination of Si nanoparticles for the preparation of Si@ ultrathin SiOx@ graphene nanosheets as high performance Lithium-ion Bbattery anodes[J]. Journal of Materials Chemistry A, 2015, 3(39): 19892 - 19900.
[44] Zhou G, Li F, Cheng H M. Progress in flexible Lithium Batteries and future prospects[J]. Energy & Environmental Science, 2014, 7(4), 1307 - 1338.

[45] Ong S P, Chevrier V L, Hautier G, et al. Voltage, stability and diffusion barrier differences between sodium-ion and lithium-ion intercalation materials[J]. Energy & Environmental Science, 2011, 4(9): 3680-3688.
[46] Slater M D, Kim D, Lee E, et al. Sodium-ion batteries[J]. Advanced Functional Materials, 2013, 23(8): 947-958.
[47] Ding J, Wang H, Li Z, et al. Carbon nanosheet frameworks derived from peat moss as high performance sodium-ion battery anodes[J]. ACS Nano, 2013, 7(12): 11004-11015.
[48] Qu B H, Ma C Z, Ji G, et al. Layered SnS_2-reduced graphene oxide composite-a high-capacity, high-rate, and long-cycle life Sodium-ion Battery anode material[J]. Advanced Materials, 2014, 26(23): 3854-3859.
[49] Shu C, Wang J, Long J, et al. Understanding the reaction chemistry during charging in aprotic lithium-oxygen batteries: existing problems and solutions. Advanced Materials, 2019, 31(15): 1804587.
[50] Kim H, Lim H D, Kim J, et al. Graphene for advanced Li/S and Li/air batteries. Journal of Materials Chemistry A, 2014, 2(1): 33-47.
[51] Liu W, Sun Q, Yang Y, et al. An enhanced electrochemical performance of a sodium-air battery with graphene nanosheets as air electrode catalysts. Chemical Communications, 2013, 49(19): 1951-1953.
[52] Li Y, Yadegari H, Li X, et al. Superior catalytic activity of nitrogen-doped graphene cathodes for high energy capacity sodium-air batteries. Chemical Communications, 2013, 49(100): 11731-11733.
[53] Guo P, Song H, Chen X, et al. Effect of graphene nanosheet addition on the electrochemical performance of anode materials for lithium-ion batteries. Analytica Chimica Acta, 2011, 688(2): 146-155.
[54] Kucinskis G, Bajars G, Kleperis J. Graphene in lithium ion battery cathode materials: a review[J]. Journal of Power Sources, 2013, 240(31): 66-79.
[55] Zhu J, Yang D, Yin Z, et al. Graphene and graphene-based materials for energy storage applications[J]. Small, 2014, 10(17): 3480-3498.
[56] Liu Y, Jiao L, Wu Q, Zhao, et al. Synthesis of rGO-supported layered MoS_2 for high-performance rechargeable Mg batteries[J]. Nanoscale, 2013, 5(20): 9562-9567.
[57] Weber A Z, Mench M M, Meyers J P, et al. Redox flow batteries: a review[J]. Journal of Applied Electrochemistry, 2011, 41(10): 1137-1164.
[58] Han P, Yue Y, Liu Z, et al. Graphene oxide nanosheets/multi-walled carbon nanotubes hybrid as an excellent electrocatalytic material towards VO^{2+}/VO_2^+ redox couples for vanadium redox flow batteries. Energy & Environmental Science, 4(11), 4710-4717.
[59] Wang G X, Zhang B L, Yu Z L, et al. Manganese oxide/MWNTs composite electrodes for supercapacitors[J]. Solid State Ionics, 2005, 176(11-12):

1169 -1174.
[60] Wang O, Yan J, Fan Z. Carbon materials for high volumetric performance supercapacitors: design, progress, challenges and opportunities [J]. Energy & Environmental Science, 2016, 9(3): 729 - 762.
[61] Chen J, Li C, Shi G. Graphene materials for electrochemical capacitors[J]. The Journal of Physical Chemistry Letters, 2013, 4(8): 1244 - 1253.
[62] Du X, Guo P, Song H, et al. Graphene nanosheets as electrode material for electric double-layer capacitors[J]. Electrochimica Acta, 2010, 55(16): 4812 - 4819.
[63] Zhu Y, Murali S, Stoller M D, et al. Carbon-based Supercapacitors produced by activation of graphene[J]. Science, 2011, 332(6037): 1537 - 1541.
[64] Yoon Y, Lee K, Kwon S, et al. Vertical alig nments of graphene sheets spatially and densely piled for fast ion diffusion in compact supercapacitors[J]. ACS Nano, 2014, 8(5): 4580 - 4590.
[65] Yang X, Cheng C, Wang Y, et al. Liquid-mediated dense integration of graphene materials for compact capacitive energy storage[J]. Science, 2013, 341(6145): 534 - 537.
[66] Xu Y, Lin Z, Zhong X, et al. Holey graphene frameworks for highly efficient capacitive energy storage[J]. Nature Communications, 2014: 4554 - 4561.
[67] Jiang L, Sheng L, Long C, et al. Densely packed graphene nanomesh-carbon nanotube hybrid film for ultra-high volumetric performance supercapacitors[J]. Nano Energy, 2015, 11: 471 - 480.
[68] Shao J J, Lv W, Yang Q H. Self-assembly of graphene oxide at interfaces[J]. Advanced Materials, 2014, 26(32): 5586 - 5612.
[69] Jia J, Sun X, Lin X, et al. Exceptional electrical conductivity and fracture resistance of 3D interconnected graphene foam/epoxy composites[J]. ACS Nano, 2014, 8(6): 5774 - 5783.
[70] Hwang J, Yoon T, Jin S H, et al. Enhanced mechanical properties of graphene/copper nanocomposites using a molecular-level mixing process [J]. Advanced Materials, 2013, 25(46): 6724 - 6729.
[71] Wang J, Li Z, Fan G, et al. Reinforcement with graphene nanosheets in aluminum matrix composites[J]. Scripta Materialia, 2012, 66(8): 594 - 597.
[72] Chen L Y, Konishi H, Fehrenbacher A, et al. Novel nanoprocessing route for bulk graphene nanoplatelets reinforced metal matrix nanocomposites [J]. Scripta Materialia, 2012, 67(1): 29 - 32.
[73] Kuang D, Xu L, Liu L, et al. Graphene-nickel composites[J]. Applied Surface Science, 2013, 273(6): 484 - 490.
[74] Ghosh S, Calizo I, Teweldebrhan D, et al. Extremely high thermal conductivity of graphene: Prospects for thermal management applications in nanoelectronic circuits [J]. Applied Physics Letters, 2008, 92(15): 151911 - 151913.

[75] Zhang W, Sherrell P, Minett A I, et al. Carbon nanotube architectures as catalyst supports for proton exchange membrane fuel cells[J]. Energy & Environmental Science, 2010, 3(9): 1286.

[76] Sun L, Yu H, Fugetsu B. Graphene oxide adsorption enhanced by in situ reduction with sodium hydrosulfite to remove acridine orange from aqueous solution[J]. Journal of Hazardous Materials, 2012, 203 - 204: 101 - 110.

[77] Wu W, Yang Y, Zhou H, et al. Highly efficient removal of Cu(II) from aqueous solution by using graphene oxide[J]. Water Air and Soil Pollution, 2013, 224 (1): 1372.

[78] Tang Y, Luo S, Teng Y, et al. Efficient removal of herbicide 2, 4 - dichlorophenoxyacetic acid from water using Ag /reduced graphene oxide co-decorated TiO_2 nanotube arrays[J]. Journal of Hazardous Materials, 2012, 241 - 242.

[79] Liu T, Li Y, Du Q, et al. Adsorption of methylene blue from aqueous solution by graphene[J]. Colloids Surf B Biointerfaces, 2012, 90: 197 - 203.

[80] Ji L, Chen W, Duan L, et al. Mechanisms for strong adsorption of tetracycline to carbon nanotubes: A comparative study using activated carbon and graphite as adsorbents[J]. Environmental Science & Technology, 2009, 43(7): 2322 - 2327.

[81] Zhao G, Ren X, Gao X, et al. Removal of Pb(II) ions from aqueous solutions on few-layered graphene oxide nanosheets[J]. Dalton Transactions, 2011, 40(41): 10945 - 10952.

[82] Joshi R K, Carbone P, Wang F C, et al. Precise and ultrafast molecular sieving through graphene oxide membranes[J]. Science, 2014, 343(6172): 752 - 754.

[83] Mejías Carpio, Isis E, Santos C M, et al. Toxicity of a polymer-graphene oxide composite against bacterial planktonic cells, biofilms, and mammalian cells[J]. Nanoscale, 2012, 4(15): 4746 - 4756.

[84] Kang S, Mauter M S, Elimelech M. Microbial cytotoxicity of carbon-based nanomaterials: Implications for river water and wastewater effluent [J]. Environmental Science and Technology, 2009, 43(7): 2648 - 2653.

[85] Wang S, Sun H, Ang H M, et al. Adsorptive remediation of environmental pollutants using novel graphene-based nanomaterials[J]. Chemical Engineering Journal, 2013, 226: 336 - 347.

[86] Liu F, Choi J, Seo T. Graphene oxide arrays for detecting specific DNA hybridization by fluorescence resonance energy transfer [J]. Biosensors & Bioelectronics, 2010, 25(10): 2361 - 2365.

[87] Jae Hwan Jung, Doo Sung Cheon, Liu F, et al. A graphene oxide based immuno-biosensor for pathogen detection[J]. Angewandte Chemie International Edition, 2010, 49(33): 5708 - 5711.

[88] Li P, Zhang B, Cui T. TiO_2 and shrink induced tunable nano self-assembled graphene composites for label free biosensors[J]. Sensors and Actuators B:

Chemical, 2015, 216: 337 - 342.

[89] Sun C L, Lee H H, Yang J M, et al. The simultaneous electrochemical detection of ascorbic acid, dopa mine, and uric acid using graphene /size-selected Pt nanocomposites.[J]. Biosensors & Bioelectronics, 2011, 26(8): 3450 - 3455.

[90] Sun X, Liu Z, Welsher K, et al. Nano-graphene oxide for cellular imaging and drug delivery[J]. Nano Research, 2008, 1(3): 203 - 212.

[91] Jing Y, Zhu Y, Yang X, et al. Ultrasound-triggered smart drug release from multifunctional core? Shell capsules one-step fabricated by coaxial electrospray method[J]. Langmuir, 2011, 27(3): 1175 - 1180.

[92] 赵秀婷,刘宇,周静,等.我国石墨烯产业园发展现状分析[J].新材料产业,2018(11):28 - 31.

[93] 肖劲松.石墨烯产业:现状·问题·对策[J].新经济导刊,2018(05):60 - 64.

[94] 赵秀婷,班建伟,周静,等.我国石墨烯产业标准发展建议[J].高科技与产业化,2018(03):23 - 26.

[95] 佘广文,韩博.江苏省石墨烯产业发展研究[J].价值工程,2018,37(33):39 - 40.

[96] 周静,班建伟.喧嚣的石墨烯产业更需要埋头踏实苦干[J].高科技与产业化,2017(08):52 - 56.

[97] 李雷,张静.中国石墨烯产业发展现状与风险分析[J].中外能源,2017,22(02):79 - 85.

索 引